ORGANISATION ET TACTIQUE DES TROIS ARMES

Cavalerie — IIIe Fascicule

La

Cavalerie pendant la Révolution

LA FIN DE LA CONVENTION

(DU 19 JUIN 1794 AU 27 OCTOBRE 1795)

PAR

Le Lieutenant-Colonel breveté Édouard DESBRIÈRE
ANCIEN CHEF DE LA SECTION HISTORIQUE

et

Le Capitaine Maurice SAUTAI
ATTACHÉ A LA SECTION HISTORIQUE

AVEC 20 CARTES ET CROQUIS

BERGER-LEVRAULT & Cie, ÉDITEURS

PARIS	NANCY
5, RUE DES BEAUX-ARTS, 5	18, RUE DES GLACIS, 18

1908

LA

Cavalerie pendant la Révolution

PUBLICATION DE LA SECTION HISTORIQUE DE L'ÉTAT-MAJOR DE L'ARMÉE

ORGANISATION ET TACTIQUE DES TROIS ARMES

Cavalerie — IIIᵉ Fascicule

La
Cavalerie pendant la Révolution

LA FIN DE LA CONVENTION

(DU 19 JUIN 1794 AU 27 OCTOBRE 1795)

PAR

Le Lieutenant-Colonel breveté Édouard DESBRIÈRE

ANCIEN CHEF DE LA SECTION HISTORIQUE

et

Le Capitaine Maurice SAUTAI

ATTACHÉ A LA SECTION HISTORIQUE

AVEC 20 CARTES ET CROQUIS

BERGER-LEVRAULT & Cⁱᵉ, ÉDITEURS

PARIS	NANCY
5, RUE DES BEAUX-ARTS, 5	18, RUE DES GLACIS, 18

1908

La Cavalerie pendant la Révolution

PREMIÈRE PARTIE

L'ORGANISATION DE LA CAVALERIE

DU 1ᵉʳ MESSIDOR AN II AU 5 BRUMAIRE AN IV

(19 juin 1794—27 octobre 1795)

CHAPITRE I

LES NOUVELLES LOIS SUR L'AVANCEMENT

Au mois de thermidor an II (août 1794), les représentants du peuple, chargés de l'organisation de la cavalerie aux armées, avaient presque tous terminé leur mission. Éclairée par leurs rapports sur l'urgence des réformes sans nombre qu'eux-mêmes avaient seulement pu ébaucher, la Convention ne devait rien négliger pour remédier aux abus, corriger les mesures hâtives et défectueuses introduites dans l'organisation de l'armée au cours de l'année précédente, enfin poursuivre sans relâche l'épuration des troupes à cheval qui renfermaient encore dans leur sein tant d'éléments défectueux.

Elle devait être puissamment aidée dans cette œuvre par son Comité de salut public, par les représentants du peuple aux armées, par la Section des troupes à cheval de son Comité militaire créée le 9 prairial an II (28 mai 1794) et composée des trois conventionnels Delmas, Goupilleau et Bellegarde, enfin par la Commission de l'organisation et du mouvement des armées de terre, dont le chef, le commissaire Pille, organisateur de talent, fut en quelque sorte le véritable ministre de la guerre, d'avril 1794 à la fin de la Convention.

Ce sont leurs travaux que nous allons retracer en commençant par l'exposé des modifications apportées aux lois sur l'avancement.

Les défauts de la loi du 21 février 1793 sont connus. Elle donnait le pas à l'ancienneté de service sur l'ancienneté de grade. Elle réservait dans tous les grades un tiers des emplois à l'ancienneté et les deux autres tiers à l'élection. Plusieurs représentants du peuple aux armées, Pfliéger et Gillet entre autres, avaient signalé avec courage au Comité de salut public les inconvénients de ces dispositions dangereuses. Si, en face de l'ennemi, les choix s'amélioraient, « les soldats sentant enfin combien il importe d'avoir de bons officiers », Gillet constatait que « l'ancienneté portait tous les jours des hommes ineptes au commandement ». « La chose qui me désole le plus, écrivait-il à son collègue Rougemont le 28 floréal an II (17 mai 1794), c'est le mode d'avancement à l'ancienneté... L'ignorance nous fait autant de mal que l'aristocratie elle-même (¹). » Passant en revue les généraux de l'armée de Sambre et Meuse, il écrivait au Comité de salut public le 7 thermidor an II (25 juillet 1794) : « Je sais que les officiers généraux sont multipliés à l'excès, mais le nombre des gens capables est infiniment au-dessous de ce que les besoins du service exigent. J'en connais quinze ou dix-huit qui ne sont pas en état d'être caporal. Schérer en a six avec lui et beaucoup d'adjudants généraux, et il n'en a pas un qui sache placer un poste. Les divisions du Nord et des Ardennes fourmillent de ces officiers ignorants (²). »

Quelques amendements avaient un peu modifié ces graves défauts. Par un premier décret du 27 pluviôse an II (15 février 1794), la Convention avait stipulé qu' « aucun citoyen ne pourrait être promu aux emplois qui viendraient à vaquer, depuis le grade de

---

(¹) Registre 1-a/8, Archives historiques du ministère de la guerre.
(²) *Recueil des actes du Comité de salut public*, publié par M. AULARD, t. XV.

caporal jusqu'à celui de général en chef, s'il ne savait lire et écrire », mais, cette loi n'ayant point d'effet rétroactif, le nombre des officiers illettrés restera considérable en fructidor an II, comme nous le verrons plus loin. Par un second arrêté du 30 germinal an II (19 avril 1794), le Comité de salut public avait décidé qu'aucune nomination d'emploi militaire ou tenant d'une manière quelconque au service des armées ne pourrait être faite par la Commission de l'organisation et du mouvement des armées de terre, ou par les commissions similaires, sans une proposition motivée, soumise à l'approbation du Comité de salut public et donnant sur chaque individu les renseignements suivants : 1° son âge, ses nom, prénoms, sa profession et celle de ses parents ; 2° les différents emplois par lesquels il aura passé et l'état exact de ses services ; 3° les pièces et observations qui pourront éclairer le Comité sur sa conduite morale et politique, son patriotisme et sa capacité.

Des difficultés s'étant élevées dans certains corps au sujet du droit au commandement à grade égal, le Comité de salut public devait les résoudre non plus en faveur de l'ancienneté de service, mais en faveur de l'ancienneté de grade. Le 23 vendémiaire an III (14 octobre 1794), la Commission de l'organisation et du mouvement des armées de terre lui avait soumis un rapport sur cette question, où elle disait : « L'ancienneté de services effectifs à grade égal décide de l'avancement, ainsi qu'il est réglé par la loi du 21 février 1793. Mais comme il en résulte souvent que le dernier officier pourvu au grade de capitaine, par exemple, passe de suite à la tête desdits capitaines, comme ayant plus de services que tous les autres, qu'il est conséquemment et le premier en rang pour monter, au tour de l'ancienneté, au grade supérieur de chef de bataillon, et le premier dans le tour des capitaines pour le service intérieur des corps, s'ensuit-il que ce dernier capitaine, nommé comme plus ancien de services, doive aussi commander le corps en l'absence des chefs ? On ne le pense pas, car le plus ancien capitaine de grade, ayant déjà acquis et l'instruction et l'habitude d'exercer les fonctions de son grade, doit être aussi plus apte à remplir momentanément celles du commandement. »

Le 28 frimaire an III (18 décembre 1794), le Comité de salut

public faisait parvenir sa réponse à la Commission. Il sanctionnait ses demandes au delà même de ses désirs en excluant dans
tous les cas l'ancienneté de service du commandement des corps
et en ordonnant de « prendre, pour base du droit au commandement, constamment l'ancienneté de commission à grade égal et
jamais celle des services qui, d'après la loi du 21 février, n'est
applicable qu'à l'avancement (¹) ».

Une importante lacune existait encore dans la loi du 21 février 1793. Rien n'y avait été prévu en faveur des actions d'éclat.
Ce fut seulement le 1ᵉʳ thermidor an II (19 juillet 1794) que la
Convention se réserva le tiers des emplois vacants, depuis le
grade de sous-lieutenant jusqu'à celui de chef de bataillon ou
d'escadrons inclus, pour récompenser les défenseurs de la patrie
qui se distingueraient dans les armées par des traits de bravoure
ou par des actions héroïques. Désormais les nominations durent
se faire dans cet ordre : pour le premier emploi vacant, à l'ancienneté ; pour le deuxième, à l'élection ; pour le troisième, au
choix de la Convention sur le rapport du Comité de salut public.

Pour permettre à la Convention de procéder aux nominations
réservées à son choix, la Commission de l'organisation et du
mouvement des armées de terre adressait aux généraux plusieurs
exemplaires des modèles suivants que les chefs d'état-major
devaient remettre à chaque corps.

TABLEAU

(¹) Documents généraux, Cavalerie, an III (Arch. histor.).

**État des emplois devenus vacants depuis le 1er thermidor
jusqu'au... du même mois**

GRADES	NOMBRE D'EMPLOIS A DONNER			MOTIFS DES VACANCES
	à l'ancienneté	au choix	à la nomination de la Convention	
Chefs { de bataillon. / d'escadrons.				
Capitaines . . .				
Lieutenants. . . .				
Sous-lieutenants. . .				

Certifié le présent état véritable par moi commandant à...,
le... thermidor de l'an II de la R. F. une et indivisible.

Cette première réforme permettait à la Convention d'exercer
une sélection parmi les officiers et de n'accorder ses faveurs
qu'aux plus dignes. Elle devait puissamment contribuer à l'amélioration du recrutement des officiers, mais elle était insuffisante
pour contre-balancer les funestes effets des deux autres modes
d'avancement, l'ancienneté de service et l'élection, tels qu'ils
étaient trop souvent pratiqués. Aussi, en germinal an III (mars-
avril 1795), le Comité de salut public entreprit de remanier les
règles jusqu'alors suivies en matière d'avancement et d'y apporter
de nombreuses modifications. Aubry, l'un de ses membres, qui
avait remplacé Carnot après le 9 thermidor an II (27 juillet 94),
fut chargé de présenter à la Convention un nouveau texte qu'elle
adopta. Aubry, ancien capitaine d'artillerie, s'était déjà élevé,
dans la discussion de la loi du 21 février 1793, contre le principe,
« destructeur de toute discipline », de la nomination des sous-
officiers et des officiers par leurs subordonnés. Il ne put sans
doute faire prévaloir toutes ses idées de réforme, car nous retrou-
verons dans la loi du 14 germinal an III (3 avril 1795) l'élection
maintenue pour les grades inférieurs. Mais les atténuations portées à ce principe dangereux, jointes aux nécessités de la vie en
présence de l'ennemi, en diminuèrent singulièrement les défauts

essentiels (¹). On arriva ainsi à constituer un système tout au moins intéressant.

En règle générale, cette loi reconnaît trois modes d'avancement :

L'ancienneté de grade, pour le tiers des vacances ;

L'élection, dénommée aussi le choix, pour un autre tiers ;

La nomination du Corps législatif, pour le dernier tiers.

Dans les troupes à cheval, ces trois modes d'avancement roulent sur tout le régiment.

L'emploi de chef de brigade appartient toujours au plus ancien de grade des chefs d'escadrons.

Le quartier-maître trésorier ayant rang de lieutenant, les adjudants sous-officiers, le trompette-major ayant rang de maréchal des logis, le brigadier-trompette, sont à la nomination du conseil d'administration du régiment. Le quartier-maître doit être pris parmi les sous-lieutenants, les adjudants sous-officiers parmi les maréchaux des logis, et le brigadier-trompette parmi les trompettes du régiment.

L'artiste vétérinaire, le bottier, le sellier et le tailleur sont aussi à la nomination du conseil d'administration.

Les brigadiers sont nommés exclusivement à l'élection. Le choix n'a lieu que dans la compagnie où la place est vacante. Les cavaliers de cette compagnie, assemblés au lieu des séances du conseil d'administration, arrêtent une liste de six candidats, sachant lire et écrire. Mais les brigadiers réduisent ce nombre à trois, parmi lesquels les maréchaux des logis choisissent enfin un brigadier.

Le remplacement des maréchaux des logis a lieu de deux manières : à l'élection et à l'ancienneté.

(¹) En présentant à la Convention, en ventôse an III (mars 1795), le nouveau projet de loi sur l'avancement, Aubry s'élevait avec vigueur contre les dispositions de la loi du 21 février 1793, « sortie du chaos des passions et renfermant dans sa nature le germe de l'indépendance, de l'arbitraire et de l'anarchie. J'en appelle ici à tous ceux de mes collègues qui ont été aux armées, à ceux même à qui il en pourrait coûter de reporter leur souvenir sur la part qu'ils ont eue au triomphe de cette loi. Je leur demande si, dans l'application qu'ils en ont vu faire, ils ne l'ont pas reconnue fausse dans ses principes, mauvaise et même dangereuse dans ses résultats. Que de pénibles moments ils ont dû passer par l'effet de cette loi ! Que de plaintes ils ont dû recevoir ! Que de réclamations ont été faites à votre Comité militaire !... » (Collection de projets, rapports e lois militaires. A₁ b 1210, Bibliothèque du ministère de la guerre).

Quand une place de maréchal dés logis vient à vaquer au choix, tous les brigadiers forment une liste de six d'entre eux qu'ils jugent susceptibles d'avancement. Les maréchaux des logis réduisent ce nombre à trois. Les sous-lieutenants du régiment choisissent parmi ces derniers le candidat qui est définitivement élu.

Le maréchal des logis en chef est au choix de son capitaine parmi tous les maréchaux des logis du régiment : il doit être agréé par le conseil d'administration du corps.

Pour une place de sous-lieutenant à l'élection, tous les sous-lieutenants procèdent au choix de trois maréchaux des logis. Le résultat de ce vote est soumis aux lieutenants, qui prononcent définitivement sur l'admission d'un candidat.

Lorsqu'une place de capitaine vient à vaquer à l'élection, les capitaines font choix de trois lieutenants : le chef de brigade et les chefs d'escadrons désignent un de ces trois officiers pour occuper le grade de capitaine.

A partir du grade de chef d'escadrons, les autorités militaires n'ont plus qu'un droit de présentation. Quand une place de chef d'escadrons vient à vaquer à l'élection, le chef de brigade et les chefs d'escadrons font choix de trois capitaines dont les noms sont transmis au général de brigade. Ce dernier fait parvenir, avec son avis, au Comité de salut public les états de services des trois concurrents. Sur l'examen du dossier, le Comité choisit le candidat qu'il juge le plus digne de remplir la vacance.

La loi réserve à la Convention seule le droit de nommer aux emplois de général de brigade et de général de division.

Elle confère une prérogative nouvelle aux généraux en chef : « Lorsqu'un militaire, de quelque grade que ce soit, dit l'article 80, se sera distingué à la guerre par une action d'éclat, le général en chef, sur le rapport qui lui en sera fait par le général de division, pourra, s'il juge l'action assez importante, l'élever sur-le-champ au grade immédiatement supérieur à celui dans lequel il aura combattu. En conséquence, la première place, qui viendra à vaquer au choix ou à la nomination du Corps législatif, lui appartiendra de droit ; et, en attendant, il en portera les marques distinctives et en recevra la solde. Lorsqu'un représentant du peuple se sera trouvé présent à l'action, ce sera lui qui, sur la demande du général en chef, conférera le grade supérieur. Le Corps législatif décernera de plus grandes récompenses, s'il y a lieu. »

Une instruction, approuvée par le Comité de salut public, fit connaître aux corps les dispositions de détail auxquelles ils devaient se conformer en matière d'avancement, les modèles des mémoires de proposition pour informer la Commission de l'organisation des promotions à l'ancienneté et à l'élection, comme aussi des emplois revenant à la nomination du Corps législatif. Elle traça la marche à suivre à l'égard des officiers en surnombre qui servaient à titre d'adjoints dans les corps, en prescrivant de leur réserver les premières vacances sur tout le régiment : le tour d'ancienneté ne devait commencer qu'après que tous ces officiers seraient devenus titulaires d'un emploi.

Telle est la loi qui restera en vigueur pendant le Directoire et le Consulat à de rares modifications près, que nous indiquerons dans la suite. Nous pouvons donc, dès maintenant, porter sur elle un jugement d'ensemble. Elle réalise un progrès réel sur la loi du 21 février 1793 : 1º en faisant passer désormais l'ancienneté de grade avant l'ancienneté de service ; 2º en étendant les pouvoirs de la Convention dans les nominations aux principaux grades ; 3º en mettant aux mains des généraux en chef le moyen de récompenser sur-le-champ les officiers dont ils auraient reconnu les talents et la bravoure. Mais, à côté de ces améliorations, la loi du 14 germinal an III donne encore prise à de graves critiques. Elle attribue à l'ancienneté seule le grade de chef de brigade. En ce qui concerne l'élection, et bien qu'à partir du grade de sous-lieutenant les candidats ne soient plus choisis que par leurs égaux ou supérieurs en grade, les subordonnés directs gardent l'initiative entière de la désignation de leurs supérieurs pour les grades de brigadier et de maréchal des logis. Il faut nécessairement choisir les brigadiers et maréchaux des logis, les premiers parmi les candidats mis en avant par les cavaliers, les seconds parmi les sujets proposés par les brigadiers. Ainsi les soldats « plantent la pépinière dans laquelle on prend les sous-officiers et par conséquent les officiers (¹) ». Une telle prérogative au pouvoir de l'inférieur devait alarmer nombre d'esprits éclairés. Le 14 frimaire an IV (5 décembre 1795), le général Sorbier, écrivant à Carnot, lui signalera parmi les causes de nos revers en 1795 le mode d'avancement : « Tout réclame aujourd'hui qu'on substitue au régime que les premiers instants de la Révolution ont établi une organisation qui mette entre le soldat et l'officier la distance que la discipline militaire exige (²)... » Dans ses lettres du début de l'an IV, adressées au Directoire et à son ami Rewbell, le représentant du peuple Pfliéger, qui a tant fait pour la rénovation de la cavalerie, ne cessera de réclamer comme une réforme urgente, comme une question vitale pour les troupes à cheval, la révision du mode d'avancement pour les officiers et surtout pour les sous-officiers. Le 15 nivôse an IV (5 janvier 1796), le capitaine Didelon, du 10ᵉ régiment de dragons, appréciera ainsi les élections : « Le mode d'avancement qui est maintenant en vigueur, loin d'atteindre le but désirable qu'on s'était proposé, n'offre qu'un résultat vicieux. Presque toutes les élections qui se font de cette manière sont présidées par la cabale et sanctionnées par la partialité. D'ailleurs, peut-on espérer un bon choix lorsqu'un inférieur nomme son supérieur, celui qui doit le commander ? Presque toujours celui qu'on présume assez faible pour favoriser ou pour ne pas punir le vice, celui-là obtient les voix. Il est cependant des exceptions, mais elles sont fort rares, surtout dans les grades subalternes. J'ai été témoin des faits que j'avance. Je me suis déjà trouvé dans une infinité d'élections. Toutes ont été faites dans le même esprit sans qu'on ait pu l'empêcher (³)... »

L'inspecteur général des troupes à cheval, Kellermann, rédigeant à la fin de germinal an VI (avril 1798) un projet de réorganisation de notre cavalerie (⁴), réclamera aussi la suppression de

---

(¹) Lettre du chef de la 100ᵉ demi-brigade à Moreau, du 8 ventôse an VIII (27 février 1800). Correspondance de l'armée du Rhin (Arch. histor.).

(²) Correspondance de l'armée du Rhin et Moselle (Arch. histor.).

(³) Le capitaine Didelon au ministre de la guerre, Westheim, avant-garde de la 4ᵉ division de l'armée du Rhin et Moselle, le 15 nivôse an IV (5 janvier 1796) [Documents généraux, Cavalerie, an IV. Arch. histor.].

(⁴) Supplément Préval, carton O 4, Archives historiques.

l'élection des brigadiers par leurs inférieurs : « Le mode d'avancement actuel laisse encore trop de prise à l'ignorance. On a principalement remarqué que les brigadiers, qui doivent être la pépinière des sujets destinés à l'avancement, sont généralement mal choisis parce qu'ils sont portés à ce grade par la voix du soldat qui, calculant presque toujours la facilité qu'il croit avoir sous la surveillance d'un être faible ou d'un homme assimilé à ses goûts, donne rarement sa voix pour le sujet instruit et discipliné. On croit donc préférable que ce grade, comme ceux plus élevés, soient nommés sur des listes préparées de longue main par le grade immédiatement supérieur. »

Il s'en fallait de beaucoup, d'ailleurs, que les résultats donnés par le système de l'élection fussent toujours mauvais. Les nécessités de la vie en campagne firent souvent comprendre aux simples cavaliers l'intérêt qu'ils avaient à être bien commandés, et le développement de l'esprit militaire contribua puissamment à ce résultat. Un remarquable exemple de ce sentiment élevé est fourni dans l'épisode raconté par Marbot, lorsque, simple hussard, tout jeune et imberbe, mais brave, instruit et intelligent, il est choisi par ses camarades pour commander un détachement dont le chef, un officier ivrogne et lâche, a abandonné son poste (¹).

D'autre part, ainsi qu'on le verra par la suite, les chefs de corps parvinrent petit à petit, soit à diriger les choix, soit même à imposer les leurs. « L'élection, dit Préval (²), était généralement méconnue dans les dernières campagnes de la Révolution. Les colonels proposaient l'avancement de leurs officiers et décidaient sans appel de celui des sous-officiers. » En outre, le droit conféré aux généraux d'élever en grade les officiers fut parfois si largement utilisé qu'il en résulta, soit la restriction à l'extrême, soit la suppression totale de tout autre mode d'avancement.

Pour terminer l'exposé des réformes de la Convention en matière d'avancement, il faut encore citer la circulaire adressée par son Comité de salut public aux généraux en chef des armées le 2 bru-

---

(¹) *Mémoires de Marbot.*
(²) PRÉVAL, *De l'Avancement militaire dans l'intérêt de la monarchie.*

maire an III (23 octobre 1794), et la loi du 18 floréal an III (7 mai 1795).

Aux termes de cette circulaire, le Comité de salut public informait les généraux en chef que la Convention, tout en récompensant les actions d'éclat, entendait faire une large part, dans les places réservées à son choix, aux officiers qui joindraient « au courage, à l'intrépidité, les talents qui promettent les succès et les mœurs qui inspirent la considération (¹) ».

En dehors des cas fixés par l'article 80 de la loi du 14 germinal (actions d'éclat), la loi du 18 floréal an III ne permettait plus aux représentants du peuple et aux généraux en chef de nommer à aucune espèce d'emploi militaire. Ils conservaient seulement le droit de suspendre provisoirement de leurs fonctions les militaires qu'ils jugeaient mériter cette mesure, à charge d'en rendre compte sur-le-champ au Comité de salut public qui prononçait définitivement le maintien ou la levée de la suspension. La Convention revenait ainsi à des mesures plus régulières : elle renonçait peu à peu aux procédés révolutionnaires du début à mesure que le cours normal des choses se rétablissait, et c'est en obéissant à ces sages principes qu'elle allait poursuivre, dans les rangs de la cavalerie, l'épuration commencée par les représentants chargés de l'organisation de cette arme au printemps de 1794.

(¹) Voici le texte de cette circulaire :

SECTION DE LA GUERRE

COMITÉ
DE
SALUT PUBLIC

Circulaire

Le 2 brumaire, l'an III de la République une et indivisible.

LE COMITÉ DE SALUT PUBLIC AUX GÉNÉRAUX EN CHEF
DES ARMÉES DE LA RÉPUBLIQUE

« La Convention nationale s'est réservé la disposition d'une partie des places vacantes dans les armées afin de pouvoir récompenser, par de l'avancement, les belles actions des défenseurs de la patrie, mais son intention n'est pas que les traits de valeur reçoivent seuls le prix. Elle veut donner aussi des marques de la bienfaisance nationale au mérite obscur, au zèle, aux connaissances, aux talents qui n'ont pas encore eu l'occasion de paraître avec éclat. La valeur est la vertu générale des soldats de la République. C'est la valeur accompagnée des connaissances et des mœurs qui doit être portée au commandement. Le Comité de salut public désire que vous vous pénétriez de cette vérité et qu'indépendamment du compte que vous lui rendrez des exploits des défenseurs de la patrie, vous lui fassiez connaître avec une grande exactitude ces militaires estimables qui s'occupent de leur état en silence et avec fruit, car, nous vous le répétons, le service de la République exige que l'officier joigne au courage, à l'intrépidité, les talents qui promettent les succès et les mœurs qui inspirent la considération.

« Le Comité de salut public vous invite à lui faire passer incessamment les renseignements qu'il vous demande. » (Carton AF₁₁, 200, Arch. nat.)

CHAPITRE II

LE CORPS D'OFFICIERS DES TROUPES A CHEVAL EN FRUCTIDOR AN II (SEPTEMBRE 1794)

On a vu que, de toutes les armes, la cavalerie était celle qui renfermait le plus de mauvais officiers. Le sang généreux que les volontaires avaient insufflé à l'infanterie lui avait fait presque complètement défaut. A part quelques « fils de citoyens actifs » et quelques rares sujets de valeur provenant des corps francs, les anciens régiments, ayant perdu par l'émigration leurs têtes de colonne, avaient dû emprunter presque tous leurs cadres à une source unique, manquant souvent de jeunesse, d'élan et de savoir : celle de leurs sous-officiers. Hâtivement levés, abandonnés parfois aux mains d'aventuriers sans scrupule, la plupart des nouveaux corps devaient se ressentir longtemps de la mauvaise composition de leurs officiers. Déjà le licenciement du 26e régiment de cavalerie, celui des 17e et 18e régiments de chasseurs, que nous avons vus dans un précédent volume, ont été provoqués par la nécessité d'une épuration dans les troupes à cheval. Jusqu'à l'avènement du Directoire, le Comité de salut public et la Commission de l'organisation et du mouvement des armées de terre, réuniront leurs efforts pour réparer les erreurs du début de la Convention, s'éclairer sur les talents et la valeur morale des officiers, contrôler leurs états de service et leurs nominations, délivrer ou confirmer les brevets à ceux-là seulement qui justifiaient de la possession légale de leurs grades et s'en montraient dignes, sans parvenir néanmoins à éloigner complètement « les ivrognes, les ineptes, les hommes immoraux, et cette race infâme d'intrigants et de pillards qui s'est jetée par préférence dans les nouveaux corps de cavalerie(¹) ».

Cette persistance des pouvoirs publics à poursuivre l'épuration de la cavalerie se comprendra mieux lorsque nous aurons examiné la composition du corps des officiers dans les troupes à cheval en fructidor an II (août-septembre 1794), au moment où s'est terminée la mission des représentants du peuple chargés de l'organisation de la cavalerie aux armées.

Le 1ᵉʳ thermidor an II (19 juillet 1794), le jour même où la Convention se réservait le tiers des nominations dans les grades de sous-lieutenant, capitaine et chef d'escadrons, afin de pouvoir récompenser les actions d'éclat, le Comité de salut public prenait un arrêté inspiré par les mêmes considérations, aux termes duquel, « voulant se procurer, de tous les corps militaires, des renseignements sur les talents et qualités personnels des officiers attachés à ces corps, ainsi que sur le mérite des militaires de tous grades qui seraient dignes de marcher à la victoire à la tête de leurs frères d'armes », il arrêtait les dispositions suivantes :

« Le conseil d'administration de chaque corps militaire adressera, sans délai et directement, au Comité de salut public l'état de la situation actuelle de son corps ; il lui fera passer également l'état de situation des dépôts ou détachements des corps, aussitôt qu'il aura acquis les renseignements nécessaires à ce dernier objet.

« Le même conseil d'administration s'occupera sur-le-champ de recueillir tous les renseignements nécessaires pour faire connaître : 1° les services et qualités personnels de tous les officiers sans exception ; 2° tous les individus du même corps qui se sont distingués par des actions héroïques ; 3° tous ceux qui, joignant à des talents ou des dispositions peu ordinaires, les vrais sentiments du patriotisme et une conduite soutenue, sont dans le cas d'être avancés ou pourvus d'emplois autres que ceux qu'ils exercent. »

Dans un délai de quinze jours, les conseils d'administration devaient envoyer sur chaque officier une feuille donnant les ren-

---

(¹) *Aperçu sur l'état actuel de la cavalerie de la République,* par le représentant du peuple PFLIÉGER (13 nivôse an IV — 3 janvier 1796) [Arch. nat., AF₁₁₁ , 144ᴬ].

seignements suivants : nom, prénoms, date et lieu de naissance ; son état et sa résidence avant d'entrer au service ; la profession de ses parents ; sa complexion et ses moyens physiques ; ses talents et sa moralité ; ses services, actions et conduite avant et pendant la Révolution ; emploi auquel il paraît propre.

C'était la Commission de l'organisation et du mouvement des armées de terre qui s'était chargée, le 21 thermidor an II (8 août 1794), de faire parvenir aux conseils d'administration des corps cet arrêté du Comité de salut public.

Comme la plupart des régiments y répondirent sans donner le moindre détail sur leurs officiers supérieurs, la Commission leur rappela, par une circulaire du 3 fructidor an II (20 août 1794), les renseignements exigés par l'arrêté du Comité de salut public, du 30 germinal, pour la nomination de tout emploi au service des armées. Elle ordonna aux conseils d'administration de lui faire parvenir ces renseignements sur chaque officier supérieur dans l'ordre suivant : nom, prénoms, âge, lieu de naissance ; sa profession avant d'entrer au service militaire ; celle de ses parents ; emplois par lesquels il a passé et l'état de ses services ; son patriotisme ; observations sur sa conduite morale et politique.

Les renseignements transmis au Comité de salut public sur les officiers subalternes se trouvent maintenant aux Archives nationales dans les cartons AF$_{\mathrm{II}}$ 391 à 394. Ils concernent les régiments suivants :

1er et 2e carabiniers ;
1er, 2e, 3e, 4e, 6e, 7e, 8e, 9e, 10e, 11e, 12e, 13e, 14e, 15e, 16e, 18e, 19e, 20e, 22e, 23e, 24e, 25e cavalerie ;
1er, 4e, 5e, 6e, 7e, 8e, 10e, 11e, 12e, 13e, 14e, 15e, 16e, 17e, 18e, 20e dragons ;
1er, 3e, 4e, 5e, 6e, 7e, 8e, 9e, 10e, 11e, 12e, 13e, 14e, 15e, 19e, 20e, 21e, 23e chasseurs ;
1er, 2e, 3e, 4e, 5e, 7e, 9e, 12e hussards.

Les renseignements sont complets pour la plupart de ces régiments.

Nous les avons résumés dans un tableau (¹) qui donne : la date

____

(¹) Voir annexe nᵒ 1.

de l'établissement des renseignements ; l'emplacement du régiment à cette époque ; le nombre, par grade, des officiers subalternes ; le grade de ces officiers au 14 juillet 1789 ; les âges extrêmes et l'âge moyen dans chaque grade ; l'origine des officiers ; enfin un résumé de la valeur du corps d'officiers de chaque régiment d'après les notes de son conseil d'administration.

Une remarque s'impose pour apprécier à leur juste valeur les notes des officiers subalternes. La source d'information à laquelle s'adressait le Comité de salut public, les conseils d'administration des régiments, a souvent atténué les blâmes et enflé les éloges. Nous aurons l'occasion de relever cette tendance générale des conseils d'administration en rapprochant quelques-unes de leurs assertions des appréciations portées sur la valeur du corps d'officiers de certains régiments par les inspecteurs de cavalerie et les chefs de brigade, dont le témoignage est souvent beaucoup plus sévère. Cette réserve faite, l'examen des dossiers des officiers subalternes donne lieu aux observations suivantes.

Officiers subalternes des troupes à cheval. — *Origine et recrutement.* — Le cadre des capitaines, lieutenants et sous-lieutenants, a, pour ainsi dire, été complètement renouvelé dans les anciens régiments. Il n'y reste plus que quelques très rares officiers ayant servi comme « lieutenants surnuméraires » ou comme « porte-étendards » dans l'armée royale. Dans les deux régiments de carabiniers, sur treize capitaines, un seul était officier, avec le rang de porte-étendard, en 1789. Sur les vingt régiments de cavalerie dont les états nous sont parvenus presque complets, c'est à peine si l'on trouverait dans les grades subalternes dix officiers de l'ancienne armée royale. Presque tous les officiers subalternes des vieux régiments étaient sous-officiers avant la Révolution. Il restait parmi eux un esprit de corps très prononcé qui permit d'obtenir, dans beaucoup de régiments, un noyau de chefs expérimentés et rompus depuis de longues années à la pratique du métier. En règle générale, les anciens corps conserveront, de cette continuité de sujets et de traditions, une supériorité marquée.

Dans les régiments de nouvelle formation, les officiers qui ont passé par tous les grades ne sont souvent entrés au service qu'en 1789 et même plus tard. Ils ont les origines les plus diverses : gardes nationaux; volontaires et soldats d'infanterie, des corps francs, des légions; artilleurs, gendarmes, etc. Ils ont acquis leurs premiers grades soit dans la garde nationale, soit dans les bataillons de volontaires, soit dans les corps francs avec lesquels ces nouveaux régiments furent formés. Beaucoup de ces corps, tel le 19e chasseurs, n'ont point d'officiers subalternes qui fussent sous-officiers avant la Révolution.

Au mois de fructidor an II, où la plupart des notes ont été établies, le nouveau mode d'avancement, décrété par la loi du 1er thermidor an II, qui accorde à la Convention le tiers des vacances dans les grades subalternes, a commencé seulement à recevoir son application. L'avancement de la presque totalité des officiers a donc été soumis à la loi du 21 février 1793 qui accorde les deux tiers des grades à l'ancienneté de service et le tiers à l'élection. Le choix du pouvoir exécutif, introduit le 1er thermidor an II dans l'avancement, était encore trop récent pour permettre une régénération de ces cadres vieillis, en y faisant entrer des éléments jeunes, généralement plus instruits, mais souvent dépourvus des aptitudes et du savoir professionnels, car les comités de gouvernement accorderont parfois leurs nominations à la faveur, le mérite des postulants n'étant constaté par aucune espèce d'examen.

Cet aperçu sur l'origine des officiers subalternes permettra de mieux juger leur valeur physique, intellectuelle, professionnelle et morale.

Valeur physique. — Après trois campagnes qui, par les combats, les fatigues, les bivouacs, les maladies, ont produit de grandes pertes dans les rangs de nos armées, après les vides causés dans la cavalerie par l'émigration, enfin après les destitutions et les mises à la retraite sans nombre prononcées par les représentants du peuple, on devrait se trouver en présence d'un cadre d'officiers subalternes rayonnant de jeunesse si nous ne savions que les règles de l'avancement accordent à l'ancienneté des services une préférence exagérée et créent fatalement une moyenne d'âge assez élevée. Elle est, pour les différents grades et les différentes armes, de :

	CAPITAINES	LIEUTENANTS	SOUS-LIEUTENANTS
	Ans	Ans	Ans
Carabiniers	44	41	34
Cavalerie	42	36	36
Dragons	41	35	32
Chasseurs	36 ¹/₂	34	32
Hussards	37 ¹/₂	30 ¹/₂	34

On voit, par ce tableau, que l'âge moyen des capitaines atteint quarante ans, âge auquel Napoléon estimait qu'un homme était déjà trop vieux pour les fatigues de la guerre. Celui des lieutenants est de trente-cinq ans, celui des sous-lieutenants de trente-trois ans et demi. Le peu de différence d'âge entre les lieutenants et sous-lieutenants vient de ce que les cadres ont été complètement renouvelés aux mêmes époques. On constate aussi des écarts considérables, dans chaque grade, entre les officiers les plus âgés et les officiers les plus jeunes. C'est la conséquence des différents modes de recrutement. Les officiers les plus jeunes proviennent des nominations au choix du pouvoir exécutif ; les officiers les plus âgés proviennent des nominations à l'ancienneté des services.

Un trop grand âge entraînant des infirmités et l'incapacité de servir, on trouve des officiers susceptibles de prendre leur retraite dans tous les corps et dans tous les grades, aussi bien parmi les sous-lieutenants que parmi les capitaines.

Dans les corps de nouvelle formation, ces officiers trop âgés proviennent d'anciens militaires, le plus souvent non gradés, qui ont été soldats avant la Révolution et ont ensuite repris du service après 1789.

Valeur intellectuelle. — Tel qu'il ressort des notes des conseils d'administration, le niveau moyen d'instruction générale est très peu élevé. Les officiers les plus instruits, ou plutôt les moins ignorants, se rencontrent parmi ceux qui ont été nommés au choix du pouvoir exécutif. C'est dans cette catégorie qu'on trouve le plus de ces sujets, très rares d'ailleurs, qui « ont quelques connaissances en dessin, levé de plans et lecture de la carte ».

Encore, la plupart des officiers ainsi signalés ne font point de service dans les corps de troupe et sont détachés dans les états-majors soit comme adjoints aux adjudants généraux, soit comme aides de camp près des généraux.

Les officiers les plus ignorants, ceux parmi lesquels on trouve le plus d'illettrés, proviennent des nominations à l'ancienneté des services.

Tous les conseils d'administration n'ont pas indiqué si les officiers appartenant à leur corps savaient lire et écrire. On verra cependant, par les aveux de certains d'entre eux, l'urgence du décret de la Convention qui, le 27 pluviôse an II (15 février 1794), avait interdit l'accès des grades aux militaires ne sachant ni lire ni écrire. Le 17ᵉ dragons signale, comme totalement illettrés : 1 capitaine, 1 lieutenant et 2 sous-lieutenants ; comme sachant lire et écrire un peu : 3 capitaines, 2 lieutenants et 5 sous-lieutenants. Encore, parmi ces derniers, plusieurs savent seulement un peu lire. Le 19ᵉ de cavalerie avoue 2 capitaines et 5 sous-lieutenants comme illettrés, 3 sous-lieutenants comme sachant un peu lire et écrire. Le 9ᵉ chasseurs accuse 3 capitaines et 4 sous-lieutenants qui ne savent ni lire ni écrire. Dans les anciens régiments de hussards, beaucoup d'officiers ne connaissent que l'allemand. Au 4ᵉ hussards, 1 lieutenant et 9 sous-lieutenants ne savent lire et écrire qu'en allemand. Au 5ᵉ hussards, 2 capitaines sont complètement illettrés, 2 autres savent seulement un peu lire ; 1 lieutenant ne connaît que l'allemand ; 7 sous-lieutenants ne savent ni lire ni écrire ; 1 autre sait seulement un peu lire et écrire ; 1 autre enfin ne sait qu'un peu écrire en allemand. Aussi le conseil d'administration propose-t-il pour l'avancement tous les officiers qui ont quelques vagues notions de lecture et d'écriture.

Valeur professionnelle. — Si l'on s'en référait uniquement aux rapports des conseils d'administration, on serait tenté de juger la moyenne de la valeur professionnelle des officiers comme assez élevée. Ces conseils indiquent souvent un grand nombre d'officiers comme susceptibles, par leurs connaissances militaires, de remplir les fonctions du grade supérieur. Mais, ainsi que nous le verrons plus tard, les inspecteurs généraux jugent cette valeur professionnelle très faible ; ils la déclareront même « nulle » dans la plupart des corps de nouvelle création et dans un grand nombre d'anciens régiments.

Valeur morale. — Assez rares sont les écarts de conduite signalés, et l'exemple du 9ᵉ hussards, dont le conseil d'administration réclame lui-même un examen sévère de la conduite de ses officiers, demeure une exception. Notre organisation, disent-ils, est, « depuis très longtemps, demeurée oubliée dans les bureaux de la Guerre. Que, pour aujourd'hui, avec connaissance de cause, chacun soit par vous récompensé ainsi qu'il le mérite ou puni suivant sa faute. Nous espérons surtout que votre sévère justice fera droit aux grandes vérités que nous lui soumettons et que vous chasserez de notre sein les perturbateurs ambitieux et ces désorganisateurs effrénés qui, jusqu'à présent, n'ont cessé de surprendre la confiance publique en faisant agir tous les ressorts d'une intrigue désorganisatrice qui, depuis deux ans, donne naissance chaque jour à de nouveaux troubles parmi nous. » Au témoignage de la plupart des conseils d'administration, « les officiers se sont toujours conduits avec honneur et probité ». On relève cependant de singulières contradictions. Qui se douterait en effet, en parcourant le dossier des officiers du 14ᵉ chasseurs, tel que le conseil d'administration l'a établi, que ce régiment devra, quelques mois plus tard, ainsi que nous le verrons, être l'objet d'une réorganisation complète, qu'il faudra en éliminer 3 capitaines, 5 lieutenants et 9 sous-lieutenants, signalés la plupart comme « n'ayant ni mœurs, ni intelligence, incapables d'occuper aucun grade dans quelque arme que ce soit ». Tandis que le conseil d'administration du 23ᵉ chasseurs note les officiers du corps comme exempts de reproches au point de vue moral, le même conseil signalera, en pluviôse an IV, un assez grand nombre d'officiers, les uns sans conduite et sans mœurs, les autres adonnés à la boisson(¹). Nous pourrions multiplier ces exemples, mais nous

---

(¹) Cartons des 14ᵉ et 23ᵉ chasseurs (Arch. histor.).

préférons laisser la parole aux faits, aux nombreuses épurations que la Convention ne cessera d'opérer dans les troupes à cheval, notamment dans les corps de nouvelle formation, pour relever le niveau moral et professionnel de leurs officiers, sans parvenir néanmoins à extirper entièrement le mal.

Officiers supérieurs des troupes à cheval. — Moins heureux en ce qui concerne les chefs de brigade et les chefs d'escadrons de nos troupes à cheval, nous n'avons retrouvé qu'un résumé de leurs notes parvenues au Comité de salut public. Encore ce résumé, qui se trouve dans le carton AF II 211, aux Archives nationales, ne comprend que la moitié des chefs de brigade et des chefs d'escadrons.

Ces notes, en général élogieuses, sont très brèves. Il serait assez difficile d'en tirer un élément certain d'appréciation. On les trouvera intégralement reproduites, pour les chefs de brigade, dans le tableau de l'annexe n° 2, où, à l'aide des contrôles des corps conservés aux Archives administratives, des cartons des régiments déposés aux Archives historiques de la guerre, nous avons essayé de reconstituer aussi exactement que possible le nom, l'époque et le grade lors de l'entrée au service, le grade au 14 juillet 1789, l'âge au mois de fructidor an II (septembre 1794), de tous les officiers qui étaient à la tête de nos troupes à cheval.

On verra par ce tableau que, dans les anciens corps qui n'ont éprouvé que peu d'augmentations, c'est-à-dire dans les carabiniers, la cavalerie et les dragons, la presque totalité des chefs de brigade provient des vétérans des armées de Louis XV qui prirent part à la guerre de Sept ans et aux campagnes de Hanovre. Pour les deux régiments de carabiniers, les vingt-cinq de cavalerie et les vingt de dragons, on ne trouve que cinq chefs de corps (de Jaucourt [1er carabiniers], d'Anglars [2e carabiniers], Nansouty [9e cavalerie], d'Azincourt [14e cavalerie], du Blaisel [1er dragons]), qui soient entrés au service comme élèves de l'École militaire ou comme sous-lieutenants. Tous les autres ont passé par les rangs et ont parcouru la majeure partie de leur carrière comme cavaliers et sous-officiers. Près des trois quarts étaient officiers, lieutenants ou capitaines, au 14 juillet 1789.

Par suite du mode d'avancement à l'ancienneté, les chefs de brigade des carabiniers, de la cavalerie et des dragons, sont assez âgés. La moyenne de l'âge atteint quarante-huit ans et demi pour les premiers, cinquante et un ans pour les seconds et quarante-huit ans pour les derniers.

Dans les chasseurs et les hussards, où l'on compte plus de la moitié des régiments de nouvelle création, l'origine des chefs de brigade est très diverse, leurs différences d'âge plus accentuées. La guerre plus active que font ces régiments se prête d'ailleurs au renouvellement plus fréquent de leurs cadres. La moyenne de l'âge des chefs de brigade descend à quarante-deux ans pour les chasseurs et à trente-cinq ans pour les hussards. Les deux tiers seulement étaient officiers au 14 juillet 1789.

On remarquera, parmi les chefs de brigade des troupes à cheval, un assez grand nombre d'officiers appartenant à la noblesse, un sixième environ. Ils ont échappé aux destitutions qui ont frappé en masse les ci-devant nobles grâce à leurs talents et à leur civisme reconnus, grâce aussi à la modération de certains représentants du peuple, tels que Pfliéger.

Les mêmes réflexions sont applicables soit à l'origine, soit à la composition, soit à l'âge des chefs d'escadrons. La moyenne de l'âge de ces derniers est de quarante-neuf ans dans les carabiniers, cinquante ans dans la cavalerie, quarante-sept ans dans les dragons, quarante-trois ans dans les chasseurs et trente-neuf ans dans les hussards.

CHAPITRE III

L'ÉPURATION DES CADRES

Une fois en possession de ces premiers renseignements sur les
officiers des troupes à cheval, la Commission de l'organisation et
du mouvement des armées de terre s'occupa de régulariser leur
situation.

Le nombre était considérable des officiers qui servaient dans
les troupes à cheval sans avoir été confirmés dans leurs grades.
En frimaire an III (décembre 1794), le 20ᵉ chasseurs comptait
parmi ses officiers non brevetés : 1 chef de brigade, 1 chef d'escadrons, 3 capitaines, 3 lieutenants et 10 sous-lieutenants. En
pluviôse an III (février 1795), les officiers du 9ᵉ hussards n'étaient
pas encore brevetés. En thermidor an III (août 1795), dix-neuf
officiers du 4ᵉ hussards se trouvaient dans la même situation (¹).
A la même époque, le 6ᵉ hussards avait été presque entièrement
renouvelé « sans qu'aucune des nominations ait été faite légale-
ment et qu'il ait été expédié de brevet, à aucun officier, du grade
qu'il occupe en ce moment (²) ». La Commission de l'organisation
et du mouvement des armées de terre procéda sans précipitation
à l'examen des demandes de brevets qui lui furent soumises. Elle
n'y souscrivit qu'à bon escient, après avoir obtenu sur chaque
officier tous les renseignements qui pouvaient l'éclairer, et, pour
entourer ce contrôle de toutes les garanties, elle s'adressa souvent
aux représentants du peuple qui avaient présidé à l'organisation
de la cavalerie en 1794. Avant de confirmer les officiers du
11ᵉ hussards, dont un grand nombre n'étaient pas encore brevetés

____

(¹) Cartons du 20ᵉ chasseurs, des 9ᵉ et 4ᵉ hussards (Arch. histor.).

(²) Rapport de la Commission de l'organisation sur l'organisation du 6ᵉ hussards, du
28 thermidor an III (14 août 1795) [carton AF II 200, Arch. nat.).

en messidor an II, elle recourut aux renseignements des représentants Richard, Bouchotte et Choudieu, qui avaient procédé à l'organisation de ce régiment en juin 1793 (1). De même, elle consulta, en nivôse an III, le représentant Cavaignac sur le compte des officiers des deux régiments, le 12ᵉ hussards et le 24ᵉ chasseurs, formés par ses soins à l'armée des Pyrénées occidentales (2).

Dans ce travail de révision des grades, la Commission se trouva souvent en face de graves irrégularités. Elle n'hésita point à les signaler au Comité de salut public et à en réclamer le redressement quand l'intérêt du service, le maintien de la discipline et l'avenir des corps, les réclamaient. Mais lorsque les remaniements auraient eu pour effet de bouleverser l'organisation des corps, lorsque le remède eût fait plus de mal que de bien, la Commission et le Comité de salut public préférèrent sagement sanctionner ces irrégularités. Dans un rapport au Comité de salut public, du 26 prairial an III (14 juin 1795), la Commission lui signalait l'illégalité de deux nominations prononcées au 2ᵉ chasseurs à cheval par le représentant du peuple Duroy le 9 ther-

---

(1) Carton du 11ᵉ hussards (Arch. histor.).

(2) Carton du 24ᵉ chasseurs (Arch. histor.). Nous avons déjà signalé, dans un volume précédent, l'appréciation élogieuse que Cavaignac portait sur les 12ᵉ hussards et 24ᵉ chasseurs. Ce dernier « régiment, écrivait-il à la Commission, le 3 nivôse an III, est un des plus beaux de nos armées ». Les Archives historiques possèdent encore les notes données par Cavaignac aux officiers du 24ᵉ chasseurs sur l'état que lui avait demandé la Commission. Elles ne contiennent de blâme que pour trois officiers : un capitaine destitué lors de l'incorporation des chasseurs de Tarbes qu'il commandait ; un lieutenant signalé comme intrigant ; un lieutenant contre lequel Cavaignac avait reçu des plaintes pendant le cantonnement du 24ᵉ chasseurs à Auch. Voici un extrait de ces notes pour les officiers supérieurs du régiment :

COMMISSION
DU
MOUVEMENT ET DE L'ORGANISATION

Personnel de la cavalerie

24ᵉ RÉGIMENT DE CHASSEURS

État des officiers provisoires de ce régiment

NOMS	GRADES	OBSERVATIONS QUE LE REPRÉSENTANT DU PEUPLE est autorisé à mettre
Barthélémy . . .	Chef de brigade.	Vieux militaire, habile dans les manœuvres, sévère pour la discipline. Il s'est fait estimer et chérir des chasseurs. Il était capitaine au 18ᵉ de dragons.
Renard.	Chef d'escadrons	Très bon officier. Il m'a rendu les plus grands services pour l'organisation des deux régiments. Il sort du 13ᵉ de dragons.
Bron	Chef d'escadrons	Très bon officier. Il s'est plusieurs fois distingué. Il était capitaine au 18ᵉ de dragons.
Scibeck.	Chef d'escadrons	Bon officier. Il était chef d'escadrons des chasseurs de Bordeaux que j'ai incorporés dans le 24ᵉ.

midor an II (27 juillet 1794) : celle du capitaine Croutelle élevé au grade de chef de brigade, et celle du quartier-maître La Rouvière, passé du grade de lieutenant à celui de chef d'escadrons. Mais, disait le rapport, « comme les nominations, quoique contraires aux lois sur l'avancement, n'ont excité aucunes réclamations, qu'elles ont réuni au contraire l'assentiment de tout le corps qui a délivré à ces officiers les attestations les plus favorables, on propose au Comité de salut public de confirmer ces nominations ». Le 2 messidor an III (20 juin 1795), le Comité approuvait cette proposition de la Commission (1).

La Commission vint aussi à bout des difficultés rencontrées dans le placement des officiers adjoints à la suite des corps. Pfliéger, qui avait procédé au licenciement du 18e chasseurs, avait ordonné que les officiers, « reconnus par le conseil d'examen capables de remplir des places dans les troupes de la République », seraient provisoirement placés de la façon suivante : « ceux qui entrent dans les dragons y prendront des emplois à la formation du 5e escadron, et ceux destinés aux chasseurs occuperont les premières places vacantes qui sont dévolues à la nomination de la Convention nationale. Ils jouiront jusqu'à ce moment des appointements affectés aux grades respectifs qui leur sont attribués (2). » Les officiers du 17e chasseurs, conservés en fonctions, avaient reçu une destination analogue. Ceux du 26e régiment de cavalerie avaient été répartis dans les troupes à cheval des armées des Pyrénées. Ce petit nombre d'officiers n'aurait guère troublé l'avancement des corps s'il n'avait été grossi par un surcroît d'officiers, dû aux incorporations des corps francs. Les régiments de dragons, qui avaient donné asile à la plupart de ces corps pour en former le noyau de leurs 5e et 6e escadrons, étaient encombrés de ces officiers souvent nommés illégalement, que les anciens régiments regardaient comme des intrus et recevaient avec mécontentement. Un rapport de la Commission, du 20 fructidor an II (6 septembre 1794), indique que la nouvelle organisation des régiments de cavalerie légère, portés de quatre

---

(1) Carton du 2e chasseurs (Arch. histor.).

(2) Arrêté de Pfliéger, du 10 vendémiaire an III (carton du 1er dragons, Arch. histor.).

à six escadrons, est presque partout entravée par la surcharge d'officiers et de sous-officiers qui, incorporés avec troupe ou sans troupe, prétendent aux emplois des 5e et 6e escadrons nouvellement créés. Dans quelques régiments de dragons, le 13e et le 20e, par exemple, les escadrons de nouvelle formation ne sont pas encore complets en hommes et le sont de plus du double en officiers et sous-officiers (1). En floréal an III, le représentant du peuple Poultier ne peut faire admettre au 1er hussards un capitaine venant des hussards de Jemmapes, le corps s'y étant opposé « vu qu'il y a un tiers d'officiers adjoints (2) » à sa suite, qui arrêtent l'avancement. Des compagnies franches réduites à quelques hommes s'étaient présentées, pour être incorporées, avec leurs cadres pleins en officiers et sous-officiers. Des officiers, chefs d'une troupe qui méritait à peine à sa tête un capitaine, voulaient garder le rang de chef d'escadrons qu'ils avaient dans les corps francs. Dans certains départements, les cavaliers, provenant de la levée des 30 000 hommes destinés à la cavalerie, s'étaient organisés en compagnies de leur propre mouvement, tandis que la loi du 10 avril 1793, qui avait ordonné cette levée, et l'instruction remise aux généraux le 22 juillet 1793 pour son exécution, n'avaient en aucun cas autorisé ces formations. Bien que la loi du 21 nivôse an II (10 janvier 1794) sur l'organisation de la cavalerie interdît de reconnaître les nominations faites dans les corps francs postérieurement au 16 nivôse an II (5 janvier 1794), un grand nombre d'officiers incorporés tenaient leurs grades de nominations postérieures à cette date. Enfin la Commission de l'organisation et du mouvement des armées de terre n'avait pu, comme le voulait la loi du 21 nivôse, former une liste de ces officiers adjoints et les replacer sur toute l'arme, suivant leur grade et leur ancienneté de service, car la plupart n'avaient à présenter que peu ou point d'états de services.

A plusieurs reprises, la Commission proposa au Comité de salut public les mesures nécessaires pour « débarrasser les régiments de cette foule d'officiers surnuméraires qu'ils ont à leur

---

(1) Documents généraux, Cavalerie, an II (Arch. histor.).

(2) Lettre du représentant du peuple Poultier, Marseille, le 23 floréal an III (12 mai 1795) [carton du 17e chasseurs, Arch. histor.].

suite et qui sont, par leur grand nombre, presque aussi contraires
à la fortune publique qu'au bien du service(¹) ». Elle demanda au
comité d'annuler les nominations d'officiers dans les compagnies
de la levée de 30,000 hommes, de n'accorder le grade de chef
d'escadrons qu'aux officiers qui justifieraient d'avoir commandé
au moins 272 hommes (trois compagnies complètes sans officiers), de ne point reconnaître les nominations d'officiers et sous-
officiers faites postérieurement au 16 nivôse dans les compagnies incorporées, enfin de supprimer le rang d'arme pour les
officiers adjoints.

Ce n'est que le 18 ventôse an III (8 mars 1795) que le Comité
de salut public faisait droit aux plus importantes de ces demandes
en décrétant :

1° Que toutes les nominations d'officiers et sous-officiers dans
les corps francs, non encore incorporés, qui ne seront pas con-
formes aux dispositions de la loi du 21 nivôse, quoique approuvées
par les représentants aux armées, cesseront d'avoir leur effet au
moment de leur incorporation qui ne pourra, sous aucun prétexte,
s'effectuer d'une autre manière que celle prescrite par la loi;

2° Qu'au moment de l'incorporation les officiers et sous-officiers, qui auraient été ainsi nommés, seront libres de rentrer
dans leurs foyers s'ils ne sont pas dans l'âge de la réquisition;

3° Que, d'après l'avis des conseils d'administration, seront ex-
ceptés des dispositions du présent arrêté les militaires qui, par
quelque action d'éclat bien constatée, auraient mérité l'avancement que les lois leur assurent ou qui leur aurait été déféré par
les représentants en mission.

Pour réduire le nombre des officiers adjoints, la Commission et
le Comité de salut public eurent encore à combattre d'autres
abus. Le commissaire Pille obtenait du Comité de salut public,
le 22 nivôse an III (11 janvier 1795), l'autorisation nécessaire
pour mettre en demeure les officiers détachés de leurs corps,
comme les inspecteurs de remonte, les commandants de place,

(¹) Rapport de la Commission de l'organisation et du mouvement des armées de terre
au Comité de salut public, le 12 pluviôse an III (31 janvier 1795) [Documents généraux,
Cavalerie, an III].

d'opter entre leurs fonctions actuelles et l'emploi qu'ils avaient laissé vacant dans leur régiment (¹). Les conseils d'administration et les représentants du peuple avaient souvent rempli les vacances provenant des officiers malades, blessés ou prisonniers de guerre. Ces remplacements, faits sans mesure, avaient doublé le nombre des officiers attachés à certains corps. Par un arrêté du 6 nivôse an III (26 décembre 1794), le Comité de salut public rappelait la défense de pourvoir à ces emplois et prescrivait d'assurer provisoirement le service des militaires absents par les officiers les plus anciens dans le grade inférieur.

Les rangs des officiers adjoints s'étaient encore grossis des officiers destitués en grand nombre en 1793 et à l'époque de la Terreur comme nobles, suspects, etc..., qui furent réintégrés dans le courant de l'année 1795. Certaines formalités accompagnèrent ces réintégrations. Le 28 frimaire an III (18 décembre 1794), le Comité de salut public invite la Commission de l'organisation et du mouvement à mentionner sur les mémoires qu'elle lui soumet au sujet des officiers de tous grades, destitués ou suspendus, qui demandent leur réintégration ou leur retraite, « si ces officiers ont, ou non, des frères ou des enfants émigrés ou s'ils sont eux-mêmes fils d'émigrés ». Lorsqu'il ne se trouvera pas de motifs de destitution connus, la Commission devra les demander aux conseils d'administration des régiments ou aux chefs d'état-major des armées, suivant le cas (²). Le 10 nivôse an III (30 décembre 1794), le Comité de salut public arrête que « tout officier ou sous-officier qui demandera sa réintégration ne pourra l'obtenir, qu'au préalable il n'ait produit à l'appui de ses pièces justificatives : 1° un certificat de civisme délivré par la commune de son domicile ; 2° le certificat du district de la situation de ses biens, qui constatera qu'il n'est pas compris dans la classe d'émigrés ou parents déclarés suspects par la loi ; 3° une attestation du conseil d'administration du corps dans lequel il aura servi qui certifiera (en) sa bonne conduite pendant qu'il y

---

(¹) Documents généraux, Cavalerie, an III (Arch. histor.).
(²) *Ibid.*

était employé. Si c'est un officier qui était employé dans l'état-major de l'armée, il produira les certificats des généraux chefs d'état-major et adjudants généraux sous les ordres desquels il aura servi. A défaut de ces pièces en bonne forme, il ne sera fait droit à aucune réclamation ([1]). »

Le 13 prairial an III (1er juin 1795), la Convention porta au 1er messidor an III (19 juin 1795) le délai accordé aux officiers suspendus ou destitués pour obtenir leur réintégration. Elle fixa en même temps la solde qui serait accordée aux officiers susceptibles d'être rappelés à l'activité. Afin de faire cesser promptement la dépense qui devait résulter de ces dispositions, elle décréta « qu'à l'exception des emplois qui seraient donnés aux actions d'éclat, toutes les places à son choix seraient réservées à l'avenir pour lesdits officiers réintégrés, sans pour cela dispenser le Comité de salut public de les présenter à la ratification de la Convention nationale ». Dans le but de mettre le Comité de salut public en mesure d'assurer l'exécution de ce décret, la Commission de l'organisation et du mouvement fut invitée à lui remettre, « dans le plus bref délai, un état général et par arme de tous les officiers destitués ou suspendus, ainsi que les renseignements sur leurs services qui pourront servir à prononcer leur réintégration ».

Un arrêté du Comité de salut public, du 3 messidor an III (21 juin 1795), prolongea jusqu'au 1er fructidor an III (18 août 1795) le délai pour les demandes en réintégration. Comme il existait un grand nombre de chefs de brigade à replacer et que la loi du 14 germinal an III réservait les nominations de ce grade à l'ancienneté seule, le Comité de salut public ordonna à la Commission de l'organisation et du mouvement, le 3 messidor an III (21 juin 1795), de faire une exception à cette loi et de lui présenter, « dans le plus court délai, l'état de tous les chefs de brigade réintégrés ou susceptibles de l'être et de la date de leur brevet. Ils seront successivement nommés, chacun dans leur arme, à la première place de chef de brigade vacante. Cette nomination n'aura lieu qu'une seule fois dans chaque régiment. L'avance-

---

([1]) Documents généraux, Cavalerie, an III (Arch. histor.).

ment reprendra ensuite son cours d'après la loi du 14 germinal (¹). » Le 3 thermidor an III (21 juillet 1795), le Comité de salut public confirmait cette disposition en autorisant la Commission de l'organisation et du mouvement « à surseoir à l'exécution de la loi du 14 germinal pour la nomination aux emplois de chefs de brigade dans les troupes d'infanterie et de cavalerie, en réservant au choix de la Convention le tiers des emplois vacants de ce grade pour être donné aux chefs de brigade réintégrés, de manière à ce que ce mode de remplacement n'ait lieu qu'une seule fois dans chaque demi-brigade (²) ».

Par l'effet de ces dispositions, les troupes à cheval reçurent un assez grand nombre d'officiers réintégrés. Sur vingt-huit chefs de brigade et trente-huit chefs d'escadrons suspendus par les représentants du peuple au début de l'an II, neuf chefs de brigade et douze chefs d'escadrons reprirent leur place dans l'armée au cours des deux années suivantes (³). Ces réintégrations réparèrent presque toujours les erreurs que les passions ou l'injustice d'une époque troublée avaient suscitées : elles n'empêchèrent point cependant que plusieurs officiers, signalés jadis aux représentants du peuple ou aux généraux pour leur incapacité, leur lâcheté ou leur immoralité, missent à profit les bourrasques de la politique, les protections dont ils avaient su s'assurer, pour reparaître dans les troupes à cheval. Un capitaine du 18ᵉ chasseurs, convaincu de vol de chevaux et destitué, avait obtenu, par la protection du club de Lunéville, d'être replacé au 1ᵉʳ dragons. N'osant se présenter à ce vieux régiment, il était revenu à Paris où on lui octroya une compagnie au 3ᵉ hussards. C'était aussi un ancien régiment qui accueillit fort mal le nouveau venu (⁴). Dans un rapport du 10 frimaire an IV (1ᵉʳ décembre 1795), le conseil d'administration du 10ᵉ hussards attirait l'attention du Comité de salut public sur ces réintégrations trop faciles, dont bénéficiaient des individus tarés : « La

---

(¹) Documents généraux, Cavalerie, an III (Arch. histor.).

(²) Documents généraux, Infanterie, an III (Arch. histor.).

(³) *La Cavalerie pendant la Révolution. La crise,* p. 266.

(⁴) Le 12 prairial an III, l'adjudant général chef de brigade, inspecteur de la cavalerie de l'armée de la Moselle, Courselles, écrivait à la Commission de l'organisation : « Je crois que la Commission a été instruite de l'effet qu'a produit dans cet ancien corps (3ᵉ hussards) l'arrivée d'un tel individu. » (Carton du 18ᵉ chasseurs, Arch. histor.)

plupart d'entre eux, se représentant sans cesse auprès du gouvernement, sollicitèrent de nouveaux emplois, en obtinrent encore et ne devinrent, malgré cette seconde faveur, ni plus dévoués au bien public, ni plus habiles dans leurs fonctions, ni plus sages dans leur conduite. Aussi en est-il résulté des plaintes graves contre différents corps, selon qu'ils avaient eu l'avantage d'avoir des officiers plus ou moins bien composés (¹). »

Malgré les mesures prises par la Convention pour réduire le chiffre des officiers adjoints à la suite des troupes à cheval, ces derniers étaient encore nombreux à l'avènement du Directoire (²). Leur sort sera réglé à cette époque par des dispositions spéciales que nous passerons en revue en étudiant la réorganisation de la cavalerie en nivôse an IV (décembre 1795-janvier 1796).

Malgré ces réformes d'ordre général, les nouveaux régiments de troupes à cheval continuaient à rendre peu de services, tant leur corps d'officiers renfermait encore d'éléments mauvais ou médiocres. « Les rapports journaliers qui arrivaient à la Commission de l'organisation et du mouvement sur la mauvaise composition en général des officiers des nouveaux corps de troupes à cheval, la précipitation avec laquelle ils avaient été levés, les circonstances orageuses dans lesquelles ils l'avaient été, les intrigues qui avaient présidé au choix des officiers provisoires, tout concourait à faire naître des doutes sur les talents et la moralité de la plupart des nouveaux corps (³). » Aussi, le 12 brumaire an III (2 novembre 1794), la Commission proposait-elle au Comité de salut public de charger, dans chaque armée, un officier général, « instruit et surtout étranger à toutes les passions », d'examiner « la conduite morale, politique et militaire, de chaque officier de ces nouveaux régiments » et de se rendre un compte exact de la probité de leurs conseils d'administration. Cette proposition était appuyée du rapport ci-après.

(¹) Carton du 10ᵉ hussards (Arch. histor.).

(²) Le 15ᵉ dragons comptait encore vingt-sept officiers adjoints en nivôse an IV (carton du 15ᵉ dragons, Arch. histor.).

(³) Extrait d'un rapport de la Commission de l'organisation et du mouvement des armées, du 2 germinal an III (22 mars 1795), qui rappelle la mesure d'épuration prise à l'égard des officiers des troupes à cheval de nouvelle formation le 12 brumaire an III.

« Plusieurs des régiments de nouvelle formation sont déjà organisés, et, si tous les brevets des officiers ne sont pas encore expédiés, c'est qu'ils n'ont pas fourni les pièces exigées pour tous les officiers provisoires non brevetés.

« Mais il en existe plusieurs dont on ne connaît pas la composition en officiers, parce qu'ils apportent la plus grande négligence à en adresser les états nominatifs, quoiqu'ils leur aient été demandés très souvent et depuis longtemps.

« Ce reproche est commun aux régiments sur l'organisation desquels on a prononcé et qui n'envoient pas l'état de situation de leurs officiers et n'instruisent pas des différentes et fréquentes mutations qui surviennent, d'où il arrive qu'il s'est trouvé, dans presque tous les régiments de nouvelle formation, des officiers inconnus à la Commission, même de nom, et qui quelquefois exercent leurs fonctions en vertu de nominations illégales. Il importe de faire cesser de semblables désordres qui ne peuvent que nuire beaucoup à l'administration des nouveaux corps.

« On a encore l'expérience acquise que la plupart de ces régiments, levés avec précipitation, renferment beaucoup d'officiers sur les talents militaires et la moralité desquels il est permis d'avoir quelques doutes et qui ne réunissent peut-être pas toutes les qualités nécessaires pour être employés utilement. Il serait à désirer qu'un officier général instruit et surtout étranger à toutes les passions, désigné par le chef d'état-major, fût chargé d'examiner la conduite morale, politique et militaire de chaque officier de ces nouveaux régiments, et qu'il transmît à la Commission tous les renseignements qu'il pourra recueillir à cet égard. Il exigerait que chaque officier non breveté produise les pièces nécessaires et désignées pour l'expédition de son brevet, que les officiers provisoires sur lesquels on n'a point encore prononcé satisfissent à toutes les dispositions de l'arrêté du 30 germinal, remplissant une feuille de renseignements semblable au modèle qu'on lui enverra, appuyée de pièces justificatives des déclarations.

« Il examinerait aussi, et cet objet est de la plus grande importance, si les conseils d'administration, dont l'influence est très forte sur le reste du régiment, sont composés d'hommes probes et

si cette composition est conforme au mode prescrit par les règlements.

« La formation actuelle de plusieurs commande un sévère
examen de leur composition en (*sic*) présentant de grands inconvénients.

« Il ferait part à la Commission de ses observations qui servi-
raient de base aux déterminations que le Comité de salut public
jugerait convenables d'adopter pour établir, dans cette partie utile
de la composition des régiments, l'ordre qui y est indispensable-
ment nécessaire ([1]). »

Munie de l'approbation du Comité de salut public, la Commission adressa, le 12 brumaire an III (2 novembre 1794), aux chefs
d'état-major de chaque armée une circulaire où elle les invitait
à désigner un officier général, doué « d'autant de connaissances
que d'impartialité », pour recueillir sur les officiers des nouveaux
corps, en particulier sur leurs talents militaires et leur moralité,
tous les renseignements capables d'éclairer la Commisssion de
l'organisation et le Comité de salut public ([2]).

La même circulaire fut adressée aux inspecteurs généraux des
troupes à cheval. Nous n'avons point retrouvé les rapports des
chefs d'état-major des armées, mais deux exemples caractéris-
tiques nous permettent d'affirmer que ce moyen d'épuration fut
mis à exécution et donna d'heureux résultats aussi bien pour les
dépôts que pour les troupes en campagne. Le 7 vendémiaire an IV
(29 septembre 1795), la Commission de l'organisation et du mouvement renouvelait, auprès du Comité de salut public, une demande
de destitution qui visait quatre officiers du dépôt du 10e hussards
déjà signalés le 12 germinal an III (1er avril 1795), en vertu de la
circulaire du 12 brumaire précédent, par l'inspecteur général des
dépôts de hussards à Laon, Toussaint-Bonnal ([3]), comme « incapables d'être jamais employés utilement soit à cause de leur pro-

----

([1]) Documents généraux, Cavalerie, an III (Arch. histor.).

([2]) *Ibid.*

([3]) Le même inspecteur signalait encore, le 11 prairial an III (30 mai 1795), les dettes
auxquelles se livraient plusieurs officiers des dépôts des 9e et 10e hussards. Il réclamait
une punition contre ces officiers. A la suite de ce rapport, le commissaire Pille obtenait,
le 25 thermidor an III (12 août 1795), du Comité de salut public l'autorisation d'adresser
aux généraux une circulaire pour rappeler les officiers sous leurs ordres aux lois de
l'honneur et de la morale (Doc. gén., Cav., an III).

fonde ignorance des connaissances militaires, soit à cause de leur conduite constatée. » (¹)

Le second exemple nous est fourni par l'épuration du 14ᵉ chasseurs. Ce régiment avait gardé à sa suite un certain nombre d'officiers provisoires qui, sommés à plusieurs reprises de quitter le corps, s'y étaient toujours refusés. En outre, un escadron de ce régiment, oublié à l'armée du Nord, n'avait rejoint le dépôt que longtemps après son organisation à six escadrons. Le 14ᵉ chasseurs se trouvait donc composé de sept escadrons et comptait seize officiers à sa suite en floréal an III. Sa réorganisation s'imposait. L'adjudant général Verger fut chargé, par le chef de l'état-major de l'armée des Côtes de Cherbourg, de préparer ce travail de réorganisation et d'inspecter les officiers du 14ᵉ chasseurs. En comparant les notes données à ces mêmes officiers par l'adjudant général Verger et par le conseil d'administration du corps, la Commission de l'organisation et du mouvement s'aperçut de divergences notables qui ne lui permettaient point de se prononcer sans hésitation sur le sort de plusieurs de ces officiers. Elle proposa donc au Comité de salut public, le 2 floréal an III (21 avril 1795), de soumettre tous les officiers du 14ᵉ chasseurs à l'examen d'un « jury militaire que le chef de l'état-major de l'armée sera invité de former, au grand quartier général, de cinq (ou plus, s'il est jugé convenable) officiers, de troupes à cheval exclusivement, les plus instruits et les plus probes ». Elle demanda en même temps que ce jury s'enquît à la fois des connaissances militaires et de la valeur morale des officiers et sous-officiers du 14ᵉ chasseurs (²).

(¹) Carton du 10ᵉ hussards (Arch. histor.). Le 10ᵉ hussards était l'un des régiments les plus mal composés en officiers. On en jugera aisément par son corps de sous-officiers : « La plupart n'avaient aucun titre de service à présenter, étant presque tous des déserteurs qu'on avait enrôlés lors de la création des corps afin d'y ébaucher et affermir la marche du service intérieur et de la discipline militaire. » En thermidor an II, le chef de brigade « ayant fait mettre à l'ordre dans le régiment que tous les sous-officiers eussent à lui communiquer leurs titres de service, presque aucun d'eux ne put le faire, parce qu'ils n'en étaient pas munis et que la nature de leurs services ne leur permettait pas d'en obtenir des certificats. » (Lettre du conseil d'administration du 10ᵉ hussards à la Commission de l'organisation et du mouvement, Gand, le 9 frimaire an III (29 novembre 1794) [Arch. histor.]. Une partie du contingent des hommes du 10ᵉ hussards laissait aussi à désirer. En l'an V, ce régiment traînait encore à sa suite une « clique » de mauvais sujets, terreur de leurs camarades, dont le chef de brigade et le conseil d'administration demandaient le renvoi.

(²) Ce document et ceux qui suivent sont tirés du carton du 14ᵉ chasseurs (Arch. histor.).

Le 10 floréal an III (29 avril 1795), le Comité de salut public faisait connaître sa décision ainsi conçue : « Il sera nommé par le général de l'armée un jury militaire composé de cinq officiers de cavalerie probes et instruits.

« Ce jury examinera tous les officiers et sous-officiers du 14ᵉ régiment de chasseurs sur leurs talents militaires, prendra des renseignements sur leurs qualités morales et civiques et en dressera un procès-verbal qui puisse mettre le Comité à portée de prononcer en connaissance de cause.

« La 9ᵉ Commission (Commission de l'organisation et du mouvement) fera passer au jury les notes reçues et y joindra des instructions sur la manière dont cette opération devra être faite pour en écarter toute partialité. »

Notes et instruction, envoyées au général en chef de l'armée des Côtes de Brest et de Cherbourg, ne parvinrent pas à leur destination. Prévenue de ce contre temps par une lettre du chef de brigade Dudevant, du 14ᵉ chasseurs, en vendémiaire an IV (octobre 1795), la Commission fit reconstituer le dossier et le transmit sur-le-champ au général en chef de l'armée des Côtes de Cherbourg, Aubert-Dubayet. Ce dernier s'occupa lui-même d'assurer les opérations du jury qu'il composa des cinq officiers suivants : 1 capitaine du 16ᵉ chasseurs, 1 lieutenant du 24ᵉ cavalerie, 2 lieutenants du 9ᵉ hussards et 1 sous-lieutenant du 16ᵉ chasseurs.

Le 14ᵉ chasseurs n'ayant pu être réuni au Mans qu'en pluviôse an IV (février 1796), c'est seulement à cette époque, sous le Directoire, que le jury acheva son travail d'épuration. Les résultats en furent transmis au ministre de la guerre le 16 pluviôse an IV (5 février 1796). Il comprenait quatre états :

1° Une liste des officiers et sous-officiers que le jury « avait cru devoir comprendre dans l'organisation, quoique le plus grand nombre aient besoin d'instruction ». Des notes favorables avaient été décernées au chef de brigade, à un chef d'escadrons, au quartier-maître, aux deux officiers de santé, à un adjudant sous-lieutenant, à 11 capitaines, 8 lieutenants, 19 sous-lieutenants, 13 maréchaux des logis en chef, 44 maréchaux des logis, 16 fourriers, 83 brigadiers ;

2° Un état des officiers, sous-officiers et chasseurs, proposés

« pour passer dans l'infanterie avec leur grade, ceux-ci ayant servi longtemps dans cette arme et ne connaissant point les manœuvres de cavalerie, n'ayant même pas, pour la plupart, l'intelligence nécessaire pour les apprendre ». Cet état comprenait : 3 capitaines, 1 lieutenant, 1 sous-lieutenant, 1 maréchal des logis en chef, 11 maréchaux des logis, 40 brigadiers et 127 chasseurs ;

3° Un état des officiers proposés « pour être rejetés comme incapables d'occuper aucun grade dans quelque arme que ce soit, les uns n'ayant ni intelligence ni mœurs, les autres ayant des mœurs, mais n'étant point capables de servir vu la faiblesse de constitution de leur tempérament » ; 3 capitaines, 5 lieutenants et 9 sous-lieutenants étaient mentionnés sur cet état ;

4° Une liste des officiers, sous-officiers et chasseurs « proposés pour avoir leur retraite, ceux-ci ayant le service et l'âge prescrits par la loi ». Cette liste comprenait : 2 capitaines, 2 maréchaux des logis en chef, 1 maréchal des logis, 1 brigadier fourrier et 13 chasseurs.

Ces propositions du jury furent presque entièrement ratifiées par un décret du Directoire en date du 17 messidor an IV (5 juillet 1796), et c'est sur les bases fixées par ce décret que la réorganisation du 14e chasseurs fut achevée, en thermidor an IV (juillet-août 1796), par les soins du général Dumesnil, commandant la division de l'est de l'armée de l'Océan.

Les représentants du peuple et les généraux secondaient aux armées, dans leur œuvre réformatrice, le Comité de salut public et la Commission de l'organisation et du mouvement. Eux aussi s'efforçaient de chasser des troupes à cheval les individus tarés ou incapables. Nous en trouvons la preuve dans l'épuration à laquelle furent soumis le 15e dragons à l'armée des Pyrénées orientales, les 13e et 13e *bis* chasseurs à l'armée du Nord.

Le 5e escadron du 15e dragons et la 1re compagnie du 6e escadron, la seule formée, avaient eu pour noyau trois compagnies incorporées sous le nom de dragons des Allobroges. Levée à la hâte dans le Midi, cette troupe avait dû être renvoyée au dépôt

---

(1) Carton du 15e dragons (Arch. histor.).

du 15ᵉ dragons, à Castres, « pour équiper les hommes qui étaient
tout nus et réparer les chevaux qui ne pouvaient plus se tenir ».
« A peine y furent-ils, écrivait le général Dugua au général en
chef Schérer, le 18 prairial an III (6 juin 1795), que le représentant du peuple Mallarmé les fit venir à Toulouse pour y maintenir
la tranquillité. Leur conduite a excité les plaintes les plus vives à
Castres et à Toulouse. J'y envoyai le général Quesnel qui, par
arrêté du représentant du peuple Colombel, a chassé, le 21 ventôse, 25 hommes de ce corps.

« Il paraît que cet exemple n'est pas suffisant.

« Il y a dans ces trois compagnies beaucoup de déserteurs et
d'étrangers de tous les pays voisins de la République. Ce sont
ces hommes qui désertent et emmènent nos chevaux.

« Pour arrêter ce désordre général, il faut épurer ces trois
compagnies, renvoyer dans l'infanterie les hommes qui ne sont
pas faits pour servir dans la cavalerie et les remplacer par des
hommes sur qui on peut compter, qui sont actuellement à pied
au dépôt.

« ... Si la loi ne s'y opposait pas, je vous proposerais, général,
la recomposition entière de ces deux escadrons. Ce serait le plus
sûr moyen d'y rétablir l'ordre et l'instruction qui seront toujours
nuls avec les officiers qui les composent, parmi lesquels il y a
aussi une épuration à faire (¹). »

Saisis par Schérer de ces plaintes, les représentants du peuple
à l'armée des Pyrénées orientales acquiesçaient à la demande du
général Dugua ; une enquête sur les officiers des 5ᵉ et 6ᵉ escadrons du 15ᵉ dragons aboutissait, près d'un an plus tard (²), à la
destitution d'un sous-lieutenant et de deux capitaines et à la mise
en réforme d'un lieutenant.

La fusion des 13ᵉ et 13ᵉ *bis* régiments de chasseurs, pour com-

----

(¹) Carton du 15ᵉ dragons (Arch. histor.).

(²) Décret du Directoire du 27 ventôse an IV (17 mars 1796). — On peut encore citer
comme mesure d'épuration se rapportant aux régiments de dragons la décision prise,
après enquête, par la Commission de l'organisation, en ventôse an III, de faire compa-
raître devant les tribunaux militaires six officiers du 20ᵉ dragons absents sans permis-
sion et reconnus en outre pour ivrognes et dilapidateurs (carton du 20ᵉ dragons, Arch.
histor.).

poser un nouveau régiment sous le numéro 13, remonte au 22 germinal an III (11 avril 1795). Comme la plupart des corps de nouvelle levée, le 13ᵉ chasseurs, mal armé, mal équipé, médiocrement composé, avait rendu peu de services à l'armée du Nord. Formé par le représentant du peuple Ichon, à Tours, en floréal an II, de la compagnie des hommes de couleur du 13ᵉ chasseurs, d'une partie de la légion du Nord et de nombreuses compagnies de volontaires nationaux, le 13ᵉ *bis* renfermait des éléments plus disparates encore. A peine organisé, n'ayant que 184 carabines, 804 sabres et 405 pistolets pour ses 1399 hommes, le 13ᵉ *bis* chasseurs avait été dirigé sur Arras, où il devait faire également partie de l'armée du Nord. Sentant les inconvénients de laisser subsister dans la même armée deux régiments qui réclamaient le même numéro, peu satisfaits de leur conduite, les représentants du peuple aux armées du Nord et de Sambre et Meuse prenaient, le 26 nivôse an III (15 janvier 1795), un arrêté qui ordonnait de fondre en un seul les deux régiments. Cet arrêté était ainsi conçu :

Sur le compte qui a été rendu aux représentants de la conduite des deux régiments de chasseurs à cheval, connus sous les numéros 13 et 13 *bis* :

Considérant que ces régiments n'ont point ou peu rendu de services à la République depuis leur formation et qu'en ce moment même les généraux de l'armée du Nord sont obligés de les laisser sur les derrières, ne pouvant les employer à l'armée à raison de leur indiscipline et du défaut d'instruction des chefs et des soldats ;

Considérant que, s'il existe quelques bons officiers, un plus grand nombre est incapable de remplir le poste qu'il occupe ; que ces deux régiments ont à peu près le même nombre de chevaux en état de service nécessaire pour un seul régiment au complet de six escadrons ; que l'intérêt de la République exige impérieusement que ces deux corps soient réduits à un seul tant pour faire cesser la dépense d'un double état-major inutile que pour parvenir à organiser un corps véritablement en état de rendre des services à la patrie, arrêtent ce qui suit :

ARTICLE 1

Les deux régiments de chasseurs à cheval, employés à l'armée du Nord sous les numéros 13 et 13 *bis*, sont supprimés. Néanmoins, les officiers, sous-officiers et chasseurs, qui les composent continueront d'être en réquisition pour le service de la République afin d'être employés de la manière prescrite par les articles suivants.

ARTICLE 2

Il sera formé sur-le-champ un nouveau régiment de chasseurs à cheval. Ce régiment portera le numéro 13 et aura la même organisation que les autres régiments de chasseurs à cheval de la République..., etc. (¹).

Le soin de réorganiser le 13ᵉ chasseurs fut confié au général de division Legrand, commandant la cavalerie de l'armée du Nord, assisté de l'adjudant général Grysperre et du commissaire des guerres Wacheux.

En germinal an III (avril 1795), les deux régiments se réunirent à Arras. Après une enquête approfondie sur les connaissances militaires et la valeur morale des officiers, le général Legrand arrêtait la nouvelle composition du 13ᵉ chasseurs à 56 officiers et 1 352 hommes (dont 79 au dépôt, à Soissons, 7 détachés, 6 en ordonnance chez les généraux, 1 en convalescence et 28 aux hôpitaux).

Le nombre des chevaux s'élevait à 1 223 d'officiers et de troupe (dont 830 présents, 260 détachés et 133 au dépôt).

Des hommes restés en excédent, le général Legrand faisait deux parts. Il versait dans les 6ᵉ hussards, 21ᵉ chasseurs, etc., les hommes reconnus propres au service de la cavalerie et incorporait le surplus dans l'infanterie (²).

Il est à remarquer que le général Legrand ne put trouver, parmi les capitaines et chefs d'escadrons, que deux officiers capables de remplir l'emploi de chef d'escadrons. Il resta donc une place de chef d'escadrons vacante au régiment (³) : 30 officiers (1 chef d'escadrons, 10 capitaines, 11 lieutenants, 8 sous-lieutenants) ne furent point compris dans la réorganisation du 13ᵉ chasseurs.

Sur ce nombre, 3 capitaines et 7 lieutenants furent signalés

(¹) Carton du 13ᵉ chasseurs (Arch. histor.).

(²) Carton du 13ᵉ chasseurs (Arch. histor.).

(³) Lettre de l'adjudant général Durutte à la Commission de l'organisation, du 27 floréal an III (16 mai 1795) [Registre de correspondance de l'armée du Nord, nᵒ 52).

co nme susceptibles d'être replacés dans l'armée et d'occuper des emplois de leur grade, au choix de la Convention.

Nous résumons les notes données aux vingt autres officiers ; elles montreront combien une épuration s'imposait dans les deux régiments :

1 chef d'escadrons .	Impropre à son grade, n'ayant jamais servi, passé de l'emploi de secrétaire d'un représentant au grade de chef d'escadrons ;
2 capitaines	Sans connaissances militaires, sans fermeté ;
1 capitaine	Immoral, incapable ;
1 —	Buvant avec le premier venu ;
1 —	Immoral, sachant seulement signer son nom ;
1 —	Ne sachant lire ni écrire ;
1 —	Ignorant, sans conduite, faisant partout des dettes ;
2 lieutenants. . . .	Crapuleux, mauvais officiers ;
1 lieutenant	Sans connaissances militaires ;
1 —	De mauvais exemple par sa conduite ;
1 sous-lieutenant . .	Incapable ;
1 — . .	Insouciant, sans instruction ;
1 — . .	Ivrogne, presque toujours abruti ;
1 — . .	Mauvais officier, ne sachant que signer son nom ;
1 — . .	De bonne conduite, mais sans connaissances, sans moyens et sans bravoure ;
1 — . .	Crapuleux, ivrogne, de mauvais exemple ;
1 — . .	Sans connaissances militaires, sans moralité, sachant seulement signer son nom ;
1 — . .	De mauvaise conduite et de mauvaises mœurs.

Ces éliminations prononcées, le général Legrand répondait du nouveau 13ᵉ chasseurs et demandait qu'au lieu d'être destiné à servir dans l'intérieur, il fût employé à l'armée. De Lille, il écrivait à Moreau le 20 floréal an III (9 mai 1795) : « Sa discipline, sa force et sa bonne composition promettent des succès... Je puis te faire passer 1 000 hommes de ce régiment bien montés et aguerris... (¹). »

En même temps qu'ils opéraient cette œuvre d'assainissement, les représentants du peuple aux armées s'efforçaient d'interdire l'accès des grades aux officiers que le manque de connaissances professionnelles rendait indignes d'avancement.

____

(¹) Correspondance de l'armée du Nord (Arch. histor.).

Déjà, le 28 floréal an II (17 mai 1794), les représentants à l'armée de la Moselle avaient pris un arrêté ainsi conçu : « Nul officier ne sera admis à remplir aucune place dans l'armée s'il n'en est reconnu capable de remplir les fonctions. En conséquence, tout sujet proposé pour un grade quelconque sera tenu, avant sa réception, de subir un examen sur la théorie, de faire exécuter les manœuvres relatives à son grade devant les jurés qui seront établis à cet effet dans chaque corps ([1]). »

Le 20 nivôse an III (9 janvier 1795), les représentants du peuple près les armées du Nord et de Sambre et Meuse faisaient mettre à l'ordre de la première armée l'arrêté suivant :

LES REPRÉSENTANTS DU PEUPLE PRÈS LES ARMÉES DU NORD
ET DE SAMBRE ET MEUSE

Considérant que les talents sont un des premiers titres à l'avancement militaire, que le bon choix des officiers intéresse également le salut de la République, la gloire et le succès de l'armée, arrêtent ce qui suit :

Article 1

Tout officier, sous-officier ou soldat, qui sera proposé pour un grade depuis celui de caporal jusqu'à celui de chef de bataillon inclusivement, soit au choix, soit à l'ancienneté, sera soumis à l'examen d'un jury qui prononcera sur sa capacité.

Article 2

Ce jury sera composé de cinq officiers ou sous-officiers qui seront choisis dans le conseil d'administration de chaque corps pris, dans le grade immédiatement supérieur à celui du sujet proposé.

Article 3

Si le jury déclare que le sujet proposé a les connaissances nécessaires, il en remettra l'attestation au conseil d'administration, qui le fera recevoir. S'il décide au contraire qu'il n'a pas les connaissances requises, le conseil d'administration fera procéder à une nouvelle élection.

Article 4

Le présent arrêté sera mis à l'ordre général de l'armée du Nord ([2]).

([1]) Carton du 14e dragons (Arch. histor.).
([2]) Correspondance de l'armée du Nord (Arch. histor.).
Gillet, l'un des inspirateurs de cet arrêté, l'organisateur plein d'énergie et de talents

L'institution des jurys d'examen fonctionna aux armées, aussi bien pour les régiments de cavalerie que pour les demi-brigades d'infanterie. Elle souleva même, au 14ᵉ dragons, un incident notable et donna lieu à une proposition de la Commission de l'organisation et du mouvement destinée à consacrer l'institution de ces jurys pour la confirmation, dans chaque nouveau grade, non seulement des officiers nommés à l'ancienneté et à l'élection, mais encore des officiers nommés au choix de la Convention.

En ventôse an III (mars 1795), la Convention pourvoit d'une place de sous-lieutenant, au 14ᵉ dragons, deux jeunes gens, les nommés Dubois et Dard. Les escadrons de campagne du régiment à l'armée de Sambre et Meuse font subir à Dubois un examen, devant un jury constitué suivant l'arrêté du 28 floréal an II. Ce jury juge le nouveau sous-lieutenant insuffisamment instruit et le renvoie au dépôt, à Pont-à-Mousson, pour y perfectionner ses connaissances militaires. Dard subit aussi un examen au dépôt, avec le même insuccès. Ne croyant point pouvoir prononcer la réception des deux sous-lieutenants, les officiers chargés de l'administration du dépôt demandent conseil à la Commission de l'organisation et du mouvement et lui écrivent, le 27 ventôse an III (17 mars 1795) : « Les citoyens Dubois et Dard nous ayant observé que leurs lettres d'avis portaient qu'ils doivent être reçus sur la simple présentation, nous vous invitons de prononcer en vous observant que nous avons eu un sous-lieutenant au régiment qui, n'ayant pas répondu aux questions des jurés, a été éloigné du grade et qu'un autre a pris sa place (¹). »

Saisie de cette difficulté et toujours disposée à adopter les mesures favorables au bien de l'armée, la Commission de l'organisation et du mouvement en profita pour adresser, le 10 germinal

---

à qui l'armée de Sambre et Meuse a dû une grande partie de ses succès, se préoccupait sans cesse de remédier au défaut d'instruction de nos troupes et surtout de notre cavalerie. Le 7 frimaire an III (27 novembre 1794), il écrivait de l'armée à ses collègues alors à Bruxelles : « L'armée, en général, a le plus grand besoin d'instruction, la cavalerie surtout. Je me propose de réunir le plus qu'il sera possible chaque corps pendant les quartiers d'hiver et de nommer deux inspecteurs d'infanterie et deux pour la cavalerie qui seront chargés de surveiller l'instruction dans les cantonnements, afin de mettre à profit les moments de repos qui nous restent d'ici l'ouverture de la campagne prochaine. Cette mesure est absolument nécessaire et tous les bons esprits la demandent avec instance. » (Registre de correspondance de Gillet, 1 a/11, Arch. histor.)

(¹) Carton du 14ᵉ dragons (Arch. histor.).

an III (30 mars 1795), au Comité de salut public, un rapport où elle demandait que le Comité adoptât les articles suivants :

1° Tout officier nommé dans les troupes à cheval chef d'escadrons, capitaine ou lieutenant, par la Convention nationale et qui n'aurait pas été reconnu, par ces jurys d'examen établis par les représentants du peuple près les armées, en état de remplir les fonctions du grade dont il a été revêtu, sera tenu de subir un examen dans le grade inférieur et de remplir, en qualité d'adjoint, les fonctions du grade dont il aura été jugé susceptible jusqu'à ce qu'il puisse être placé en pied à la première place de ce même grade vacante au choix de la Convention nationale.

Quant à ceux nommés sous-lieutenants, s'ils se trouvaient dans le cas prévu par l'article précédent, ils seront tenus de subir un examen dans le grade de maréchal des logis, et, s'ils sont jugés réunir les connaissances suffisantes, ils rempliront les fonctions de ce grade comme adjoints et auront droit à la première sous-lieutenance vacante au choix de la Convention nationale.

Si le Comité adopte ces dispositions, les deux places de sous-lieutenant données aux citoyens Dubois et Dard se trouveront encore vacantes au choix de la Convention.

Cette mesure paraît principalement importante dans les troupes à cheval, mais il n'en vaudrait peut-être que mieux de l'étendre à toutes les armes (¹).

A cette proposition le Comité de salut public répondit, le 4 floréal an III (23 avril 1795), par cette phrase évasive : « Exécuter la loi, mais les officiers ne seront susceptibles de passer à un grade supérieur qu'après s'être conformés aux dispositions exigées par la loi. » Comme la loi n'exigeait des officiers d'autre garantie que celle de savoir lire et écrire, la Commission de l'organisation et du mouvement ne put donner suite à son projet de reconnaître l'institution des jurys d'examen (²). Entre temps, le 2 germinal an III (22 mars 1795), le commissaire des guerres chargé de la police du 14ᵉ dragons résolvait la difficulté à l'exemple du Comité de salut public et faisait recevoir les deux

-----

(¹) Carton du 14ᵉ dragons (Arch. histor.).

(²) « Il serait bien à désirer que la même mesure fût adoptée dans tous les corps », écrivait Pfliéger au Comité de salut public, le 13 messidor an II (1ᵉʳ juillet 1794) en lui transmottant, après examen des officiers, les procès-verbaux de l'amalgame de la légion de la Moselle avec le 7ᵉ hussards. (AULARD, XIV.)

jeunes gens en qualité de sous-lieutenants, ce qui mettait fin à l'incident (¹).

Les jurys d'examen avaient démontré l'ignorance d'un grand nombre d'officiers et la nécessité de restaurer les écoles de cavalerie. Au cours d'une guerre active, de campagnes ininterrompues, les détails du service, la science de l'équitation et celle des manœuvres s'étaient perdus ou avaient été négligés dans la plupart des corps. Le temps manqua sans doute à la Convention pour accomplir cette restauration, et nous ne pouvons signaler dans cet ordre d'idées que la préparation sommaire et de courte durée dont furent l'objet les élèves de l'École de Mars, qui se destinaient au service de la cavalerie. Leur instruction fut réglée par cet arrêté du Comité de salut public en date du 23 messidor an II (11 juillet 1794) :

Le Comité de salut public arrête : 1° cent élèves de l'École de Mars par millerie, c'est-à-dire un par décurie, suivront pendant une décade entière l'enseignement de la cavalerie. Les élèves tireront au sort, chaque décadi, celui d'entre eux qui suivra cet enseignement; 2° il y aura tous les jours deux leçons, une le matin et l'autre le soir. Les élèves qui seront destinés par le sort à les suivre se rassembleront à 5 heures du matin dans le camp; ils se rendront à 5ʰ 3o au rendez-vous. Ils monteront à cheval à 6 heures. Ils descendront de cheval à 8ʰ 3o. A 10 heures, ils suivront la théorie des chevaux jusqu'à 11 heures. Ils se retrouveront au rendez-vous à 4ʰ 45 du soir. A 6 heures ils monteront à cheval ; à 7 heures ils descendront de cheval; 3° les leçons données aux élèves, échus par le sort le décadi soir, seront :

	MATIN	SOIR
Le primidi .	Monter à la longe et au pas.	De même.
Duodi . . .	Idem au trot	—
Tridi . . .	De même.	—
Quartidi . .	Au trot avec le sabre	—
Quintidi . .	De même.	—
Sextidi. . .	Au trot avec le sabre et le mousqueton.	—
Septidi. . .	Au galop.	—
Octidi . . .	De même.	—
Nonidi. . .	Marcher en colonne, deux à deux. . . .	—
Décadi. . . .	Par quatre, en bataille par escadron et marcher au pas	»

____

(¹) Carton du 14ᵉ dragons (Arch. histor.).

4° Tous les décadis soir, après la marche en bataille, l'instructeur général de la cavalerie choisira trente élèves parmi ceux qui ont suivi l'enseignement de la décade. Il choisira ceux qui ont indiqué le plus de dispositions pour servir dans la cavalerie et qui feront espérer le plus de progrès ; 5° les trente élèves choisis seront employés, la décade suivante, comme aides-instructeurs pour contribuer à augmenter les connaissances des élèves ; 6° les élèves ainsi choisis chaque décade recevront une continuation d'instruction qui puisse les mettre à même de servir avec avantage dans la cavalerie. On leur donnera toutes les leçons et tout l'enseignement qu'ils seront susceptibles de prendre. Ils seront particulièrement destinés à faire le service de la cavalerie dans toutes les manœuvres, les marches, les reconnaissances militaires, les combats, qui seront exécutés par les élèves de l'École de Mars [1].

(1) AULARD, XV. Le représentant du peuple Lacroix avait proposé, le 11 messidor an II (29 juin 1794), au Comité de salut public, d'appeler au manège de Versailles, encore pourvu des chevaux et des écuyers du roi, des hommes de tous les corps de cavalerie. Ces hommes auraient ensuite reporté dans leurs régiments l'instruction qui leur aurait été donnée dans cet établissement (AULARD, XIV). En pluviôse an III (février 1795), la Convention ayant appelé dans la 17ᵉ division militaire, autour de Paris, environ 3.000 hommes de troupes à cheval destinés à favoriser l'approvisionnement des subsistances dans cette ville, le représentant du peuple Lacroix en profita pour réunir, à Versailles, avec l'autorisation du Comité de salut public, près de 300 hommes de divers régiments des troupes à cheval, surtout de l'armée du Nord. Une instruction spéciale leur fut donnée au manège de Versailles, sous la surveillance du général Thierry, commandant la 17ᵉ division, qui écrivait à Pille, le 27 pluviôse an III (16 février 1795) : « Je te donne avis, Citoyen, que les escouades de chasseurs et de dragons, au nombre de 6 hommes par régiment, sont arrivées le 26 de ce mois. Le 28, je les ai fait monter à cheval sur ceux (sic) du manège pour prendre les premières leçons. Ils me paraissent tous assez bien disposés à s'instruire. Les cavaliers sont arrivés aujourd'hui. Je leur donnerai aussi un séjour et je les ferai monter alternativement avec les autres troupes. Je n'ai point encore de nouvelles des hussards qui sont à Laon. Je pense qu'ils ne tarderont pas d'arriver.

« Les instructeurs me font espérer que, dans quinze jours, ils seront en état de monter les chevaux de remonte. A cet effet, je demande que la Convention m'autorise à prendre dans les magasins de la République les selles et brides et tout ce qui est nécessaire à l'équipement du cheval. Je ferai donner aux gardes-magasins, par les officiers commandant les escouades, un reçu des effets que chaque corps recevra. Je trouverai dans les magasins de Versailles ce qu'il (sic) sera utile à la cavalerie et aux dragons. Je prie la Convention de donner des ordres pour qu'il me soit envoyé, des autres magasins, des selles et brides et autres effets nécessaires pour les chasseurs et hussards, n'en trouvant pas ici. Je désirerais que chaque homme ait son cheval et son équipage dont il en serait responsable ; et, par ce moyen, il pourrait faire le service et se trouverait tout prêt à partir pour l'armée.

« Lorsque cette troupe aura pris possession des chevaux de remonte, les chevaux de manège ne seront plus occupés. S'il était possible, sans nuire au bien du service, de pouvoir faire rester, à Versailles ou aux environs, les troupes à cheval non montées pour que je puisse les demander quand les chevaux du manège ne seront point employés, je crois que ce serait un vrai moyen pour nous former une bonne troupe à cheval. J'ai dans cette place beaucoup d'aisance pour les faire instruire à leur manœuvre, et je ne négligerai rien à l'instruction de l'infanterie... » (Corresp. génér., févr. 1795, Arch. histor.)

Nous verrons les projets de Lacroix repris par le Directoire, qui réalisera à Versailles la création d'une école d'instruction pour les troupes à cheval.

CHAPITRE IV

LA RÉUNION DES CORPS ET LE PLACEMENT
DES DÉPOTS

Tout en apportant de sérieuses améliorations dans la composition du corps d'officiers des troupes à cheval, la Commission de l'organisation et du mouvement des armées de terre secondait activement le Comité du salut public dans l'exécution de son arrêté du 29 prairial an II (17 juin 1794), qui prescrivait de rappeler à la portion principale de chaque corps de cavalerie les détachements épars dans toutes les armées. Ces détachements s'affaiblissaient chaque jour sans que leur éloignement des dépôts leur permît de réparer leurs pertes en hommes, en chevaux et en équipement. Le 2 messidor an II (20 juin 1794), la Commission faisait le relevé des corps ainsi disséminés et obtenait que leur réunion fût ordonnée aux armées suivantes (¹) :

	NOMBRE d'hommes	
A l'armée du Nord, le 24ᵉ régiment de cavalerie qui comprenait . .	111	à l'armée des Côtes de Brest.
	143	à Cambrai.
	109	à Dieppe.
	207	au dépôt, à Grandvilliers.
A l'armée du Rhin, le 14ᵉ régiment de cavalerie qui comprenait . .	700	à l'armée de l'Ouest.
	118	à celle du Rhin.
	127	au dépôt, à Colmar.
A l'armée des Pyrénées orientales, le 1ᵉʳ hussards qui avait.	291	à l'armée d'Italie.
	665	à celle des Pyrénées orientales.
	228	à Carcassonne.
	50	à Nantes.
	14	au dépôt, à Grasse.
	283	au dépôt, à l'armée d'Italie.

(¹) Correspondance générale, juin 1794 (Arch. histor.).

	NOMBRE d'hommes
A l'armée de l'Ouest, le 16e dragons qui comptait	574 à l'armée de l'Ouest.
	60 à celle du Rhin.
	12 au dépôt, à Landau.
A l'armée du Nord, le 3e régiment de chasseurs qui avait	1 113 à l'armée de l'Ouest.
	70 à Laon.
	498 au dépôt, à Braisne près Soissons.
A l'armée de l'Ouest, le 7e régiment de chasseurs qui comprenait.	1 410 à l'armée de l'Ouest.
	147 à celle du Rhin.
	265 à Luçon, armée de l'Ouest.
	452 à Besançon, au dépôt.
A l'armée du Nord, le 16e régiment de chasseurs qui avait	770 à l'armée de l'Ouest.
	400 à celle du Nord.
A l'armée des Côtes de Brest, le 14e régiment de chasseurs qui comptait	363 à l'armée de l'Ouest.
	324 à celle des Pyrénées orientales.
	220 à celle du Nord.
A l'armée du Nord, le 19e régiment de chasseurs qui avait	259 à l'armée de la Moselle.
	89 à celle de l'Ouest.
	249 à celle des Pyrénées orientales.
	161 à celle d'Italie.
	28 à La Fère.
	310 au dépôt.

Le 26 nivôse an III (15 janvier 1795), la Commission de l'organisation et du mouvement faisait savoir au Comité de salut public que la plupart des détachements des troupes à cheval avaient rejoint leurs régiments. Il restait encore à l'armée de l'Ouest 348 hommes du 1er chasseurs, 32 hommes du 8e, 127 hommes du 2e dragons, à diriger sur l'armée du Rhin ; 237 hommes du 9e dragons à diriger sur le 9e régiment de dragons. Le 1er régiment de hussards, en activité à l'armée des Pyrénées orientales, comptait encore un détachement de 600 hommes à l'armée d'Italie. Le 16e chasseurs, dont la portion principale combattait à l'armée de Sambre et Meuse, possédait également un détachement à l'armée des Côtes de Brest et de Cherbourg (¹). Enfin deux escadrons du 7e hussards avaient été oubliés en Vendée alors que leur régiment était amalgamé avec la légion de la Moselle et réorganisé, à l'armée de la Moselle, par le représentant du peuple Pfliéger, en messidor an II (juillet 1794).

____

(¹) Correspondance générale, janvier 1794 (Arch. histor.).

Le sort de ces deux escadrons fut réglé par un décret de la Convention du 27 pluviôse an III (15 février 1795), qui prescrivit leur réunion au 7ᵉ (*bis*) hussards, ce régiment n'ayant pas encore ses escadrons au complet. La Commission de l'organisation et du mouvement en donna avis au chef d'escadrons Dubois-Dubay qui commandait ce détachement, par une lettre du 4 ventôse an III (22 février 1794) : elle lui prescrivit de rejoindre sans délai le dépôt du 7ᵉ (*bis*) hussards à Besançon (¹).

Enfin, à la date du 18 ventôse an III (8 mars 1795), l'ensemble des mouvements nécessités par la réunion des détachements des troupes à cheval à leurs corps respectifs pouvait être considéré comme terminé. La Commission de l'organisation et du mouvement signalait à cette date qu'il restait seulement « à faire partir, de l'armée de l'Ouest pour celle du Rhin, un détachement du 10ᵉ régiment de chasseurs (²) ».

Instruite par l'expérience, la Convention avait ainsi rejeté la fausse maxime qui avait cours au début des campagnes de la Révolution, suivant laquelle les régiments de cavalerie légère étaient essentiellement appelés à combattre par détachements. Ce morcellement de nos troupes légères avait souvent paralysé leur action, empêché leurs succès et amoindri les services que nos armées étaient en droit d'en attendre.

On doit aussi aux représentations énergiques et longtemps renouvelées de Gillet la cessation de l'abus pernicieux qui consistait à diriger les ressources des dépôts d'une armée sur une armée différente. Le 11 messidor an II (29 juin 1794), il écrivait à son collègue Saint-Just, de Marchiennes-au-Pont : « Notre cavalerie s'affaiblit chaque jour par les pertes d'hommes et de chevaux. Le 14ᵉ régiment de dragons attendait 120 hommes du dépôt. On les a envoyés à Sarrelibre avec les autres dépôts. N'oublie pas la lettre que nous avons écrite au Comité pour faire cesser à l'instant cette mesure qui peut perdre notre cavalerie sans ressource en peu de temps (³). » Le 1ᵉʳ vendémiaire an III (22 septembre 1794), il

______

(¹) Carton du 7ᵉ (*bis*) hussards (Arch. histor.).

(²) Correspondance générale, mars 1794 (Arch. histor.).

(³) AULARD, XIV.

ordonnait aux généraux commandant les armées du Rhin et de la Moselle de renvoyer sur-le-champ à leurs corps respectifs, employés à l'armée de Sambre et Meuse, « les détachements pris dans leurs dépôts qui ont été envoyés contrairement aux lois et au bien du service militaire dans les places, camps et cantonnements, situés dans l'arrondissement des armées du Rhin et de la Moselle... Les généraux en chef des armées du Rhin et de la Moselle demeureront personnellement responsables de tous les événements qui pourraient résulter de l'inexécution de cet ordre et du moindre retard qui y serait apporté. » Le même jour, en envoyant au Comité de salut public une copie de cet arrêté, Gillet disait dans sa lettre : « J'insisterai jusqu'à la mort pour qu'on retire ces dépôts (¹). »

En même temps qu'elle rendait aux troupes à cheval la possibilité d'agir avec leurs forces réunies, la Commission de l'organisation et du mouvement s'occupait aussi de rapprocher leurs dépôts des armées que la victoire avait éloignées du territoire de la République. En pluviôse an III (février 1795), elle assignait de nouveaux emplacements aux dépôts des régiments faisant partie de l'armée du Nord. Elle continuait à les grouper par subdivisions d'armes en désignant aux régiments de cavalerie Lille au lieu de Beauvais et Amiens, aux régiments de dragons Douai en place de Compiègne et Noyon, aux régiments de chasseurs Valenciennes au lieu de Braisne et Soissons, aux régiments de hussards Cambrai en place de Reims et Laon. Un état de ces dépôts, arrêté un peu avant l'époque de leur déplacement, montre qu'ils étaient encore abondamment pourvus en hommes (7 296), mais qu'un peu plus du quart (1 912) seulement étaient instruits. Les chevaux figurent aussi pour le total élevé de 2 468, soit un cheval pour trois hommes, mais, sur ce nombre, un quart seulement pouvaient être regardés comme dressés.

TABLEAU.

(¹) Registre de correspondance de Gillet, 1 a/11 34 (Arch. histor.).

État général de l'effectif en hommes et en chevaux existant dans les dépôts de cavalerie, dragons, chasseurs et hussards de l'armée du Nord [1]

NUMÉROS des corps	EMPLACEMENT des dépôts	HOMMES		TOTAL des hommes	CHEVAUX		TOTAL des chevaux
		disponibles	à instruire		disponibles	à instruire	
	Cavalerie (au 15 ventôse an III)						
1er (carabiniers)	Abbeville	17	94	111	»	13	13
2e (carabiniers)	Amiens	115	27	142	20	27	47
1er	Id.	24	24	48	4	6	10
6e	Beauvais	55	57	112	2	10	12
7e	Id.	54	54	108	»	21	21
8e	Id.	61	50	111	»	15	15
13e	Id.	45	50	95	1	6	7
16e	Id.	75	22	97	»	12	12
17e	Id.	165	50	215	»	50	50
19e	Id.	26	50	76	»	7	7
20e	Id.	25	32	57	»	6	6
21e	Try	30	54	84	2	6	8
25e	Fitz-James.	104	32	196	1	14	15
	Total.	856	596	1.452	30	103	223
	Dragons (au 15 ventôse)						
2e	Compiègne	200	213	413	60	37	97
3e	Id.	»	79	79	»	45	45
6e	Noyon.	70	354	424	70	193	263
7e	Compiègne	44	100	144	50	17	67
12e	Noyon.	143	268	411	100	101	201
13e	Compiègne	28	436	464	2	212	214
	Total. . . .	485	1.450	1.935	282	605	887
	Chasseurs (au 15 ventôse)						
3e	Braisne	300	193	493	45	47	92
5e	Soissons.	36	246	282	36	82	118
6e	Id.	60	295	355	60	76	136
12e	Villers-Cotterets	40	240	280	33	107	140
13e	Soissons.	60	114	174	30	37	67
16e	Id.	40	138	178	36	30	66
23e	Braisne	»	287	287	»	43	43
	Total. . . .	536	1.513	2.049	240	422	662

NUMÉROS des corps	EMPLACEMENT des dépôts	HOMMES		TOTAL des hommes	CHEVAUX		TOTAL des chevaux
		dispo-nibles	à ins-truire		dispo-nibles	à ins-truire	
	Hussards (au 30 pluviôse)						
3e	Reims.	»	232	232	»	61	61
4e	Laon	»	257	257	»	104	104
5e	Reims.	»	287	287	»	56	56
6e	Chauny	»	156	156	»	155	155
8e	Reims.	»	325	325	»	67	67
9e	Laon	»	276	276	»	132	132
10e	Id.	35	252	287	35	86	121
	Total	35	1 825	1 860	35	661	696

Les résidences de Lille, Douai, Cambrai et Valenciennes, assi-
gnées aux dépôts de l'armée du Nord, n'étaient que passagères.
La plupart de ces dépôts, ainsi que ceux de l'armée de Sambre
et Meuse, devaient bientôt être transférés en Belgique. Cette dernière mesure était vivement combattue par le représentant du
peuple Pfliéger, chargé, vers le milieu de l'année 1795, par le
Comité de salut public, du placement et de l'organisation des
dépôts de cavalerie aux armées du Nord, de Sambre et Meuse et
de Rhin et Moselle. Pfliéger conseillait aussi à la Convention de
maintenir moins rigoureusement le groupement des dépôts par
subdivisions d'armes. Au début de thermidor an II, la Convention
avait décrété la suppression des ateliers généraux. Ces ateliers
avaient été destinés à centraliser et à activer la confection
des effets d'habillement, d'équipement et de harnachement dans
les localités où étaient groupés les dépôts. Après la disparition
de ces ateliers, les avantages du groupement des dépôts ne con-
tre-balançaient plus ses graves inconvénients : développement
des épidémies provoquées par l'entassement des chevaux, difficultés de rencontrer des localités qui réunissaient les ressources
suffisantes pour le logement, l'instruction d'un grand nombre
d'hommes et de chevaux, l'approvisionnement des fourrages, la
confection des effets. Pfliéger se montrait surtout l'adversaire
résolu des déplacements trop fréquents des dépôts qui arrêtaient
entièrement l'instruction des hommes et le dressage des chevaux,

rendaient les dépôts incapables, pendant de longs mois, d'alimenter les escadrons de campagne, s'opposaient au rétablissement des chevaux fatigués et malades dont la vente forcée, jointe aux frais de transport et aux pertes d'effets de tout genre qui accompagnaient ces déplacements, coûtait des sommes énormes à la République. Le 5 thermidor an III (23 juillet 1795), il écrivait de Paris à son collègue Gillet, alors à l'armée de Sambre et Meuse :

« Je t'ai déjà parlé, mon cher collègue, que l'on se proposait de faire réunir dans la Belgique tous les dépôts dépendant de l'armée du Nord, de Sambre et Meuse. Je ne connais point la localité des environs de Bruxelles pour juger si ces dépôts peuvent être placés avantageusement pour les vivres et fourrages, pour l'instruction et les objets nécessaires d'habillement et armement. Si la République ne peut point nourrir tous ces dépôts aux frais des pays conquis sans aucun débours, je trouve que ce changement est très mal vu. Si on avait déplacé de ceux qui étaient mal placés comme à Reims où il faut conduire à grands frais les fourrages, je ne dirais rien : mais de déplacer (*sic*) ceux qui sont sur la Meuse où on peut les nourrir sans autre frais que celui de l'achat des fourrages, où le transport coûte peu, ce qui cependant dans ce moment est la plus forte dépense pour nos armées. Le 2ᵉ régiment de hussards, Chamborand, dont le dépôt est à Saint-Mihiel, part le 14 du courant. Ils sont obligés de laisser en arrière tous les chevaux qui avaient souffert, qui ne sont point encore guéris de la gale ; étant hors d'état de faire le voyage, il faudra les vendre ; mais, de la négligence que l'on va, ces chevaux seront oubliés au dépôt après le départ de la troupe et coûteront bien chèrement à la République. Tous les dépôts sont encore remplis de mauvais chevaux et d'employés inutiles qui nous grugent.

« Je ne sais combien de régiments que l'on déplace ainsi, mais je calcule que ce déplacement coûtera au moins 200 000 francs à la nation, la perte de l'instruction pour cette année et pour le moment le plus précieux de l'année. La dépense d'habillement et armement alors ne (*sic*) pourront se faire en assignats qu'avec peine.

« Le déplacement des dépôts de la ci-devant Lorraine n'a point été fait moins gauchement. Quand on a fait des représentations à l'État-major de l'armée et à la neuvième Commission, personne a voulu avoir donné les ordres. J'ai la preuve en main.

« Comme tu ne cherches que le bien, pèse un peu ces raisons avec quantité d'autres dont je n'en parle point, et tâche d'y mettre ordre. Sans cela, il n'est pas possible d'aller.

« Fais supprimer ces nombreux dépôts de chevaux avec les agents qui nous volent et nous ruinent. Voici depuis quatre mois que je crie presque inutilement. Tous ceux dont (*sic*) notre Comité m'avait chargé de surveiller sont actuellement en ordre. Il n'y a plus rien : les chevaux sont entre les mains des agriculteurs ; les palefreniers s'occupent au travail des champs. Les préposés sont renvoyés, (ne) nous volent ni friponnent plus (¹). »

Le 8 brumaire an IV (30 octobre 1795), Pflieger renouvelait les mêmes plaintes auprès du Comité de salut public, auquel il écrivait de Bruxelles :

« Je ne chercherai pas, chers collègues, à approfondir les motifs qui ont pu engager à encombrer les dépôts de cavalerie dans la Belgique. La fausseté et la perfidie de cette mesure, contre laquelle je me suis tant élevé dans le temps et que personne n'a voulu avouer, est assez démontrée aujourd'hui par l'inutilité absolue dont ils ont été depuis ce mouvement, les pertes inappréciables qu'ils ont faites en tous genres, les sommes immenses qu'ils ont absorbées, le défaut d'instruction, les dangers qu'ils couraient en cas de revers, les privations, les souffrances qu'essuyaient les hommes et les chevaux, et enfin par l'état de dénuement absolu dans lequel ils se trouvent sous tous les rapports. Il en était de même des dépôts de l'intérieur. On les avait établis à gros frais et ils étaient tellement concentrés que l'épidémie des chevaux a fait un ravage effrayant.

« Je vous adresse le tableau de la répartition des nouveaux quartiers que j'ai provisoirement affectés à chaque dépôt de l'armée de Sambre et Meuse (²). J'ai eu à concilier les circonstances avec une infinité de combinaisons qui m'ont empêché d'effectuer le rassemblement de chaque section d'armes, ce qui

----

(¹) Correspondance de l'armée de Sambre et Meuse (Arch. histor.).

(²) Cet état n'est plus joint à la lettre.

est au fait très indifférent depuis l'abolition des ateliers généraux.
J'ai évité, autant qu'il m'a été possible, les déplacements, et j'ai
disposé les choses de manière à utiliser les localités les plus convenables pour le logement, les fourrages et l'instruction. Enfin
j'ai calculé dans cette opération le rapprochement des dépôts de
leurs escadrons de guerre. On doit néanmoins se former sur ce
point des idées justes et sentir que, les événements de la guerre
forçant les corps à des changements continuels, on ne peut rai-
sonnablement astreindre les dépôts à suivre leurs mouvements.

« Il me reste à extirper les abus qui reparaissent sous toutes les
formes, à rétablir une discipline fraternelle, mais exacte et sans
faiblesse, et à rendre à ces dépôts l'activité qu'ils ont entièrement
perdue.

« Je désire infiniment, chers collègues, que mes premières
démarches, dans la mission que vous m'avez donnée, obtiennent
votre approbation ([1]). »

Ainsi, ce que voulait surtout Pfliéger pour nos dépôts de cavalerie, dans la période où les escadrons de campagne avaient sans
cesse besoin d'être alimentés en hommes et en chevaux, c'était
la stabilité. A la fin de thermidor an III (août 1795), un arrêté
de Merlin de Thionville ayant ordonné, à l'armée de Rhin et Moselle, la réunion des dépôts de cavalerie à Lunéville, des dépôts
de dragons à Toul et des dépôts de chasseurs et hussards à
Besançon, sans que ces mouvements fussent justifiés, nous verrons
Pfliéger ([2]) critiquer sévèrement ces « déplacements imprudents
qui ont coûté en voyages, pertes d'hommes, de chevaux et d'effets,
pillages de magasins, dépenses de tous genres, plus de 2 millions
(en) numéraire sans avoir été en état d'envoyer un seul homme
aux escadrons de campagne ». Nous verrons aussi Pfliéger remanier sous le Directoire, suivant ces sages principes, les emplacements des dépôts des troupes à cheval dans les armées du Nord,
de Sambre et Meuse et de Rhin et Moselle.

([1]) Correspondance de l'armée de Sambre et Meuse (Arch. histor.).

([2]) Dans son *Aperçu sur l'état actuel de la cavalerie de la République*, inséré plus
loin.

CHAPITRE V

LES REMONTES

Ces abus que Pflieger signalait avec son courage ordinaire, n'étaient pas les seuls contre lesquels devaient réagir le Comité de salut public et la Commission de l'organisation et du mouvement des armées de terre. Malgré leur énergie, ils ne parviendront pas à assurer le recrutement en chevaux de nos troupes à cheval ; à réprimer les fraudes dans l'exécution des marchés ; à arrêter les déprédations de tout genre aux armées où nous constaterons une perte effrayante de chevaux par le manque de soins et de fourrages ; à assurer l'habillement, l'équipement et l'armement de nos troupes à cheval ; enfin à maintenir les effectifs en hommes de notre cavalerie qui, au moment où la Convention résignera ses pouvoirs, seront loin d'atteindre, dans toutes les armes, la composition fixée par la loi du 21 nivôse an II (10 janvier 1794) sur l'organisation de la cavalerie.

La suppression des haras, décrétée par la Constituante au mois d'août 1790, avait eu pour effet de disperser les 1116 étalons nationaux qu'entretenait la royauté. Ces étalons, d'un choix superbe, furent vendus à vil prix : les plus beaux types passèrent aux mains des Anglais qui s'empressèrent de les acquérir. Les cultivateurs, propriétaires de 2124 étalons approuvés, se découragèrent en ne recevant plus de gratifications pour leur entretien, les vendirent aussi rapidement ou les transformèrent en chevaux hongres. Effrayés par la rigueur avec laquelle la Convention procéda à la réquisition des chevaux de selle et des chevaux de trait en 1793 et au début de 1794, nombre de propriétaires s'attachèrent à ne garder pour leurs travaux que des chevaux tarés. « On en vit rejeter des chevaux de choix, s'attacher de préférence à ceux de rebut, et, ne prévoyant pas le terme de leurs craintes, tirer volontairement race de ces derniers pour assurer au moins leurs travaux et leur fortune. On a vu faire saillir des poulains, faire porter des pouliches, longtemps avant que les uns et les autres eussent acquis les forces nécessaires et le développement dont ils avaient besoin. »

Enfin, pour terminer le tableau de la détresse où les haras étaient retombés vers l'année 1794, il suffit de rapporter le jugement qu'en portait alors un riche propriétaire de Normandie : « S'il fallait trouver, disait-il, actuellement dans ce pays cent chevaux choisis, sains et nets, avec les qualités propres à faire ce qu'on appelait autrefois un beau et bon cheval d'escadron pour un officier de cavalerie ; s'il fallait prendre ces cent chevaux dans l'âge de cinq à six ans et de la taille de $1^m 53$ à $1^m 64$ (4 pieds 8 à 11 pouces), la chose serait impossible [1]. »

Alarmée de voir nos sources de reproduction de chevaux sur le point de se tarir, la Convention avait apporté un premier remède à ce danger en ordonnant, le 15 prairial an II (3 juin 1794), aux armées comme dans l'intérieur, la recherche des chevaux entiers et des juments aptes à être classés étalons ou poulinières. Étalons et poulinières, ainsi classés, ne pouvaient plus être requis ; leur vente ou leur achat ne pouvait plus s'effectuer sans une déclaration enregistrée par les municipalités. Ce n'est toutefois qu'en 1795 que la Convention décréta l'adoption de mesures plus efficaces. Son Comité militaire avait eu la sagesse de recourir aux lumières de Du Bouchet, l'ancien et habile inspecteur général des haras sous la Monarchie, « à l'effet de donner ses vues sur la régénération et la multiplication des chevaux ». Les observations qu'il présenta furent accueillies favorablement par ce Comité, qui les fit passer à celui de l'agriculture et des arts. En conséquence, il fut arrêté qu'il serait proposé à la Convention nationale de rétablir une partie des dépôts d'étalons qui avaient été détruits. Le projet de décret lui en fut présenté. Elle l'adopta le 2 germinal an III (22 mars 1795) [2]. Il porte particulièrement « qu'il sera éta-

---

[1] Mémoire manuscrit intitulé *Des Haras et des Remontes* (collection Préval, carton E 31) [Arch. histor.].

[2] Avant de prendre cette importante décision, le Comité de salut public n'avait

bli, dans les départements les plus recommandables pour l'élève des chevaux, sept dépôts nationaux uniquement destinés à contenir un certain nombre d'étalons d'élite pour y perfectionner de plus en plus les bonnes espèces qui peuvent s'y trouver encore.

« En conformité de ce décret, le Comité d'agriculture et des arts commença par faire établir trois des dépôts décrétés :

« Le premier au Pin, département de l'Orne ;

« Le deuxième à Pompadour, département de la Corrèze ;

« Et le troisième se trouvait déjà à Rozières, département de la Meurthe, où il avait été formé, au moment de la Révolution, des débris des haras du prince des Deux-Ponts.

« Dans ces circonstances, arriva la fin de la cession du Comité d'agriculture et des arts qui réunit alors toutes ses fonctions administratives à la Commission d'agriculture et des arts en y adjoignant le citoyen Bouchet, par arrêté du 3 thermidor an III (21 juillet 1795), à l'effet de s'y procurer spécialement et conjointement avec le citoyen Huzard, agent de cette commission, un plan d'organisation générale pour tous les haras de la République (¹). »

Ce plan fut tracé, mais resta sans exécution. Comme la Convention ne disposait pas de ressources suffisantes pour continuer l'établissement des dépôts de haras institués par le décret du

---

jamais perdu de vue les moyens de reconstituer nos haras. Le 30 messidor an II (18 juillet 1794), en ordonnant la levée des chevaux de luxe et du vingtième cheval dans les communes de la Belgique, il ordonnait aux agents de la Commission des transports et des remontes de faire « choix des plus beaux chevaux qui seront destinés aux haras de la République. Il sera pareillement fait choix des plus belles juments destinées à la reproduction. Ces chevaux et juments seront envoyés en France » (AULARD, XV). Le 28 thermidor an II (15 août 1794), le Comité de salut public, « considérant qu'il importe de conserver la libre disposition de toutes les ressources qui peuvent opérer la régénération des haras », arrêtait, sur la proposition du Comité de la guerre : 1º la suspension de la vente des chevaux que possédait à Thorigny, département de la Manche, le citoyen Grimaldi, mis en état d'arrestation comme père d'émigré ; 2º la prolongation de cette suspension jusqu'au moment où les agents, « nommés par le gouvernement pour la régénération des haras », auraient reconnu les chevaux qu'il était utile de conserver (AULARD, XVI).

Enfin, le 7 floréal an III (26 avril 1795), le même Comité autorisait le Comité d'agriculture à faire procéder, par deux de ses membres, assistés d'un ou de deux citoyens experts, au choix des chevaux entiers du manège de Versailles qui pourraient servir d'étalons, vu « la nécessité d'employer tous les moyens qui sont à la disposition du gouvernement pour la régénération des haras » (Recueil de lois et décrets, Arch. administr.).

(¹) *Notes historiques sur les haras de France*, par Du BOUCHET (collection Préval, carton E 31).

2 germinal an III, les trois seuls dépôts du Pin, de Pompadour
et de Rozières subsistèrent misérablement. Cette triste situation
des haras ne devait pas se modifier jusqu'au Consulat.

Au début de l'année 1800, du Bouchet déplorait encore la perte
des 3 000 étalons disparus de la surface de la France depuis 1790
sans avoir pu être remplacés. « Quelques mauvais chevaux entiers,
éparpillés çà et là, et des médiocres poulains de deux ou trois ans
font les fonctions de la monte du petit nombre de poulinières qui
y existent, tristes restes des réquisitions qui en ont arraché la
plus grande partie (¹). »

N'ayant guère à compter sur l'élevage national, la Convention
alimentera ses dépôts de remonte surtout par des achats faits à
l'étranger et par les contributions prélevées sur les pays occupés
par nos armes. Sa Commission des transports, remontes, postes
et messageries, chargée de ces achats, essaiera d'abord de ne
payer les chevaux qu'en assignats. Par un marché passé le 4 brumaire an III (25 octobre 1794), avec le citoyen Le Breton, elle lui
donne pouvoir « d'acheter, pour le compte de la République française, des chevaux de remonte de tous les services dans les pays
ci-après désignés, à la charge par lui de se conformer aux conditions stipulées ci-après : 1° le citoyen Le Breton est autorisé à
acheter, dans les pays ennemis et non occupés par les armées de
la République, une quantité de chevaux de la nature et du genre
ci-dessous indiqués, dont la Commission arrêtera l'extraction
quand elle le jugera convenable, en prévenant le soumissionnaire
un mois d'avance pour lui donner la facilité de retirer ses préposés ; 2° les chevaux seront hongres ou juments, dont un tiers
de cette seconde espèce, de l'âge de quatre ans, faits et marquants.
Ils ne pourront avoir moins de 4 pieds 6 pouces mesurés à la
potence, sous la condition que le nombre de cette petite taille
ne pourra excéder le tiers des livraisons totales, et que les autres
chevaux seront au moins depuis 6 à 7 jusqu'à 8 ou 9 pouces et
au-dessus (²). » Tous ces chevaux devaient être achetés à forfait et

---

(¹) *Notes historiques sur les haras de France,* par Du Bouchet (collection Préval,
carton E 31).

(²) Aulard, XVII.

payés en assignats au prix de 1 200, 1 300 et 1 400 livres, suivant leur taille.

Le discrédit des assignats augmentant de jour en jour, la Commission des transports militaires et des remontes se vit bientôt dans l'obligation d'acquitter ses marchés partie en numéraire, partie en assignats. Le 17 frimaire an III (7 décembre 1794), le Comité de salut public sanctionnait le mode de paiement proposé par la Commission pour un achat de 4 000 chevaux, en Danemark et en Suède, au prix de 300 livres en numéraire et 900 livres en assignats (1).

Le 2 nivôse an III (22 décembre 1794), le Comité de salut public, « considérant qu'il est de la plus grande urgence d'employer tous les moyens possibles pour mettre sur un pied respectable, à l'entrée de la campagne prochaine, les corps de troupes à cheval qui composent les différentes armées de la République », arrêtait le prix des chevaux, « achetés tant sur les frontières de la République que dans l'intérieur », à 1 500 livres pour la cavalerie, 1 400 livres pour les dragons et 1 300 livres pour les chasseurs et hussards (2).

Pour faciliter l'acquisition des chevaux, le Comité de salut public autorisait, le 17 frimaire an III (6 décembre 1794), la Commission des transports et des remontes à « faire recevoir, par les inspecteurs des remontes, les chevaux de l'arme des chasseurs et hussards à la taille de 4 pieds 4 pouces et demi à 5 pouces, lorsque d'ailleurs ils auront une constitution et une tournure distinguées (3) ». Les règlements en vigueur interdisaient jusqu'à cette heure de recevoir les chevaux, pour l'arme des chasseurs et celle des hussards, au-dessous de la taille de 4 pieds 6 pouces.

Le Comité de salut public avait espéré tirer de l'Allemagne, par la Suisse, un assez grand nombre de chevaux, en promettant de les payer en numéraire. En frimaire an III, Vesoul avait été désigné pour recevoir les chevaux achetés par cette voie, mais la cupidité des marchands fut cause que beaucoup de chevaux

------

(1) Recueil de lois et décrets (Arch. administr.).

(2) *Ibid.*

(3) *Ibid.*

passèrent de France en Suisse et en Allemagne pour revenir ensuite par la même voie. Grâce à cette ruse, leurs propriétaires bénéficiaient des avantages attachés à la vente des chevaux provenant de l'étranger, si bien que le Comité de salut public se vit dans l'obligation, le 3 floréal an III (22 avril 1795), de prescrire l'établissement d'un cordon de troupes sur la frontière suisse pour réprimer cette fraude, et d'exiger un cautionnement de tout propriétaire de chevaux sortant du territoire.

Une compagnie, connue sous les noms de Lemercier et Sonnerat, avait souscrit, le 19 thermidor an III (6 août 1795), un marché général pour la fourniture des chevaux de remonte à 700 livres, 650 et 600 livres suivant les armes, mais les malversations auxquelles se livrèrent les agents de cette compagnie donnèrent lieu à des plaintes sans nombre. Le représentant du peuple, Beauprey, témoin de leurs vols, les avait dénoncés au Comité de salut public, et, par une loi du 20 thermidor an III (15 août 1795), il avait été désigné « pour réprimer les abus dans les dépôts de remonte des départements de l'Orne, de la Manche, du Calvados et de la Seine-Inférieure ». Beauprey soumit à une nouvelle inspection les chevaux livrés par la compagnie Lemercier et Sonnerat dans les dépôts de Versailles, du Bec et de Caen. Sur 653 chevaux, 222 seulement furent reconnus en bon état. Pfliéger qui, de concert avec son collègue Bernard Saint-Affrique, avait été chargé de réinspecter le dépôt de Versailles, constatait que, « sur environ 125 chevaux, il se trouve 95 incapables à aucun service, et le reste ne vaut pas grand'chose ». En envoyant au Comité de salut public, le 16 vendémiaire an IV (8 octobre 1795), le signalement de ces chevaux, il disait : « Ci-joint, citoyens collègues, la note que j'ai faite, de concert avec notre collègue Bernard Saint-Affrique, des chevaux venant de l'entrepreneur Mercier qui, de concert avec ses associés fripons, veulent absolument faire la contre-révolution en faisant manquer notre cavalerie de chevaux et en nous ruinant en fourrages pour des mauvais chevaux. J'espère que vous ferez votre possible pour faire annuler ce marché et faire punir tous ces coquins. Nous pouvons, à moins de frais, avoir de bons chevaux.

La Convention n'a qu'à parler (¹). » Pfliéger voulait, pour ces entrepreneurs infidèles, un châtiment sévère. Ne sachant encore, le 1ᵉʳ frimaire an IV (22 novembre 1795), si le Directoire était entré en fonctions, il écrivait à ses collègues du Comité de salut public : « Si vous croyez, chers collègues, ne devoir point sévir comme je vous le proposais, au moins serait-il convenable de contraindre ces fournisseurs, et ceux qui ont reçu, à reprendre les chevaux hors d'état de servir et rembourser les frais de nourriture.

« Si vous n'adoptez pas encore cette mesure, il ne reste plus que le parti de les faire vendre pour obvier à la consommation des fourrages qui tombe en pure perte.

« Je vous ai dévoilé, par mes précédentes, l'agiotage qui avait lieu dans les réceptions tant en Hollande qu'à Bruxelles. J'ai découvert depuis que les employés et courtiers de ces compagnies avaient eu l'adresse de cacher aux agents, à la réception, les conditions du marché (²), qu'ils leur avaient persuadé que les prix étaient beaucoup moindres qu'ils ne sont en effet et que leur perte était considérable, qu'à ce moyen ils en avaient obtenu toute la faiblesse et la tolérance que j'ai rencontrées.

« J'ai remédié à toutes ces supercheries autant qu'il était en mon pouvoir, mais je persiste à la résiliation du marché onéreux de ces compagnies et avec d'autant plus de raison qu'il est constant que l'on trouvera des traitants plus raisonnables, gens exacts et de bonne foi, avec lesquels on assurera le service en épargnant des millions au Trésor public.

« J'ai trouvé, à mon passage à Charleville, un dépôt de réception pour le compte de la compagnie Mercier. Il existait dans ce rassemblement une trentaine de chevaux de très médiocre qualité. Le général Ferrand, qui le commande, venait d'en faire filer sur Versailles à peu près 200 qu'il m'a assuré être de meilleure espèce. C'est une chose qu'il est nécessaire que vous fassiez vérifier. Je dois vous observer que cet établissement me paraît bien

---

(¹) Carton AF III 183 (Arch. nat.).

(²) « Le commissaire La Saulsay n'a envoyé que par extrait le marché de Mercier sans y marquer les prix que les chevaux se paient, ce qui a encore beaucoup contribué à la réception de mauvais chevaux ». (Note de Pfliéger.)

dispendieux pour son peu d'importance. Il est dirigé par un général qui n'y entend rien, par des inspecteurs, sous-inspecteurs, surveillants, vétérinaires, palefreniers, etc., en sorte qu'il y a plus d'employés que de chevaux. Je crois urgent de réduire cette composition.

« Depuis que j'ai porté un peu de lumière dans la conduite de tous ces fripons, les livraisons paraissent se ralentir dans tous les dépôts, attendu qu'ils n'y trouvent plus la même facilité et qu'ils sont ramenés à l'exécution du marché.

« Je vous réitère, chers collègues, mes instances et vous invite à prendre une détermination prompte, définitive, sur les observations que je vous ai soumises.

« La République est dilapidée, mangée, rongée de toutes parts et très mal servie. Il est bien temps d'y porter remède ([1]). »

Les marchés de chevaux, si décevants sous le rapport de la qualité, étaient encore insuffisants comme nombre pour alimenter nos dépôts de remonte, bien que leur rendement fût grossi des ressources que nous procuraient les pays occupés par nos armes. Dès notre entrée en Belgique, le Comité de salut public avait prescrit à la Commission des remontes, le 30 messidor an II (18 juillet 1794), de faire rassembler, par ses agents, « tous les chevaux de luxe avec les équipages et harnais et tous les chevaux entretenus dans les herbages qui auront au moins l'âge de quatre ans », d'ordonner ensuite à toutes les communes « de fournir le vingtième de leurs chevaux, autres que ceux compris dans l'article précédent, sur le dénombrement général qui en sera fait et certifié par les syndics et préposés principaux de chaque commune ([2]) ». Une lettre de Gillet, du 26 pluviôse an III (14 février 1795), nous apprend que cette levée du vingtième, particulièrement destinée au service des charrois, avait même été renouvelée et portée jusqu'au huitième « dans tous les pays conquis ([3]) ». Et cependant la pénurie des chevaux demeurait telle, que le représen-

---

([1]) Correspondance de l'armée de Rhin et Moselle (Arch. histor.). — Le Directoire se contenta de résilier le marché de la compagnie Lemercier et Sonnerat.

([2]) AULARD, XV.

([3]) Registre de Gillet, 1 a/11 34 (Arch. histor.).

tant du peuple Gillet, recevant peu de secours de l'intérieur, prenait le parti d'organiser lui-même, à Verdun et aux environs, un dépôt de remontes pour l'armée de Sambre et Meuse, qu'il espérait alimenter avec les levées de chevaux opérées dans les pays entre la Meuse et le Rhin. Il n'en avait encore réuni qu'environ 150 le 7 brumaire an III (28 octobre 1794), 500 à 600 le 6 frimaire an III (26 novembre 1794), et il fallait se procurer 6 000 chevaux pour « satisfaire aux besoins les plus urgents » de la remonte de la cavalerie de l'armée de Sambre et Meuse. Dans certains régiments, pour le seul effectif présent sous les armes, il manquait à cette dernière date jusqu'à 200 et 300 chevaux. Aussi Gillet suppliait-il ses collègues à Bruxelles de lui « envoyer le plus grand nombre possible de chevaux ([1]) ».

Les chevaux n'étaient pas seulement en faible nombre dans les dépôts de remonte : ils y étaient encore l'objet de soins insuffisants. Ces dépôts étaient au nombre de vingt-cinq ([2]) en 1795, répartis un peu au hasard sur tout le territoire, sans que toutes les armées en eussent sur leurs derrières. Le mauvais choix du personnel de la plupart de ces établissements, son peu de connaissances, la disette des objets de première nécessité pour leur entretien, étaient cause qu'il y entrait beaucoup de mauvais chevaux et qu'un grand nombre y périssaient faute de soins. Frappé de ces défauts, le Comité de salut public essayait d'y remédier, le 4 fructidor an II (21 août 1794), en faisant imprimer et envoyer dans tous les dépôts de chevaux de la République, aux chefs de ces dépôts, aux commissaires des guerres chargés de leur surveillance, aux artistes vétérinaires ou maréchaux ferrants qui y étaient attachés et aux municipalités dans le ressort desquelles se trouvaient ces établissements, deux instructions rédigées par la Commission de l'agriculture et des arts et par la Commission des transports militaires et remontes.

([1]) Gillet à ses collègues à Bruxelles, Crevelt, 6 frimaire an III (registre 1 a/11 34, Arch. histor.).

([2]) Établis à Paris, Versailles, Alfort, Fontainebleau, Compiègne, Joigny, Soissons, Chambord, Bruxelles, Malines, Utrecht, Charleville, Lunéville, Vienne, Vesoul, Moulins, Libourne, Limoges, Saint-Jean-d'Angély, Angers, Nantes, Guingamp, Caen, Sées, Le Bec.

La première, intitulée « Instruction sommaire contenant les soins à donner aux chevaux pour les conserver en santé sur les routes et dans les camps et remédier aux accidents qui pourront leur survenir », combattait les traitements inspirés par l'ignorance et le charlatanisme, « fléau plus redoutable que les maladies mêmes ». Elle passait en revue les précautions générales à prendre pour la santé des chevaux en été et en hiver, les accidents auxquels les chevaux sont exposés en route et dont les conducteurs peuvent prévenir les suites. Elle proscrivait surtout les pratiques vicieuses des maréchaux ferrants et des guérisseurs répandus dans les campagnes. Enfin elle indiquait le traitement à suivre dans les maladies les plus usuelles.

La deuxième instruction avait pour titre : « Instruction sur les moyens propres à prévenir l'invasion de la morve, à en préserver les chevaux, à désinfecter les écuries où cette maladie aura régné et les ustensiles qui auront servi aux chevaux suspects ». Elle énumérait les précautions à prendre, pour combattre la morve, sur les routes, dans les dépôts, dans la désinfection des écuries et dans l'entretien des ustensiles et meubles d'écurie [1].

Afin que ces instructions ne restassent point lettre morte, le Comité de salut public instituait, par un arrêté du 28 vendémiaire an III (20 octobre 1794), quatre inspecteurs généraux, artistes vétérinaires, qu'il chargeait de surveiller leur exécution.

Malgré ces précautions, la tenue des dépôts continuait à donner lieu à des plaintes fréquentes et justifiées. En brumaire an III, Duchaint de Saint-Denis rendait compte au Comité militaire de la Convention des négligences dont il avait été le témoin pendant sa visite des dépôts. A Compiègne, notamment, les chevaux

---

[1] Le 14 thermidor an II (1er août 1794), le Comité de salut public supprimait l'emploi d'inspecteur général pour la maladie de la morve, créé le 26 vendémiaire précédent en faveur du citoyen J.-M. Crachet, sans abandonner toutefois les recherches d'un remède pour guérir les chevaux de cette maladie. Nous le voyons, le 10 pluviôse an III (29 janvier 1795), autoriser deux inventeurs, les nommés Jaquet et Brichaud, à expérimenter un remède sur des chevaux atteints de ce mal (Recueil de lois et décrets, Arch. administr.)

étaient mal ferrés et presque tous blessés(¹). Le 14 frimaire
an III (4 décembre 1794), le Comité militaire communiquait au
Comité de salut public une lettre de la Commission de l'organisation et du mouvement où l'on signalait que, dans presque tous
les dépôts, les chevaux malades manquaient de vétérinaires et
de médicaments. Enfin, le 3 nivôse an III (23 décembre 1794), le
Comité de salut public se voyait dans l'obligation de prendre cet
arrêté, qui prouve combien la tenue des dépôts laissait à désirer
et de quels moyens précaires ces établissements pouvaient dis-
poser :

Le Comité de salut public, informé par le rapport de la 7ᵉ Commission que les pansements des chevaux de la République sont arrêtés
faute d'étrilles et d'époussettes, et les traitements souvent suspendus
et sans effet dans les infirmeries faute de miel et de son, voulant
remédier à tous ces abus et qu'il soit donné tous les soins au panse-
ment et au traitement des chevaux ou des mulets, arrête :

La Commission du commerce et approvisionnements mettra, sous
le plus court délai, à la disposition de celle des transports, postes et
messageries, la quantité de 600 étrilles, de 600 époussettes et de
4 milliers de miel commun.
La même Commission donnera les ordres les plus précis pour que
les magasins, à portée des infirmeries, et dont l'état lui sera adressé
par celle des transports, soient toujours approvisionnés en son.

Si le Comité de salut public devait exercer la surveillance la
plus étroite sur le personnel des dépôts de remonte, il retirait
aussi peu de services des surveillants temporaires des troupes à
cheval et des inspecteurs placés dans les localités où se grou-
paient, par subdivisions d'armes, les dépôts des régiments de
cavalerie des principales armées. Le mauvais choix de ces inspecteurs était cause qu'en messidor an III, la Commission de
l'organisation réclamait leur réduction et même leur suppression :
elle souhaitait que le Comité de salut public rendît « la surveillance des dépôts aux officiers et commandants de place qui, au
moyen de ces établissements (d'inspecteurs), se sont regardés

______

(¹) Recueil des délibérations du Comité militaire de la Convention (Arch. nat.,
AF II* 23).

comme déchargés de toute responsabilité sur les dépôts, tandis
que, de leur côté, ces agents amphibies, ni militaires, ni civils,
n'ont aucun moyen de se faire obéir [1] ». Pfliéger signalera plus
tard [2] la ridicule composition et la nullité de ces inspecteurs
(dont une partie subsistaient encore à l'avènement du Directoire) à
la tête desquels se rencontraient « des perruquiers, des huissiers,
des brigadiers de maréchaussée, de jeunes intrigants sans talents
et sans services ».

L'institution des surveillants temporaires des troupes à cheval,
chargés de seconder puis de remplacer les représentants du
peuple dans l'organisation de la cavalerie, avait été loin aussi de
donner les résultats espérés. Leurs fonctions consistaient à « se
porter fréquemment et à l'improviste sur les différents points de
l'arrondissement de leur surveillance, aller dans les pacages vérifier l'état des chevaux au vert, prendre connaissance du traitement qu'ils y reçoivent, se faire rendre compte du succès et faire
enfin le choix des chevaux propres à servir d'étalons, et des
juments poulinières [3] ». La plupart d'entre eux, ne pouvant
subvenir à leurs frais de voyage, avaient été arrêtés dans leur
mission. Ils s'étaient bornés à s'installer dans la localité où on
les avait primitivement envoyés, à établir une correspondance
avec les inspecteurs des différents dépôts de cavalerie et à trans-
mettre à la Commission de l'organisation des états de situation
qui n'avaient d'autre mérite que d'être les duplicata d'états analogues que les inspecteurs adressaient directement, de leur côté,
à la Commission. Sentant le ridicule de son rôle, le surveillant
temporaire de l'armée des Côtes de Brest avait demandé à plusieurs reprises d'être relevé de ses fonctions [4]. Pfliéger jugeait
aussi ces surveillants d'une complète inutilité. Suivant lui, ils
étaient « au corps de la cavalerie ce qu'une loupe est au corps
humain, une excroissance fatigante et un hors-d'œuvre [5] ».

[1] Rapport de la Commission de l'organisation et du mouvement au Comité de salut
public, 22 messidor an III (10 juillet 1795) [carton AF II 200, Arch. nat.].

[2] Dans son *Aperçu sur l'état actuel de la cavalerie de la République.*

[3] Rapport de la Commission de l'organisation et du mouvement au Comité de salut
public, 11 vendémiaire an IV (3 octobre 1795) [carton AF II 200, Arch. nat.].

[4] *Ibid.*

[5] *Aperçu sur l'état actuel de la cavalerie de la République,* par PFLIÉGER.

Ainsi reconnus inutiles, les inspecteurs civils des dépôts généraux de cavalerie et les surveillants temporaires feront bientôt place aux inspecteurs généraux de cavalerie, composés cette fois d'officiers généraux de cette arme, dont la création sera décidée par la Convention avant de se séparer et réalisée, comme nous le verrons plus tard, sous le Directoire.

CHAPITRE VI

LES EFFECTIFS EN HOMMES ET EN CHEVAUX

Il se faisait aussi aux armées un gaspillage de chevaux que la Convention ne parvenait pas à réprimer. C'était des dépôts de la République que les officiers des troupes à cheval étaient autorisés à retirer leurs chevaux d'armes moyennant une retenue sur leurs appointements. Le prix des chevaux d'officiers était estimé à 2 400 livres dans la cavalerie, 2 000 livres dans les dragons, les chasseurs et les hussards. Tous les ordres pour ce genre de fourniture étaient demandés au Comité de salut public par l'entremise de la Commission de l'organisation et du mouvement. Fréquemment le Comité de salut public était saisi de plaintes contre des officiers qui vendaient à leur profit leurs chevaux, dont ils n'avaient point encore acquitté le paiement. Certains officiers, après s'être servis pendant plusieurs jours, à divers usages, des chevaux qu'ils avaient eux-mêmes choisis dans les dépôts, élevaient ensuite des récriminations sur la qualité de leurs montures et demandaient qu'elles fussent échangées. Le Comité de salut public essayait de parer à ces abus, en ordonnant, le 25 thermidor an III (12 août 1795), « qu'il sera fait les recherches les plus exactes contre les officiers qui se sont permis de vendre les chevaux qui leur avaient été accordés pour le service militaire, et que, dorénavant, il ne sera délivré de chevaux à aucun officier qu'au corps même ou dans les dépôts les plus voisins. Ces officiers ne seront admis, dans aucun cas, à demander l'échange de leurs chevaux, passé le délai de 48 heures (¹). » Le 18 fructidor an III (4 septembre 1795), il s'efforçait de mettre fin au « trafic cou-

---

(¹) Recueil de lois et décrets (Arch. administr.).

pable » et « aux échanges illicites que font de leurs chevaux, dans les corps de troupes à cheval, les officiers avec les cavaliers ». Il prescrivait l'établissement de contrôles destinés à noter le signalement de tous les chevaux du régiment. « Les chevaux des cavaliers de toute arme seront marqués au fer chaud du numéro du régiment ; ceux des officiers de tout grade, qui les ont obtenus de la République, seront marqués en caractères plus petits et renfermés dans un cercle.

« Les chevaux des états-majors des armées porteront, outre le numéro qui leur aura été donné, une étoile qui leur servira de marque particulière et distinctive (¹). »

Au cours de son inspection des dépôts des armées du Nord, de Sambre et Meuse et de Rhin et Moselle, Pfliéger prenait, le 4 brumaire an IV (26 octobre 1795), un arrêté analogue qui avait le double but de contrôler les livraisons de chevaux faites aux officiers et de veiller à ce que ces derniers fussent toujours convenablement montés. « Considérant que, pour soutenir la cavalerie de la République sur le pied respectable où elle a été portée, il est indispensable que les officiers soient convenablement montés et constamment en état de continuer la guerre ; voulant d'ailleurs anéantir différents abus qui se sont introduits dans les troupes à cheval et obvier à toutes espèces de dilapidations », Pfliéger prenait des mesures efficaces pour faire disparaître les chevaux d'officiers hors d'état de servir et obliger tout détenteur d'un nouveau cheval à le présenter au conseil d'administration de son corps, chargé d'en prononcer l'acceptation ou le refus (²).

Les dépôts de chevaux de la République étaient encore mis à contribution par les commissaires des guerres, les payeurs et accusateurs aux armées, les employés des transports militaires, bien qu'ils dussent se monter à leurs frais. Le Comité de salut public s'efforçait de les contraindre à restituer les chevaux illégalement détenus en leur possession, par un arrêté du 9 nivôse an III (29 décembre 1794), où il se disait « instruit que plusieurs commissaires des guerres, qui doivent généralement se monter à

______

(¹) Recueil de lois et décrets (Arch. administr.).
(²) Correspondance de l'armée du Nord (Arch. histor.).

leurs frais, ont en leur disposition souvent jusqu'à deux chevaux des dépôts ; que différents préposés des transports, tels que des inspecteurs particuliers des transports de l'artillerie, ont une prolonge de quatre chevaux, des chevaux de cabriolet et d'autres de selle ; que des accusateurs militaires et payeurs, quoique sédentaires, se sont fait fournir chacun une prolonge attelée de quatre chevaux (¹) ».

Nous n'avons encore indiqué que les causes secondaires de la perte des chevaux aux armées. C'était surtout par l'abus des correspondances et la pénurie presque continuelle des fourrages que notre cavalerie s'affaiblissait et se ruinait en campagne.

Malgré les défenses sans cesse renouvelées des généraux et des représentants du peuple, les cavaliers d'ordonnance continuaient à être employés sans ménagement aux armées. « Il n'y a rien qui ruine autant les chevaux, écrivait Gillet à ses collègues à Bruxelles le 7 frimaire an III (27 novembre 1794). Il n'est pas un seul commissaire des guerres qui ne veuille avoir une escorte à sa suite, pas un commis qui a une lettre à écrire, ne fût-ce qu'à sa maîtresse, qui ne fasse marcher des ordonnances (²). » Les commissaires des guerres et les employés de l'armée traînaient à leur suite de nombreuses escortes qui réduisaient parfois les corps de cavalerie à la moitié de leur effectif, suivant le témoignage de Jourdan lui-même, qui écrivait à son chef d'état-major, le général Ernouf, à la date du 28 brumaire an III (18 novembre 1794) : « Je suis au désespoir, mon cher camarade, de ce qu'on vient de me faire le rapport que les régiments de cavalerie étaient réduits à moitié à cause du grand nombre de détachements que les administrations emploient pour nous faire crever de faim. Je croyais trouver dans le Hunsruck 3 000 à 4 000 hommes de cavalerie, tandis qu'il n'en existe qu'environ 1 800. Je te réitère l'ordre que je t'ai donné de faire rentrer tous les détachements à leurs différents corps, et je te recommande de donner les ordres les plus précis pour que les administrations soient à l'avenir un peu plus réservées dans leurs demandes. Il faut

---

(¹) Recueil de lois et décrets (Arch. administr.).
(²) Registre de correspondance de Gillet, 1 a/11 34 (Arch. histor.).

qu'elles sachent que nous ne sommes pas obligés de les faire accompagner par des troupes dont nous avons le plus grand besoin pour combattre l'ennemi. Il faut aussi qu'elles ne retiennent pas inutilement des détachements qu'on leur confie, qui perdent considérablement de toutes les manières possibles en restant avec elles ([1]). »

Le manque de fourrages sévit aussi presque sans discontinuer parmi nos armées durant les campagnes de 1794 et de 1795. L'absence de magasins et surtout une administration vicieuse causèrent la perte d'un grand nombre de chevaux. Même au sein de ses victoires, l'armée de Sambre et Meuse ne parvenait pas à assurer la subsistance de sa cavalerie. A la fin de la campagne de 1794, Gillet signalait au Comité de salut public le danger de laisser cette armée sans magasins. « Si, écrivait-il de Crevelt le 3 frimaire an III (23 novembre 1794), je n'avais pris le parti d'autoriser les généraux de division à pourvoir eux-mêmes à la subsistance de leur division, nous étions forcés à nous retirer ou exposés à voir périr tous nos chevaux. Croiriez-vous qu'à cette époque vingt-cinq régiments de cavalerie avaient manqué de foin et d'avoine pendant huit jours et que leurs chevaux n'avaient vécu qu'en les envoyant à la pâture ? Les généraux trouvèrent des fourrages et de l'avoine. Cent fois il a fallu prendre le même moyen pour se procurer du pain. Ce ne sont pas les administrations qui ont nourri l'armée. Elle a vécu la moitié du temps de ses propres moyens et par le soin de ses généraux ([2]). » Le 3 nivôse an III (23 décembre 1794), Gillet informait ses collègues à l'armée que « les magasins de fourrages sont vides ». Au début de la campagne de 1795, cette situation ne s'était pas modifiée. « Les fourrages manquent absolument, écrivait-il le 24 pluviôse an III (12 février 1795). Nos chevaux sont réduits en beaucoup d'endroits à 10 livres de paille sans foin ni avoine. Aussi les morts se succèdent avec une rapidité effrayante, et la cavalerie, qui devait, pendant les quartiers d'hiver, se refaire de ses fatigues, sera à peine en état d'entrer en campagne. Les chevaux d'artillerie et des charrois sont presque tous

---

([1]) Registre de correspondance de Jourdan, 1 a/45 (Arch. histor.).

([2]) Registre de correspondance de Gillet, 1 a/11 34 (Arch. histor.).

morts : nous n'avons plus de moyens de transports... Nous n'avons jamais eu de magasins, voilà la cause de notre détresse constante et des pertes irréparables que nous avons faites en chevaux. Cet obstacle était plus redoutable que toutes les armées des coalisés. Il est sans exemple que l'on ait fait marcher deux armées de 3oo ooo hommes sans magasins. Aussi, que n'avons-nous pas souffert ? Si ces armées avaient été composées de soldats mercenaires, elles se seraient dissoutes cent fois. Que nous serions heureux si l'armée était approvisionnée seulement pour trois mois à l'ouverture de la campagne, si les soldats étaient bien habillés et si nous pouvions compléter nos remontes en chevaux de cavalerie, d'artillerie et de charrois ! »

Dans le service des fourrages, régnaient une confusion et un désordre qui tiraient leur origine d'une mauvaise répartition des attributions et des responsabilités dans les différentes branches de l'administration. Les préposés chargés d'emmagasiner le fourrage et ceux qui devaient le faire parvenir aux armées opéraient séparément et sans nulle entente. Cette division des responsabilités, introduite dans l'administration à la fin de la campagne de 1793, entraînait des maux incalculables que Jourdan et Gillet ne cessaient de signaler au Comité de salut public. « En réunissant aux administrations qui sont chargées d'alimenter l'armée les moyens de transport, écrivait Gillet au Comité le 26 pluviôse an III (14 février 1795), vous rétablissez leur responsabilité dans toute son étendue, et vous les intéressez par là à ne placer que de bons employés dans leurs équipages. Qu'arrive-t-il aujourd'hui ? Les administrations des vivres et des fourrages ne sont chargées que de faire fabriquer le pain, d'emmagasiner les fourrages. L'armée manque : on se plaint. Ils répondent : « Le pain, les « fourrages sont là. Qu'on l'envoie prendre. » Souvent il n'y a pas de voitures. La responsabilité ainsi divisée est nulle et illusoire.
 « L'expérience a jugé le moyen que je vous propose et celui qui subsiste actuellement. Dans les deux premières campagnes, le service se faisait bien, les dépenses étaient moins onéreuses

---

(¹) Registre de correspondance de Gillet, 1 a/11 34 (Arch. histor.),
(²) *Ibid.*

pour la République. Le changement qui.eut lieu dans cette partie, à la fin de la campagne de 1793, est une des plus grandes fautes qu'on ait pu faire en administration. L'armée et le service ont souffert au delà de toute expression. Les dépenses ont été énormes et la perte des chevaux est irréparable ([1]). »

Au début de la campagne de 1795, notre cavalerie perdait nombre de chevaux par suite du manque de fourrages. Que dire de sa situation à la fin de cette même campagne, après les souffrances endurées au blocus de Mayence par les armées de Sambre et Meuse et de Rhin et Moselle? Aussi, quand les Autrichiens se présentent pour forcer nos lignes d'investissement, l'armée de Rhin et Moselle ne peut mettre en ligne 1000 chevaux ([2]).

A cette effrayante consommation en chevaux, le représentant du peuple Pfliéger attribuait encore deux causes que nous ne pouvons passer sous silence : l'ignorance et l'indiscipline. La masse des cavaliers improvisés, que la Convention avait dû jeter aux armées pour tripler en quelques mois les effectifs de notre cavalerie, y était arrivée à peine instruite des premiers soins qu'exigeait la conservation de leurs montures. Enfin, en prononçant le mot d'indiscipline, Pfliéger faisait allusion, non aux armées du Nord et de Sambre et Meuse, où l'ordre continuait à régner, mais à l'armée de Rhin et Moselle, que ses souffrances, ses revers, la sourde trahison de Pichegru, avaient entièrement désagrégée. « L'armée du Rhin me désole, mandait-il à son ami Rewbell, de Lunéville, le 3 brumaire an IV (25 octobre 1795). Il n'y a plus de discipline. Je ne prévois même pas que Pichegru parviendra à y en mettre. Il y a eu dans les dernières affaires plus de 20000 fuyards et brigands qui ont volé nos magasins, dépôts, ainsi que les particuliers. La cavalerie y est plus en désordre que l'infanterie. Il faut que l'on n'y ait point eu la moindre surveillance. De vingt-trois régiments ([3]) que cette armée est composée, je n'ai encore pu voir que seize dépôts qui, à l'exception

---

([1]) Registre de correspondance de Gillet, 1 a/11 34 (Arch. histor.).

([2]) « A Mayence, nous n'avions pas 1000 hommes de cavalerie » (Lettre du général de brigade Duverger au représentant du peuple Florent Guiot, 9 frimaire an IV [30 novembre 1795]). Correspondance de l'armée de Rhin et Moselle (Arch. histor.)

([3]) Régiments de troupes à cheval.

de quatre, sont dans le plus mauvais état. Tous sont considérables
en hommes et le plus fort a douze chevaux, plusieurs pas un
seul, tous, outre cela, mauvais, en sorte que, de neuf dépôts qui
sont dans ce moment à Lunéville, on a de la peine à trouver des
chevaux pour faire les ordonnances. Heureusement que l'armée
de Sambre et Meuse est en meilleur état. La discipline y règne
ainsi qu'en celle du Nord... (¹). »

Les fatigues de la guerre et les combats occasionnaient aussi
des pertes en chevaux, qui s'ajoutaient à celles que nous venons
d'énumérer, et l'on ne sera point surpris de voir la cavalerie
manquer, en pluviôse an III, des deux cinquièmes de l'effectif
théorique de ses chevaux. Le déficit dépassera même plus de la
moitié en brumaire an IV, à l'avènement du Directoire; et, devant
l'impossibilité de le combler, la Convention se résoudra à pro-
poser au Directoire une diminution dans les effectifs de notre
cavalerie. Un autre motif lui fera adopter cette solution : celui de
son impuissance à maintenir, dans nos troupes à cheval, les effectifs en hommes sur le pied fixé par la loi du 21 nivôse an II.

Aux termes de cette loi, les régiments de carabiniers et de
cavalerie devaient comprendre quatre escadrons de deux compagnies chacun. La compagnie se composait de : 1 capitaine, 1 lieutenant, 1 sous-lieutenant, 1 maréchal des logis en chef, 2 maréchaux des logis, 1 brigadier fourrier, 4 brigadiers, 1 trompette
et 74 cavaliers dont un maréchal ferrant, soit 86 hommes, officiers
compris, tous montés.

État-major compris, le régiment de carabiniers ou de cavalerie
compte 704 hommes (32 officiers, 672 carabiniers ou cavaliers)
et 697 chevaux (30 d'officiers, 667 de carabiniers ou de cavaliers).

Les régiments de dragons devaient être portés de quatre à six
escadrons et rangés dans la cavalerie légère avec la même organisation que les régiments de chasseurs et de hussards.

Les régiments de cavalerie légère étaient à six escadrons de
deux compagnies chacun. Les compagnies sont composées de :
1 capitaine, 1 lieutenant, 2 sous-lieutenants, 1 maréchal des logis

---

(¹) Correspondance de l'armée de Rhin et Moselle (Arch. histor.).

en chef, 4 maréchaux des logis, 1 brigadier fourrier, 8 brigadiers
et 96 dragons, chasseurs ou hussards, dont 1 maréchal ferrant,
soit 116 hommes, officiers inclus, tous montés.

État-major compris, un régiment de cavalerie légère compte
1 410 hommes (58 officiers, 1 352 dragons, chasseurs ou hussards)
et 1 404 chevaux (56 d'officiers, 1 348 de dragons, chasseurs ou
hussards).

Nous avons vu, dans un précédent volume, les troupes à cheval
accrues d'un nouveau régiment de chasseurs, le 13ᵉ *bis*, mais
diminuées de deux régiments de chasseurs, les 17ᵉ et 18ᵉ, et d'un
régiment de cavalerie, le 26ᵉ, tous trois licenciés et incorporés
dans divers régiments.

En fructidor an II (septembre 1794), la composition des troupes
à cheval était donc la suivante :

> 2 régiments de carabiniers ;
> 25   —   cavalerie ;
> 20   —   dragons ;
> 24   —   chasseurs (numérotés de 1 à 16 et de 19 à 25, en plus
>   le 13ᵉ *bis*) ;
> 13   —   hussards (numérotés de 1 à 12, en plus le 7ᵉ *bis*).

Cette composition ne devait éprouver de changement, jusqu'à
l'avènement du Directoire, que par la suppression du 13ᵉ *bis* chasseurs et son remplacement par un nouveau régiment de cavalerie
légère, le 13ᵉ hussards.

Nous avons mentionné plus haut la fusion des 13ᵉ et 13ᵉ *bis*
chasseurs qui remonte au 22 germinal an III (11 avril 1795). La
création du 13ᵉ hussards date du 12 pluviôse an III (31 janvier
1795). Il a pour noyau quatre compagnies de hussards déjà orga-
nisées au dépôt de Vienne le 14 thermidor an II (1ᵉʳ août 1794)
par les représentants du peuple Albitte et Laporte, qui voulaient
utiliser les ressources de ce dépôt en hommes et en chevaux.
« Les sous-officiers desdites compagnies furent choisis dans le
dépôt parmi les soldats qui ont été reconnus pour avoir déjà
servi dans la cavalerie, et les officiers furent pris, la majeure
partie, parmi les officiers réformés du 5ᵉ régiment de cavalerie

attachés au dépôt comme instructeurs, et l'autre partie parmi des anciens officiers de cavalerie capables de perfectionner l'instruction de ces quatre compagnies et de les conduire au combat (¹). »

A ces quatre compagnies de hussards s'ajoutèrent deux compagnies dites de hussards des Alpes, ci-devant dragons de la Montagne, l'excédent de la compagnie des guides de l'armée des Alpes et une compagnie de cavaliers de correspondance. Le régiment n'eut donc à sa création que huit compagnies et quatre escadrons.

Sur l'observation du général Walther, chargé de son organisation, que les chevaux de la compagnie de correspondance étaient d'une taille plus élevée que celle des chevaux de hussards, que les hommes de cette compagnie se trouvaient « montés, équipés et habillés à quelque chose près en la forme de dragons », un arrêté des représentants du peuple près l'armée des Alpes, signé à Grenoble le 25 pluviôse an III (13 février 1795), ordonna que cette compagnie serait versée dans le 9ᵉ dragons et que, « pour mettre le régiment de hussards sur le même pied et la même force qu'il se trouvait avant l'extraction de la compagnie ci-dessus énoncée, il sera pris douze hommes, avec leurs chevaux et équipement en entier, de chacune des compagnies restantes audit régiment de hussards qui n'a pas encore pris son rang et son numéro. Ces hommes, montés et équipés, formeront le noyau d'une compagnie pour le complétement d'un quatrième escadron dudit régiment.

« Toutes les compagnies de ce même régiment de hussards seront mises incessamment au complet en prenant les hommes qui sont nécessaires dans le dépôt de cavalerie extraordinaire déjà établi à Vienne. Les chevaux seront pris à fur et mesure qu'il en entrera dans ce dépôt qui se trouve établi dans la même commune (²). »

Médiocrement composé, comptant un assez grand nombre d'officiers qui n'avaient servi que dans l'infanterie, le 13ᵉ hussards ne devait avoir qu'une existence éphémère. Son indiscipline obli-

---

(¹) Lettre adressée au Comité de salut public par les officiers des quatre compagnies de hussards créées au dépôt de Vienne, le 5 ventôse an III (23 février 1795) [carton du 13ᵉ hussards, Arch. histor.).

(²) Carton du 13ᵉ hussards (Arch. histor.).

gera le Directoire à décréter sa suppression en floréal an IV (avril-mai 1796).

Si nous comparons la composition des troupes à cheval en fructidor an II (août-septembre 1794) et en germinal an III (mars-avril 1795), nous n'y trouverons de modifications que dans le nombre des régiments de chasseurs et de hussards. Les effectifs en hommes et le nombre des escadrons n'auront donc point varié.

En fructidor an II :	ESCADRONS	En germinal an III :	ESCADRONS
RÉGIMENTS		RÉGIMENTS	
2 de carabiniers, à 4 esc. . . .	8	2 de carabiniers, à 4 esc. . . .	8
25 de cavalerie, à 4 esc.	100	25 de cavalerie, à 4 esc. . . .	100
20 de dragons, à 6 esc.	120	20 de dragons, à 6 esc. . . .	120
24 de chasseurs, à 6 esc. (numérotés de 1 à 16 et de 19 à 25, en plus le 13ᵉ *bis*)	144	23 de chasseurs, à 6 esc. (numérotés de 1 à 16 et de 19 à 25)	138
13 de hussards, à 6 esc. (12 rég. et le 7ᵉ *bis*)	78	14 de hussards, à 6 esc. (13 rég. et le 7ᵉ *bis*)	84
	450		450

Ce sont là les chiffres théoriques. En réalité, ce nombre d'escadrons ne fut pas tout à fait atteint, car, comme nous l'avons montré dans un précédent volume, la plupart des régiments de dragons ne purent jamais former leur sixième escadron soit par le manque d'hommes, soit surtout par le manque de chevaux.

Ces 450 escadrons auraient dû représenter près de 100 000 hommes ainsi répartis :

	OFFICIERS	HOMMES
Cavalerie et carabiniers	864	18 144
Dragons, chasseurs et hussards.	3 306	77 064
	4 170	95 208
Soit, au total. . . .		99 378

Il y eut un moment où ce total fut atteint et même dépassé, en fructidor an II (septembre 1794), à l'époque où l'organisation des troupes à cheval, confiée aux représentants du peuple, avait atteint son apogée, à l'époque où les armées de la Révolution ont offert le maximum d'hommes présents sous les armes. C'est, en effet, dans les deux mois de fructidor an II et de vendémiaire an III (septembre et octobre 1794) que les forces actives, mises sur pied par la Convention, ont donné leur rendement maximum.

Si l'on consulte le « tableau de la force des armées de la République », établi par les soins du ministre de la guerre Pétiet en l'an V (¹), on voit qu'en fructidor an II, nos armées comptaient un effectif total de 1 026 952 hommes, sur lesquels 732 474 étaient présents sous les armes. Ces chiffres atteignent leur maximum en vendémiaire an III, soit 1 169 144 hommes pour l'effectif total, et 749 545 hommes pour l'effectif des présents sous les armes. A partir de vendémiaire an III (septembre-octobre 1794) jusqu'à l'avènement du Directoire, le chiffre des présents sous les armes ira en décroissant d'une façon constante. Jusqu'en floréal an III (avril-mai 1795), l'effectif global restera au-dessus d'un million d'hommes, mais suivra ensuite la même progression décroissante.

Les archives de la guerre possèdent une situation générale des armées de la République établie du 1ᵉʳ au 30 fructidor an II (18 août au 16 septembre 1794)[²]. Elle diffère un peu des chiffres donnés par Pétiet pour la même période. Elle indique, en effet, 1 075 664 hommes pour le total général et 869 304 hommes pour le nombre des présents sous les armes. Cette situation donne l'effectif global des troupes à cheval par armée, non compris les officiers, mais y compris les disponibles et les non-disponibles (les hommes aux hôpitaux, prisonniers de guerre, au dépôt, en garnison). Nous la reproduisons, en détail, pour les troupes à cheval, et, en résumé, pour l'ensemble des armées. Comme on le verra, la cavalerie formait environ le dixième de nos forces militaires. Elle dépassait 100 000 hommes en y comprenant les officiers (³).

(¹) Rapport fait par le ministre de la guerre au Directoire exécutif, depuis le 14 brumaire an IV jusqu'au mois de pluviôse an V (bibliothèque du ministère de la guerre, F₁ b 110).

(²) Carton des situations générales des armées de la République (1791-1802) [Arch. histor.]. C'est, croyons-nous, une situation établie par le commissaire Pille pour être remise au Comité de la guerre de la Convention.

(³) Nous n'avons pas d'indications sur les effectifs en chevaux, ni sur les effectifs en combattants. Nous avons vu, dans un volume précédent, *La Cavalerie pendant la Révolution, la Crise*, que l'on comptait un peu plus de 50 000 cavaliers sous les armes en messidor an II. Ce dernier chiffre devait être à peu près équivalent en fructidor an II.

Situation générale des armées de la République
du 1ᵉʳ au 30 fructidor an II (du 18 août au 16 septembre 1794)

Troupes à cheval

	CAVALERIE	DRAGONS	CHASSEURS	HUSSARDS
Armée du Nord	5 389	2 341	6 375	2 714
Sambre et Meuse.	8 270	4 793	8 183	992
Ardennes	494	1 000	2 000	562
Moselle	3 772	2 868	2 831	2 215
Rhin	5 456	3 017	6 215	1 346
Alpes.	1 314	343	»	»
Italie	»	2 800	»	789
Pyrénées orientales.	1 374	1 940	2 982	1 489
Pyrénées occidentales.	378	897	371	2 745
Ouest.	950	226	2 115	318
Côtes de Brest.	837	1 630	377	94
Côtes de Cherbourg	457	»	»	»
Divisions Favereau et Liébert .	1 544	350	1 150	140
	30 235	22 205	32 599	13 404

98 443

Résumé général : Force des armées

Effective.		Officiers d'infanterie, d'artillerie et de cavalerie.	30 949		
	Infanterie.	Infanterie.	766 105	882 323	
		Infanterie légère.	116 218		
	Artillerie.	Artillerie.	60 265	63 949	1 075 064
		Artillerie légère.	3 684		
	Cavalerie.	Cavalerie.	30 235	98 443	
		Dragons.	22 205		
		Chasseurs.	32 599		
		Hussards.	13 404		
Disponible		dans les garnisons	156 949	869 304	
		sous la toile	608 785		
		Détachés et au dépôt	103 570		1 075 064
Non disponible.		Prisonniers de guerre.	11 875	206 360	
		Congés et permissions.	19 608		
		Hôpitaux	174 877		

A la date du 10 pluviôse an III (29 janvier 1795), une situation des troupes à cheval ne donne plus, en chiffres ronds, que 80 000 hommes (officiers compris) et 60 000 chevaux. Il manque donc le cinquième de l'effectif en hommes, les deux cinquièmes de l'effectif en chevaux.

A la même époque, d'après le tableau établi par Pétiet, nos forces militaires atteignent encore 1 064 600 hommes, mais ne comprennent plus que 682 378 hommes présents sous les armes.

Situation des troupes à cheval de la République à l'époque du 10 pluviôse an III (29 janvier 1795) [1]

NUMÉROS des corps	DÉSIGNATION des armées	EFFECTIF		EFFECTIF		LIEUX DES DÉPÔTS
		en officiers	en hommes	en chevaux d'officiers	en chevaux de troupe	
	Cavalerie					
1er (carab.)	Nord	35	633	46	549	Abbeville.
2e (carab.)	Nord	36	625	45	553	Amiens.
1er	Nord	33	606	51	506	Amiens.
2e	Rhin	31	772	20	481	Colmar.
3e	Sambre et Meuse.	26	559	46	305	Namur, Maubeuge, Liège.
4e	Sambre et Meuse et Moselle.	31	915	47	625	Nancy.
5e	Italie	36	681	39	533	Arles.
6e	Sambre et Meuse.	30	591	34	430	Beauvais.
7e	Sambre et Meuse.	28	495	46	409	Beauvais.
8e	Sambre et Meuse.	29	553	63	413	Beauvais.
9e	Rhin	27	682	48	321	Colmar.
10e	Sambre et Meuse et Moselle.	26	699	49	698	Nancy.
11e	Moselle	38	627	53	614	Nancy.
12e	Rhin	29	795	29	484	»
13e	Sambre et Meuse.	35	624	36	481	Beauvais.
14e	Moselle	37	642	58	491	Nancy.
15e	Sambre et Meuse.	38	718	67	530	Vaucouleurs.
16e	Sambre et Meuse.	32	564	58	410	Beauvais.
17e	Sambre et Meuse.	25	453	29	365	Maestricht.
18e	Rhin	33	851	32	345	Phalsbourg.
19e	Nord	38	593	50	488	Beauvais.
20e	Nord	21	510	22	414	Lille.
21e	Nord	35	388	31	140	Termonde.
22e	Sambre et Meuse.	15	413	38	213	Mons.
23e	Sambre et Meuse.	36	777	36	453	Vaucouleurs.
24e	Brest	36	782	40	574	»
25e	Sambre et Meuse.	14	777	19	186	Louvain et Bruxelles.
	Total.	830	17 125	1 132	11 927	
	Dragons					
1er	Sambre et Meuse.	52	958	59	774	Pont-à-Mousson.
2e	Nord	35	944	45	749	Compiègne
3e	Sambre et Meuse.	45	1 147	60	1 040	Compiègne.
4e	Moselle	35	1 290	39	731	Phalsbourg.
	A reporter.	167	4 339	203	3 294	

(1) Carton des situations générales des armées de la République (1791-1802) [Archives historiques]. Il est à remarquer que le 7e *bis* hussards a été oublié sur cette situation. Par contre, elle mentionne encore le 13e *bis* chasseurs qui allait être supprimé.

NUMÉROS des corps	DÉSIGNATION des armées	EFFECTIF en officiers	en hommes	EFFECTIF en chevaux d'officiers	en chevaux de troupe	LIEUX DES DÉPÔTS
						Dragons (*suite*)
	Report. . . .	167	4.339	203	5 294	
5e	Sambre et Meuse.	39	909	61	689	Commercy.
6e	Nord et Sambre et Meuse. .	53	1 210	43	961	Noyon et Chauny.
7e	Sambre et Meuse.	57	1 286	60	1 092	Compiègne et Toul.
8e	Rhin	38	1 225	54	665	Phalsbourg.
9e	Italie	21	779	22	697	Tarascon.
10e	Sambre et Meuse.	28	868	41	445	Commercy.
11e	Sambre et Meuse.	46	1 085	76	850	Compiègne et Toul.
12e	Sambre et Meuse.	47	1 259	51	890	Noyon.
13e	Nord	51	940	72	790	Compiègne.
14e	Sambre et Meuse.	49	925	58	750	Pont-à-Mousson.
15e	Pyrénées orientales	58	1 352	42	1 078	Carcassonne.
16e	Brest	27	517	54	578	»
17e	Rhin	34	1 056	39	622	Saverne.
18e	Pyrénées occidentales . . .	35	1 184	107	1 184	Saint-Jean-de-Luz.
19e	Moselle	56	1 014	60	764	Toul.
20e	Italie	42	864	175	632	Aix.
	Total.	849	20 812	1 118	15 978	
						Chasseurs
1er	Sambre et Meuse et Moselle.	53	1 118	94	940	Lunéville.
2e	Sambre et Meuse et Rhin. .	112	2 237	114	1 349	Besançon et Braisne-le-Comte.
3e	Sambre et Meuse.	13	502	21	94	Soissons.
4e	Rhin.	53	982	40	859	Besançon.
5e	Nord	53	911	60	749	Soissons.
6e	Sambre et Meuse.	54	1 149	58	694	Soissons.
7e	Ouest	60	1 110	66	828	»
8e	Rhin et Ouest	55	1 107	50	994	Besançon.
9e	Sambre et Meuse et Moselle.	67	1 149	107	1 118	Lunéville.
10e	Rhin et Ouest	63	1 359	51	1 268	Besançon.
11e	Sambre et Meuse.	31	1 159	67	740	Verdun et Soissons.
12e	Nord et Sambre et Meuse. .	103	1 403	95	1 669	Soissons, Villers-Cotterets et Stenay.
13e	Sambre et Meuse.	11	566	23	161	Valenciennes et Soissons.
13e bis	Nord	48	1 012	68	541	Lille.
14e	Brest	31	1 058	79	627	»
15e	Ouest.	43	808	54	955	»
16e	Sambre et Meuse et Brest .	23	465	42	182	Soissons.
17e, 18e	(Licenciés.)	»	»	»	»	»
19e	Sambre et Meuse et Moselle.	56	851	102	660	Lunéville et Metz.
20e	Sambre et Meuse.	37	779	69	399	Verdun.
21e	Nord	56	996	81	748	Douai.
22e	Pyrénées orientales	64	1 265	90	1 249	Carcassonne.
23e	Nord et Sambre et Meuse. .	50	864	44	534	Lier et Soissons.
24e	Pyrénées occidentales . . .	42	1 179	106	1 055	Bayonne et Toulouse.
25e	Sans dénomination, Italie. .	29	632	52	577	Marseille.
	Total.	1 207	24 721	1 633	19 508	

NUMÉROS des corps	DÉSIGNATION des armées	EFFECTIF		EFFECTIF		LIEUX DES DÉPÔTS
		en officiers	en hommes	en chevaux d'officiers	en chevaux de troupe	
Hussards						
1er	Pyrénées orientales	60	1 604	147	1 703	Marseille et Cuxore.
2e	Sambre et Meuse.	28	861	50	447	Saint-Mihiel.
3e	Nord et Sambre et Meuse. .	50	1 366	55	723	Reims et Mézières.
4e	Sambre et Meuse.	33	580	74	504	Laon.
5e	Nord et Sambre et Meuse. .	53	1 212	70	690	Reims et Châlons.
6e	Nord	44	1 122	82	703	Courtrai, Tournai, Menin, Ypres.
7e	Rhin	70	1 447	72	898	Lunéville et Besançon.
8e	Nord	53	1 115	86	715	Reims.
9e	Nord	34	701	32	522	Laon et Gand.
10e	Nord	34	667	56	544	Soissons.
11e	Ouest et Brest.	58	1 278	44	210	»
12e	Pyrénées occidentales . . .	35	953	80	617	»
Hussards de nouvelle formation	Alpes	30	642	58	788	»
	Total.	582	13 638	906	9 007	

RÉCAPITULATION

	EFFECTIF		EFFECTIF EN CHEVAUX		MANQUE AU COMPLET		
	en officiers	en hommes	d'officiers	de troupe	en officiers	en hommes	en chevaux
Cavalerie	830	17 125	1 131	11 927	34	1 550	6 082
Dragons.	849	20 812	1 118	15 978	211	6 228	13 460
Chasseurs.	1 207	24 721	1 633	19 008	185	7 727	13 460
Hussards	582	13 638	906	9 007	172	4 375	8 812
Total des troupes à cheval. .	3 468	76 296	4 789	55 980	602	19 880	39 336

Enfin, si nous arrivons à l'époque où la Convention se préparait à remettre ses pouvoirs au Directoire, nous voyons ces chiffres tomber encore plus bas. A partir de l'an IV, les registres des mouvements des troupes, que possèdent les archives de la guerre, sont tenus avec plus de soin que durant les premières années de la Révolution. Ils nous ont permis d'établir la situation ci-après des troupes à cheval où sont portés les effectifs, en hommes et en chevaux, des escadrons de campagne et des dépôts.

Effectif (escadrons de campagne et dépôts) à la date du 1er brumaire ou aux dates voisines du 1er brumaire an IV [23 octobre 1795]

NUMÉROS DES CORPS et désignation des armées	ESCADRONS DE CAMPAGNE				DÉPÔTS			
	Dates	Emplacements	Hommes	Chevaux	Dates	Emplacements	Hommes	Chevaux
Cavalerie								
1er carabin. (Rhin et Moselle)	1er brumaire.	Devant Mannheim	541	401	1er brumaire.	Lunéville	210	38
2e carab'n. (Rhin et Moselle)	1er brumaire.	Devant Mannheim	535	538	25 brumaire.	Lunéville	280	24
1er cavalerie (Intérieur)	1er frimaire.	Rouen	583	497	25 frimaire.	Lille	93	10
2e (Rhin et Moselle)	1er brumaire.	Benfeld	365	203	1er brumaire.	Lunéville	392	10
3e (Rhin et Moselle)	1er brumaire.	Devant Mannheim	175	176	1er brumaire.	Lunéville	343	33
4e (Rhin et Moselle)	1er brumaire.	Metz	600	389	1er brumaire.	Lunéville	106	24
5e (Alpes)	1er brumaire.	Arles	419	324	1er brumaire.	Arles	418	294
6e (Sambre et Meuse)	1er brumaire.	Division de cavalerie	478	467	1er frimaire.	Metz	226	48
7e (Sambre et Meuse)	10 brumaire.	Luxembourg	501	352	10 nivôse.	Metz	139	128
8e (Sambre et Meuse)	1er brumaire.	Division de cavalerie	446	467	4 frimaire.	Maubeuge	88	78
9e (Rhin et Moselle)	1er brumaire.	Devant Mannheim	400	387	1er brumaire.	Lunéville	121	7
10e (Sambre et Meuse)	1er brumaire.	Division de cavalerie	537	442	21 brumaire.	Metz	100	130
11e (Rhin et Moselle)	1er brumaire.	Ebersheim	332	303	1er brumaire.	Lunéville	248	12
12e (Rhin et Moselle)	1er brumaire.	Rixheim	515	312	1er brumaire.	Lunéville	197	7
13e (Sambre et Meuse)	1er brumaire.	Division de cavalerie	537	422	1er frimaire.	Beauvais	111	8
14e (Rhin et Moselle)	1er brumaire.	Devant Mannheim	373	391	25 frimaire.	Nancy	183	53
						Nancy	155	40
15e (Rhin et Moselle)	1er brumaire.	Worms	487	419	25 frimaire.	Berlenbach, près Wissembourg	7	8
16e (Intérieur)	21 vendémiaire.	Paris	381	»	1er brumaire.	Beauvais	291	»
17e (Intérieur)	25 frimaire.	Béthune	254	138	25 frimaire.	Béthune	254	138
						Nancy	186	28
18e (Rhin et Moselle)	25 frimaire.	Forbach	323	173	25 frimaire.	Handsbach, près Wissembourg	23	25
19e (Nord)	25 frimaire.	Bruges et Ostende	178	169	25 frimaire.	Lille	138	40
		Paris (École militaire)	181	177				
20e (Intérieur)	23 brumaire.	Versailles	371	315	25 brumaire.	Lille	82	16
21e (Rhin et Moselle)	1er brumaire.	Finden	442	254	1er brumaire.	Lunéville	24	6
22e (Intérieur)	1er frimaire.	Verneuil	103	102	25 brumaire.	Meaux	170	185
		Chartres	342	335				
23e (Sambre et Meuse)	10 brumaire.	Arlon et Luxembourg	459	348	25 brumaire.	Vaucouleurs	205	32
24e (Armée de l'Océan)	1er brumaire.	Caen	390	»	1er brumaire.	Carentan	159	»
		Guingamp	143	47				
25e (Nord)	25 frimaire.	Mons et Tournai	184	89	25 frimaire.	Beauvais	228	13
	TOTAUX		11 684	8 543	TOTAUX		5 187	1 385
Dragons								
1er (Sambre et Meuse)	1er brumaire.	7e division	711	658	25 frimaire.	Commercy	199	157
2e (Sambre et Meuse)	1er brumaire.	Division Colaud	857	825	1er brumaire.	Douai	160	103
3e (Intérieur)	25 frimaire.	Versailles	1 292	590	»	»	»	»
4e (Rhin et Moselle)	1er brumaire.	Jeptsheim	616	469	1er brumaire.	Toul	291	19
5e (Italie)	1er brumaire.	Marseille	774	»	4	»	»	»
6e (Rhin et Moselle)	1er brumaire.	Lambenheim	814	648	1er brumaire.	Toul	476	109
7e (Sambre et Meuse)	1er brumaire.	6e division	803	517	15 frimaire.	Thionville	234	21
8e (Alpes)	10 brumaire.	Lyon et Montbrison	555	570	10 brumaire.	Vienne	384	151
9e (Alpes)	25 brumaire.	Albenga et Oneille	520	160	25 brumaire.	Tarascon	543	99
10e (Rhin et Moselle)	1er brumaire.	Gambsheim	577	407	1er brumaire.	Toul	202	92
11e (Sambre et Meuse)	1er brumaire.	6e division	595	491	1er frimaire.	Pont-à-Mousson	176	184
12e (Sambre et Meuse)	1er brumaire.	7e division	909	658	15 frimaire.	Pont-à-Mousson	169	»
13e (Côtes de l'Ouest)	25 vendémiaire.	Challans	256	271	1er brumaire.	Douai	171	60
	10 brumaire.	Nantes	287	329				
14e (Sambre et Meuse)	25 frimaire.	Camp de Greisdorff	640	457	25 frimaire.	Commercy	170	181
15e (Midi)	1er brumaire.	Toulouse	692	»	»	»	»	»
16e (Nord)	25 brumaire.	Lille	1 049	838	»	»	»	»
17e (Rhin et Moselle)	1er brumaire.	Hagenheim	665	286	1er brumaire.	Toul	485	13
18e (Océan)	25 nivôse.	Libourne	531	145	25 nivôse.	Fontenai-le-Peuple	27	27
19e (Rhin et Moselle)	1er brumaire.	Guntzenheim	643	421	1er brumaire.	Toul	277	58
20e (Alpes)	10 brumaire.	Lyon	568	408	25 brumaire.	Aix	128	98
	TOTAUX		14 309	9 238	TOTAUX		3 982	1 882
Hussards								
1er (Intérieur, Midi)	1er brumaire.	Carpentras, Tarascon, Rodez, Avignon, Nîmes et Orange	1 007	816	1er brumaire.	Avignon	106	»
2e (Sambre et Meuse)	25 frimaire.	Camp de Greminguen	547	485	25 frimaire.	Saint-Mihiel	365	232
	A reporter		1 554	1 301	A reporter		471	232

NUMÉROS DES CORPS et désignation des armées	ESCADRONS DE CAMPAGNE				DÉPÔTS			
	Dates	Emplacements	Hommes	Chevaux	Dates	Emplacements	Hommes	Chevaux

Hussards (Suite)

NUMÉROS DES CORPS et désignation des armées	Dates	Emplacements	Hommes	Chevaux	Dates	Emplacements	Hommes	Chevaux
		Report.	1 554	1 301		Report.	471	232
3e (Nord)	25 frimaire.	La Haye.	367	370	25 frimaire.	La Haye.	458	404
		Breda.	277	234		Reims.	165	105
		Geretzheim	366	221				
4e (Sambre et Meuse)	25 frimaire.	Camp de Greminguen	655	426	25 frimaire.	Saint-Mihiel	386	184
5e (Nord)	25 frimaire.	La Haye.	399	429				
		Zutphen.	438	247	25 frimaire.	Reims.	84	79
		Binrad.	287	193				
6e (Côtes de Brest)	25 brumaire.	Nantes.	201	301	25 frimaire.	Angers	440	229
	10 brumaire.	Bourgneuf.	307	»				
7e (Rhin et Moselle)	1er brumaire.	En avant de Mannheim.	856	606	1er brumaire.	Pontarlier.	371	36
7e bis (Italie)	1er brumaire.	Nice.	596	138	8 frimaire.	Tarascon.	371	46
		Albenga et Oneille.	199	199				
8e (Rhin et Moselle)	1er brumaire.	Camp de Neckereim.	740	719	1er brumaire.	Reims.	496	»
9e (Côtes de Cherbourg)	25 brumaire.	Caen	982	754	25 brumaire.	Bayeux	218	136
10e (Côtes de Brest)	1er brumaire.	Pontivy.	589	184	»	»	»	»
11e (Ouest) [?]	25 frimaire.	La Grolière	133	22				
		Cholet.	39	26	25 frimaire.	Parthenay.	505	57
		Chartres.	46	47				
		Angers	95	»				
12e (Océan)	10 ventôse.	La Châteigneraie	133	137	10 ventôse.	Saint-Maixent	391	234
13e (Italie)	1er brumaire.	Alassio	61	61				
		Sospello.	58	57	1er brumaire.	Aix.	112	119
		Nice.	107	130				
		TOTAUX.	9 585	6 802		TOTAUX.	4 468	1 861

Chasseurs

NUMÉROS DES CORPS et désignation des armées	Dates	Emplacements	Hommes	Chevaux	Dates	Emplacements	Hommes	Chevaux
1er (Sambre et Meuse)	1er brumaire.	1re division.	1 002	801	25 brumaire.	Sarrelibre.	177	94
2e (Rhin et Moselle)	1er brumaire.	Marienborn	997	506	1er brumaire.	Besançon	360	83
3e (Sambre et Meuse)	1er brumaire.	4e division	1 037	724	25 brumaire.	Trèves.	81	87
					1er frimaire.	Braisne	659	337
4e (Rhin et Moselle)	1er brumaire.	Boffsheim	913	348	1er brumaire.	Besançon	367	41
5e (Nord)	25 frimaire.	Groningue	941	917	25 brumaire.	Valenciennes	244	156
6e (Sambre et Meuse)	1er brumaire.	1re division.	878	607	1er frimaire.	Soissons.	394	114
7e (Océan)	25 vendémiaire.	Challans.	46	41	25 vendémiaire.	Poitiers	298	105
		Fontenay	682	»				
8e (Rhin et Moselle)	1er brumaire.	Devant Mannheim	1 075	718	1er brumaire.	Besançon	165	32
9e (Sambre et Meuse)	1er brumaire.	1re division.	808	711	25 brumaire.	Verdun	301	161
10e (Alpes)	10 brumaire.	Tournoux	302	158				
		Lyon et Vienne.	658	446	10 brumaire.	Chambéry.	105	84
11e (Sambre et Meuse)	1er brumaire.	5e division	574	503	25 brumaire.	Verdun	345	136
12e (Sambre et Meuse)	1er brumaire.	3e division	983	837	1er frimaire.	Villers-Cotterets	333	261
13e (Nord)	25 brumaire.	Saint-Omer.	119	97	25 brumaire.	Valenciennes.	227	126
		Lille.	485	314		Bruxelles	107	78
14e (Océan)	25 frimaire.	Port-Malo.	429	149	25 frimaire.	Le Mans.	589	»
15e (Océan)	10 brumaire.	Les Sables.	107	»	25 brumaire.	Niort	393	112
16e (Côtes de Cherbourg)	25 frimaire.	1re div. dite du Calvados.	1 104	760	25 frimaire.	Falaise.	219	»
19e (Sambre et Meuse)	25 frimaire.	Près Cologne.	584	654	25 frimaire.	Mézières.	71	18
20e (Rhin et Moselle)	1er brumaire.	En avant de Mannheim.	546	484	1er brumaire.	Stenay.	215	94
		Mézières.	155	»				
21e (Intérieur)	1er frimaire.	Paris (École militaire).	751	371	»	»	»	»
22e (Italie)	25 frimaire.	Marseille.	1 337	485	25 frimaire.	Aix.	70	70
23e (Nord)	25 frimaire.	Zwolle.	451	417	25 brumaire.	Valenciennes.	302	111
		Bezendorff.	516	289				
24e (Midi) [11e division milit.]	17 brumaire.	Agen, Pau et Bayonne.	84	90	10 frimaire.	Agen.	214	180
		Sainte-Reine.	46	46				
		La Pieva.	50	50				
25e (Italie)	1er brumaire.	Sospello	317	277	1er brumaire.	Arles	70	»
		Saint-Martin.	48	45				
		Toulon, Arles	148	142				
Chasseurs de la Côte-d'Or	10 brumaire.	Cholet.	295	130	1er brumaire.	Saumur.	97	44
		TOTAUX.	18 288	12 117		TOTAUX.	6 408	2 419

RÉCAPITULATION

	ESCADRONS DE CAMPAGNE		DÉPÔTS	
	Hommes	Chevaux	Hommes	Chevaux
Cavalerie	11 684	8 543	5 187	1 385
Dragons	14 309	9 238	3 982	1 382
Hussards	9 585	6 802	4 468	1 861
Chasseurs	18 288	12 117	6 408	2 419
TOTAUX.	53 866	36 700	20 040	7 047

	Hommes	Chevaux
TOTAL GÉNÉRAL des escadrons de campagne et dépôts	73 906	43 747

On voit, par ces tableaux, que l'effectif des escadrons de campagne ou des corps réunis à l'intérieur n'est que de 53 866 hommes et 36 700 chevaux (soit un homme et demi par cheval).

Les dépôts renferment 20 040 hommes et 7 047 chevaux (soit trois hommes par cheval).

La force de nos troupes à cheval n'est plus, en chiffres ronds, que de 74 000 hommes, officiers compris, et de 44 000 chevaux.

Comme il manque quelques chiffres aux tableaux précédents, on peut, avec vraisemblance, grossir ce total d'environ 1 000 hommes et 3 000 chevaux (2 000 pour les escadrons de campagne, 1 000 pour les dépôts) et évaluer à 75 000 hommes et 47 000 chevaux (1) l'effectif de nos troupes à cheval au 1er brumaire an IV (23 octobre 1795).

Il manque donc, sur le complet théorique de près de 100 000 hommes et de 100 000 chevaux, le quart des hommes et plus de la moitié des chevaux.

L'effectif des combattants ne dépasse guère 38 000 hommes montés, et, si l'on faisait entrer en ligne de compte les chevaux indisponibles, les cavaliers détachés, employés comme ordonnances, etc., ce nombre ne serait certainement pas atteint.

A l'avènement du Directoire, le total de nos forces militaires est tombé à 758 000 hommes, dont 440 000 seulement sont présents sous les armes (2). Les 38 000 combattants des troupes à cheval représentent environ le douzième de nos forces agissantes.

Nous avons exposé plus haut les causes des pertes en chevaux aux armées qui dépassèrent toute prévision et firent en quatorze mois, de messidor an II (juin 1794) à brumaire an IV (octobre 1795), tomber le nombre de nos cavaliers en état de combattre

---

(1) Ce dernier chiffre peut être considéré comme un maximum. Le 28 pluviôse an V (16 février 1797), le ministre de la guerre, Pétiet, établissait le relevé des chevaux existant dans les corps au 1er vendémiaire an IV (23 septembre 1795). Ce relevé ne donne que 44 489 chevaux pour les troupes à cheval et les huit régiments d'artillerie légère (Premier rapport de Pétiet sur l'administration du département de la guerre, bibliothèque du ministère de la guerre, F 1 b 110).

(2) Tableau de la force des armées de la République en brumaire an IV (oct. 1795) [Premier rapport de Pétiet sur l'administration du département de la guerre, bibliothèque du ministère de la guerre, F 1 b 110].

du chiffre de 55 000 à 38 000. Il reste à expliquer comment les effectifs de notre cavalerie, qui dépassaient 100 000 hommes en fructidor an II (septembre 1794), atteignaient à peine 75 000 hommes un an plus tard.

Dans cet intervalle, aucune mesure n'a été prise pour recruter nos armées et pour réparer les pertes en hommes causées par les maladies, les combats, la désertion. Les municipalités ferment les yeux sur les hommes de la réquisition qui rentrent dans leurs foyers par désertion(1). A l'armée de Sambre et Meuse, qui a gardé cependant sa discipline, Jourdan signale une désertion considérable. « Elle fait des progrès effrayants dans l'armée », écrit-il à la date du 30 vendémiaire an IV (22 octobre 1795)[2]. Un mois plus tard, il est prévenu par Kléber que la désertion désorganise les troupes sous ses ordres(3). A l'armée de Rhin et Moselle, les déserteurs trouvent sur les derrières de l'armée une impunité qui multiplie les défaillances dans ses rangs. Enfin il se fait un abus continuel des réquisitions qui rappellent nombre de combattants dans l'intérieur de la France. Il n'est point de parents qui ne fassent agir auprès des pouvoirs publics, des Comités de gouvernement, des représentants du peuple en mission, des généraux, des commissaires des guerres, etc., pour obtenir que leurs enfants leur soient rendus sous prétexte de les employer dans les manufactures qui travaillent pour le compte de l'État. Les manufactures d'armes, entre autres, sont remplies de jeunes gens qui

---

(1) Beaucoup d'hommes entraient aux hôpitaux et ne reparaissaient plus ensuite à leurs corps. Les régiments comptaient ainsi à leur effectif, vers la fin de l'an III, un grand nombre de cavaliers sur le sort desquels les conseils d'administration n'avaient aucun renseignement. Leur radiation des contrôles sera seulement prononcée au début de 1796, à la suite de la réorganisation des troupes à cheval, ordonnée par le Directoire en nivôse an IV. Dans une lettre du 24 nivôse an IV (14 janvier 1796), le chef de brigade Boulland, du 15e dragons, faisait observer qu'au 2 vendémiaire an IV (24 septembre 1795), l'effectif de son régiment « était de 1 521 hommes, dont 61 prisonniers de guerre et 956 aux hôpitaux, non compris ceux à l'hôpital du lieu.

« Cette différence ne provient que du peu d'exactitude que mettent les autorités constituées et la gendarmerie à faire rentrer ceux qui sont chez eux et à donner avis de ceux qui sont morts dans leurs foyers ; aux (sic) directeurs des hôpitaux à donner connaissance au régiment de ceux qui y sont morts, et à la trop grande facilité qu'ont eue les officiers de santé à délivrer des congés de convalescence et qu'ils ont de donner des certificats pour congés de réforme pour maladie invisible et visible, supposée... » (Carton du 15e dragons, Arch. histor.)

(2) Correspondance de l'armée de Sambre et Meuse (Arch. histor.).

(3) Registre de Jourdan, à la date du 30 brumaire an III (20 novembre 1795) [registre 1 a/45, Arch. histor.].

se sont soustraits par cette voie au service des armées. A l'entrée de l'hiver de 1794, les réquisitions sont déjà assez importantes pour que Gillet, alors en mission à l'armée de Sambre et Meuse, écrive à ses collègues du Comité de salut public, le 13 frimaire an III (3 décembre 1794) : « Les réquisitions, autres que celles qui ont pour objet les manufactures d'armes, ont enlevé plus de 10.000 hommes à cette seule armée et l'affaiblissent tous les jours (¹). » Elles ont pris un tel développement, six mois plus tard, que Gillet entrevoit le moment où l'armée sera épuisée par les vides répétés que les réquisitions opèrent dans son sein. Le 5 fructidor an III (22 août 1795), il écrivait au Comité de salut public : « Je vous préviens, chers collègues, que les circonstances m'ont forcé à suspendre provisoirement la levée de 1.000 sapeurs qui devait être faite dans l'armée de Sambre et Meuse pour le canal de Landrecies. Si vous n'arrêtez pas promptement les moyens par lesquels on affaiblit chaque jour les différents corps de l'armée, il faut compter qu'il n'en existera plus avant que ce ne soit peu de mois. Depuis deux ans, elle n'a pas été recrutée. Elle a essuyé de grandes pertes pendant la campagne dernière où elle a donné 7 batailles et (pris) 8 places fortes. Une multitude de réquisitions, plus ou moins abusives, contre lesquelles je n'ai cessé de réclamer et qui se renouvellent encore aujourd'hui, ont déjà enlevé plus de 10.000 hommes : 1.500 charretiers viennent d'être fournis à l'entrepreneur des charrois. De nombreux détachements ont été envoyés à Paris pour la garde de la Convention, pour la légion de police générale. Nos bataillons sont réduits à 300 et 400 hommes, et ils s'affaiblissent tous les jours, même sans combattre... Au moment où je finissais cette lettre, je reçois l'ordre de l'armée pour fournir encore 13 hommes par bataillon pour le service des charrois, ce qui fait une perte d'environ 2.400 hommes. De son côté, Pille fait pleuvoir des réquisitions pour faire rentrer dans l'intérieur une multitude d'hommes sous prétexte de conduire des charrettes à quatre chevaux (²). »

(¹) Registre de correspondance de Gillet, 1 a/11 34 (Arch. histor.).
(²) Registre de correspondance de Gillet, 1 a/8 21 (Arch. histor.).

CHAPITRE VII

EXAMEN DE L'ŒUVRE DE LA CONVENTION

Ces troupes, si réduites en nombre, étaient encore dans un
état précaire sous le rapport des vivres, de l'habillement, de
l'équipement et de l'armement. Durant les campagnes de 1794
et 1795, nos soldats connurent souvent les angoisses de la faim.
Leurs privations dérivaient du manque de magasins et d'une
administration vicieuse, remplie de fripons. En face des souffrances de l'armée, ces derniers rivalisaient « d'intrigue et d'or-
gueil (¹) », et étalaient un luxe insolent. « Je ne vois de personne
à son aise, disait Pfliéger dans une lettre à Rewbell du 3 brumaire an IV (25 octobre 1795), que les employés de toute espèce
et en grande quantité des vivres et fourrages, que d'autres employés dans les magasins militaires où il y a des marchés à faire,
qui font un train scandaleux, dont les salaires d'un mois ne pourraient point suffire pour un jour (²). » Les administrations étaient
multipliées outre mesure sans qu'aucune encourût de responsabilité bien définie. Les fournisseurs du pain et de la viande étaient
seulement chargés d'assembler les subsistances. C'était l'administration des charrois qui devait les faire parvenir aux armées.
Cent fois, pendant la campagne de 1794, Gillet avait entendu les
soldats lui dire : « Menez-nous au combat. Nous aimons mieux
périr honorablement que de mourir de faim (³). » La lecture du
registre d'ordres du général Dubois, commandant une division de

---

(¹) Lettre de Gillet à ses collègues à Bruxelles, du 10 frimaire an III (30 novembre
1794) [Registre de correspondance de Gillet, 1 a/11 34].

(²) Correspondance de l'armée de Rhin et Moselle (Arch. histor.).

(³) Lettre de Gillet au Comité de salut public, Crevelt, 3 frimaire an III (23 novembre
1794) [Registre de correspondance de Gillet, 1 a/11 34, Arch. histor.].

cavalerie à l'armée de Sambre et Meuse, montre que, pendant toute la campagne de 1794, ses troupes manquèrent souvent de pain et de fourrages. « Pourrais-tu croire, écrivait-il à Gillet le 6 vendémiaire an III (27 septembre 1794), que, depuis trois jours, ma division est sans pain (¹)... » A la fin de la campagne de 1794, presque tous les chevaux des charrois étaient morts ou ruinés. « Aujourd'hui, mandait Gillet au Comité de salut public le 3 frimaire an III (23 novembre 1794), les chevaux sont ruinés et périssent de toutes parts, les caissons manquent, et, lorsque le pain n'arrive pas, les agents des vivres ont à répondre : « Il est fabriqué, qu'on le fasse transporter (²). » A l'ouverture de la campagne de 1795, cette situation ne s'était point modifiée, et Gillet pouvait écrire à ses collègues à La Haye, le 24 pluviôse an III (12 février 1795) : « L'armée manque de tout et elle est chaque jour exposée à périr de faim (³). » Nous verrons bientôt que la même détresse subsistait aux armées à l'avènement du Directoire, en brumaire an IV.

A la différence de l'infanterie, qui ne recevait que des effets confectionnés, les régiments de cavalerie étaient autorisés à confectionner eux-mêmes leurs effets « moyennant un secours que l'État leur donnait sur un tarif déterminé (⁴) ». Ce secours se traduisant presque entièrement en assignats, qui pullulaient comme des atomes et étaient universellement discrédités, les maîtres ouvriers des corps se voyaient réduits aux abois, et, dans nombre de régiments, l'habillement n'était ni entretenu ni réparé. A la fin de la campagne de 1794, Gillet faisait à ses collègues, à Bruxelles, ce triste tableau de la situation de l'habillement à l'armée de Sambre et Meuse, où, malgré une distribution de 50 000 souliers, le tiers de l'armée était nu-pieds, où il évaluait les besoins, au printemps suivant, à près de 100 000 habits et de 36 000 chemises : « C'est un spectacle douloureux de voir des soldats presque nus et obligés de passer les jours et les nuits au

---

(¹) Registre de correspondance du général Dubois (Arch. histor.).
(²) Registre de correspondance de Gillet, 1 a/11 34 (Arch. histor.).
(³) *Ibid.*
(⁴) Rapport de Pétiet au Directoire exécutif (Bibliothèque du ministère de la guerre, F 1 b 110).

bivouac dans une saison aussi rigoureuse. De là des maladies qui nous font perdre plus de monde que toutes les batailles qu'il a fallu livrer (¹). » Le témoignage de Jourdan nous montrera les troupes dans le même dénuement à la fin de la campagne de 1795.

Malgré l'activité déployée dans nos manufactures d'armes, malgré l'apport précieux des manufactures de Liège (²) après l'occupation de cette ville par nos armes, l'armement des troupes à cheval restait défectueux et incomplet. Pour remettre en état l'armement de la cavalerie de l'armée de Sambre et Meuse, Gillet donnait l'ordre au général d'artillerie Bollemont, le 7 nivôse an III (27 décembre 1795), de « faire fabriquer à Liège, dans le plus court délai, le nombre de 10 000 carabines pour les troupes légères à cheval, 3 000 sabres de hussards et 3 000 sabres de cavaliers ou de dragons (³) ». Le 29 thermidor an III (16 août 1795), le même représentant faisait passer au Comité de salut public une soumission des frères Rougé, de Liège, pour une fourniture de sabres. « Je vous prie de décider promptement si vous acceptez ou non cette soumission. Les sabres sont la partie de l'armement dont le besoin se fait le plus sentir aux armées à cause de la grande consommation qui s'en est faite et de l'interruption du passage du Rhin, qui n'a pas permis de tirer des lames d'Allemagne. On en a fait fabriquer en France, mais des plaintes se sont élevées de toutes parts contre la mauvaise qualité de ces lames : elles ne valaient guère mieux que des lames de plomb, et la cavalerie n'osait s'exposer à combattre avec de pareilles armes. Le marché dont il s'agit est donc utile (⁴)... »

Les troupes à cheval n'ont point passé de revues générales en l'an III. Celles de l'an IV, encore peu nombreuses, permettent néanmoins les constatations suivantes. Les régiments de cavalerie seront, pendant plusieurs années encore, privés de leurs mous-

---

(¹) Gillet aux représentants du peuple à Bruxelles, Crevelt, 10 frimaire an III (30 novembre 1794) [Registre de correspondance de Gillet, 1 a/11 34, Arch. histor.].

(²) Par un arrêté du 1er vendémiaire an III (22 septembre 1794), le Comité de salut public avait chargé la Commission des armes et poudres d'établir une agence à Liège pour y vérifier, recevoir et payer les armes de toute nature fabriquées en cette ville.

(³) Registre de correspondance de Gillet, 1 a/11 34 (Arch. histor.).

(⁴) Registre de correspondance de Gillet, 1 a/8 21 (Arch. histor.).

quetons qui leur ont été enlevés en 1792 pour armer l'infanterie. Leur armement se réduit donc au sabre et aux pistolets. Encore est-il bien incomplet, les pistolets manquant souvent de moitié. Les régiments de dragons, qui ont dû aussi remettre leurs fusils à l'infanterie en 1792, resteront encore de longs mois sans mousquetons ni carabines, bien qu'ils soient classés dans la cavalerie légère et destinés au service des avant-postes. Le 9e dragons n'a encore aucun mousqueton en prairial an IV ; le 16e dragons comptera seulement 24 mousquetons en fructidor an IV, le 1er dragons 85 mousquetons en ventôse an VI (1). Dans une lettre du 15 nivôse an IV (5 janvier 1796), adressée au ministre de la guerre, le capitaine Didelon, du 10e dragons, faisait observer que les dragons, dépourvus de carabines, ne pouvaient assurer le service de sûreté aux armées : « Dès le commencement de la campagne on a ôté aux cavaliers les mousquetons et aux dragons les fusils dont ils étaient armés pour les donner aux bataillons qui en manquaient. Depuis ce temps, les circonstances ont souvent voulu que les cavaliers fissent le service aux avant-postes, et j'ai vu avec peine de nos vedettes avec de mauvais pistolets à la main, tandis que l'ennemi, avec d'excellentes carabines, ne permettait point à nos tirailleurs d'avancer jusqu'au point où il est nécessaire pour établir une découverte avantageuse. Ajoutez encore que la défensive qu'ils sont obligés de garder devient désastreuse et s'accorde peu avec le caractère du Français. Quelque bon soldat que l'on soit, on (n') a pas de confiance quand on n'est pas armé. Un régiment, dénué d'armes aussi essentielles, ne peut s'éclairer ni éclairer un corps de troupes sans risquer à en compromettre la sûreté. S'il n'est point possible de donner dans ce moment des carabines à tous les cavaliers, il faudrait au moins que deux pelotons par régiment en eussent. Les cavaliers qui les composeraient seraient choisis parmi les plus habiles à tirer et ceux montés sur les chevaux les plus légers à la course. Ils feraient le service de flanqueurs et se disperseraient soit sur les flancs, soit en avant de la troupe d'après les ordres du commandement et, suivant le terrain et les circonstances, dans les grand'-

____

(1) Cartons des 9e, 16e et 1er dragons (Arch. histor.).

gardes. Ces carabines se prêteraient à ceux qui doivent être en vedette indistinctement. Pour les régiments de dragons qui n'ont point encore de carabines, il est indispensable de leur en procurer, vu le service qu'ils font toujours aux avant-postes (¹). »

Dans les régiments de chasseurs et de hussards qui devaient être armés du sabre, des pistolets et de la carabine, les déficits ne sont pas moins nombreux. Passé en revue par Schérer le deuxième jour complémentaire de l'an IV (18 septembre 1796), le 10ᵉ hussards n'a « point de carabines et presque les deux tiers des sabres et pistolets manquent ». En l'an IV, le 23ᵉ chasseurs n'offre que la moitié de son effectif armée de carabines et le 14ᵉ chasseurs en possède cent dix. En l'an V, le 21ᵉ chasseurs a seulement quatre-vingt-un « mousquetons ». Sur neuf régiments de cavalerie légère dont les états de revue nous sont parvenus (²) [3ᵉ, 5ᵉ, 10ᵉ hussards; 5ᵉ, 13ᵉ, 14ᵉ, 23ᵉ chasseurs; 9ᵉ, 16ᵉ dragons] en l'an IV, il manque plus du quart des sabres et près de la moitié des pistolets et des carabines.

On appréciera aisément par ces chiffres la valeur de l'armement de nos troupes à cheval à l'avènement du Directoire. Une profonde détresse, dont la Convention n'était point parvenue à conjurer les effets désastreux, régnait ainsi dans toutes les branches de l'administration, dans l'armement, l'habillement et les vivres. Que dire à la même époque des armées de l'Ouest, d'Italie, de Rhin et Moselle, si ce n'est qu'elles offraient un spectacle encore plus triste que celui de l'armée de Sambre et Meuse. Il n'y avait guère que l'armée du Nord qui échappait à cette misère générale, grâce à quelques secours de la République batave. Pour dépeindre sous ses couleurs vraies l'état des armées de la République au déclin la Convention, il nous suffira de recourir au tableau que traçait Jourdan de l'armée de Sambre et Meuse le 30 vendémiaire an IV (22 octobre 1795) en la déclarant incapable d'effectuer une campagne d'hiver : « L'armée est dans la plus grande pénurie de subsistances… Jusqu'à ce moment, les contributions ont été mal

---

(¹) Le capitaine Didelon, du 10ᵉ dragons, au ministre de la guerre, fait à Westheim, avant-garde de la 4ᵉ division de l'armée de Rhin et Moselle, le 15 nivôse an IV (Doc. génér., Caval., an IV, Arch. histor.).

(²) Cartons des régiments de chasseurs, hussards, dragons (Arch. histor.).

payées parce que ce sont les administrateurs de l'armée qui ont été chargés de cela.

« Les agents employés dans l'armée sont en général peu républicains, très nonchalants et fripons.

« Les troupes ne sont ni habillées ni chaussées.

« Les officiers sont dans la plus grande misère. Ils sont sous la dépendance du soldat, sans lequel ils ne peuvent pas vivre. Il est indispensable que le sort de l'officier soit amélioré, qu'il puisse avoir un domestique et le nourrir, qu'il puisse s'habiller décemment et qu'au moins tous les capitaines soient à cheval.

« L'artillerie a besoin de très grandes réparations... l'artillerie est sans chevaux.

« Les troupes à cheval, principalement la cavalerie, manquent de chevaux, de manière que les régiments sont presque nuls.

« A défaut de magasins et de chevaux, le fourrage manque continuellement à l'armée.

« La désertion fait des progrès effrayants dans l'armée.

« Le défaut de distributions a introduit dans l'armée un esprit de pillage et d'insubordination qui est alarmant ([1]). »

Ainsi, malgré l'énergie déployée par le Comité de salut public, la Commission de l'organisation et du mouvement, les représentants du peuple chargés de l'organisation de la cavalerie ou en mission aux armées, la Convention aboutissait à mettre en ligne, après trois ans de guerre, environ 38 000 cavaliers. Ces chiffres étaient loin de ceux que Goupilleau de Fontenay croyait atteindre lorsqu'au mois de nivôse an II (janvier 1794) il fixait l'effectif de nos troupes à cheval à un peu plus de 95 000 hommes ([2]). Ils invitaient à réfléchir les esprits éclairés qui, comme Pfliéger, comprenaient l'urgence de ramener notre cavalerie à des proportions plus appropriées à nos ressources en hommes et surtout à nos ressources en chevaux. Déjà, le 24 germinal an II (15 avril

---

([1]) Notes écrites de la main du général Jourdan et apportées par le commissaire du gouvernement Garrau à son retour de mission de l'armée de Sambre et Meuse (Correspondance de l'armée de Sambre et Meuse, Arch. histor.).

([2]) *La Cavalerie pendant la Révolution, la Crise*, p. 204 et suiv.

1794), au début de son organisation de la cavalerie à l'armée de
la Moselle, il avait attiré l'attention du Comité de salut public
sur la mauvaise composition des nouveaux régiments et sur les
avantages que la République retirerait en réduisant les chasseurs
à douze régiments, les hussards à six, et la cavalerie de ligne à
vingt-quatre (¹). Plus tard, le 5 pluviôse an III (24 janvier 1795),
après avoir songé un instant à réduire à quatre escadrons les six
escadrons du 19ᵉ chasseurs, il mandait à son collègue Gillet :
« Une mesure générale à prendre m'a guidé pour ordonner leur
réduction, voyant que l'on ne parviendrait jamais à porter la
cavalerie sur le pied fixé par la loi (si même nous trouvions les
hommes, jamais nous aurions (*sic*) les chevaux). J'ai donc voulu,
en la diminuant, l'augmenter en force. Pour y parvenir, je ne
connais que deux moyens : l'un est l'examen et l'épuration de
tous ceux qui sont en place pour donner de l'émulation aux uns
et éloigner des places les intrigants et ignorants. Le second est
de renvoyer à l'infanterie tous ceux qui ne sont point en état de
devenir de bons hommes à cheval, et, comme les cadres vides ne
peuvent qu'être préjudiciables, ou il faudra fondre les nouveaux
régiments dans les anciens, ou les réduire à quatre escadrons
tels qu'ils étaient avant la loi. Alors ce que nous perdrons en
quantité, on le gagnera en qualité. Cependant, pour que nos
ennemis ne connaissent point nos opérations, je ne voudrais
point que cela se fît par une loi, mais par des arrêtés particuliers
des représentants aux armées (²). »

A l'exemple de Pfliéger et sous son inspiration, ses collègues
de la Convention étaient résolus à ne point se séparer sans pro-
poser, pour nos troupes à cheval, une réduction que les circonstances rendaient nécessaire. Le 20 vendémiaire an IV (12 octobre
1795), la Convention chargeait son Comité de salut public de
traiter toutes les questions relatives à la force et à l'organisation
de nos armées pour l'an IV. Sans perdre un instant, le Comité se
mettait à l'œuvre et, le 24 vendémiaire an IV, il annonçait à la
Commission de l'organisation et du mouvement son intention de

____

(¹) Analyse d'une lettre de Pfliéger (carton AF II 246, Arch. nat.).
(²) Correspondance de l'armée de Sambre-et-Meuse (Arch. histor.).

ramener le chiffre de nos troupes à cheval à 60 000 hommes. Il lui demandait en même temps d'établir leur organisation sur ces nouvelles bases : « Le Comité ne peut vous dire dans cet instant, citoyens, quel sera le nombre d'escadrons que la République entretiendra sur pied pendant le cours de la campagne prochaine, mais, comme il a vu que 60 000 hommes de troupes à cheval bien complétées, bien montées, seraient suffisantes, plus utiles et surtout moins dispendieuses qu'une quantité beaucoup plus considérable qui ne réunirait pas ces deux conditions, vous voudrez bien établir vos bases sur 60 000 chevaux, dont 15 000 environ de cavalerie de bataille.

« Nous n'avons pas besoin de vous prévenir, d'après ce que nous venons de dire, que toutes ces troupes doivent être montées sur des chevaux en état, par leur âge et leurs forces, de faire une campagne vigoureuse (¹). »

Après avoir sans doute reçu les propositions de la Commission de l'organisation, le Comité de salut public arrêtait, le 10 brumaire an IV (1ᵉʳ novembre 1795), la composition de l'armée à 531 253 hommes, dont :

	HOMMES
Infanterie de ligne	323 200
— légère	96 260
Troupes à cheval	59 200
Artillerie	29 128
Génie, etc.	20 272

Les troupes à cheval entraient pour un neuvième dans la nouvelle organisation.

La cavalerie devait être composée de 14 080 hommes et ne plus former, avec les deux régiments de carabiniers, que vingt régiments. Les régiments restaient à 704 hommes, à quatre escadrons de deux compagnies, sans changement.

Les dragons devaient former un corps de 16 920 hommes. Ils étaient réduits à douze régiments de 1 410 hommes, à six escadrons de deux compagnies, sans changement.

Les chasseurs devaient former un corps de même force, soit

____

(¹) Collection de lois et décrets (Arch. administr.).

16 920 hommes. Ils ne comportaient plus que douze régiments
de 1 410 hommes, à six escadrons de deux compagnies, sans
changement.

Les hussards devaient constituer un corps de 11 280 hommes.
Ils étaient ramenés à huit régiments de 1 410 hommes, à six escadrons de deux compagnies, sans changement.

Les régiments de cavalerie à partir du numéro 18, les régiments
de dragons à partir du numéro 13, les régiments de chasseurs à
partir du même numéro et les régiments de hussards à partir du
numéro 9, seraient supprimés, leurs hommes incorporés indivi-
duellement dans les cadres conservés et les officiers et sous-
officiers en excédent gardés à la disposition du pouvoir exécutif
sous le nom d'auxiliaires (¹).

Telle était la nouvelle organisation que le Comité de salut
public préconisait pour les troupes à cheval au moment où le
Directoire entrait en fonctions. Nous verrons ce dernier reconnaître aussi la nécessité d'une réduction des effectifs pour notre
cavalerie et l'opérer, sur des proportions un peu moindres, par
une solution différente, qui consistera à diminuer le nombre d'escadrons dans chaque corps sans modifier le nombre de régiments
alors existants.

*
* *

En résumé, dans sa tentative d'organiser une cavalerie formi-
dable par le nombre, la Convention n'avait obtenu qu'un succès
éphémère. Elle avait fait à ses dépens l'apprentissage coûteux de
cette vérité que la cavalerie ne s'improvise pas, que vouloir en
pleine guerre extérieure et intérieure presque quadrupler l'effectif
de nos troupes à cheval, c'était là une tâche surhumaine qu'il ne
lui était pas donné d'accomplir, à elle qui n'avait point coutume
de se laisser arrêter par les obstacles, si grands qu'ils fussent.
Un instant, avec la vigueur des mesures prises par ses représentants chargés de l'organisation de la cavalerie aux armées, elle
avait pu réunir un nombre considérable de chevaux, un nombre

(¹) Documents généraux, Infanterie, an III (Arch. histor.).

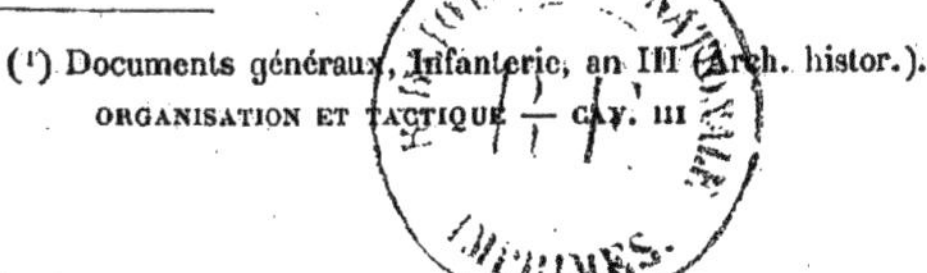

ORGANISATION ET TACTIQUE — CAV. III 7

d'hommes plus considérable encore et doter nos troupes à cheval d'environ 55 000 combattants. Mais elle n'avait pu maintenir cet effort intensif et ce prodige de création. Elle transmettait au Directoire un pouvoir peu enviable, des ressources presque nulles, un crédit épuisé. Pfliéger, témoin du dénuement de nos armées, suppliait Rewbell, le 3 brumaire an IV (25 octobre 1795), de faire la paix « à quel prix que ce soit(¹) ».

En matière d'organisation de la cavalerie, la Convention portait lourdement le poids de ses fautes capitales du début : exagération de l'effectif des troupes à cheval en proportion de ses ressources en hommes et surtout en chevaux ; création hâtive des nouveaux corps qui, après deux ans d'existence, ne rendaient encore que de faibles services ; établissement d'un mode d'avancement qui encombrait les anciens corps, dans tous les grades, de vieux sous-officiers et cavaliers dont l'ancienneté des services constituait souvent le seul mérite et qui facilitait, dans les nouveaux régiments, l'accès des grades à une foule d'aventuriers sans moralité et sans talents. Malgré le rapide renouvellement des cadres que cause une guerre incessante, ce mode d'avancement n'avait même point donné aux officiers des troupes à cheval cette qualité primordiale, la jeunesse, qui est l'âme même de la cavalerie.

Si les vieux régiments possèdent un solide noyau de cavaliers rompus au métier, animés de l'esprit de corps, les nouveaux sont remplis de recrues impropres à l'arme, dont beaucoup proviennent des prélèvements opérés dans l'infanterie sans choix ni discernement. Ces hommes, à peine dégrossis dans des dépôts mal pourvus en chevaux, en habillement et en armement, arrivent aux armées à peu près ignorants des manœuvres de la cavalerie, à peine instruits des soins qu'exige la conservation de leurs chevaux. Le manque de soins, joint au défaut de fourrages presque incessant, fait périr les chevaux en si grand nombre que la Convention ne peut plus mettre en ligne que 38 000 cavaliers à la fin de la campagne de 1795. Et cependant la réquisition des

---

(¹) Lettre de Pfliéger à Rewbell, de Lunéville, le 3 brumaire an IV (25 octobre 1795) [correspondance de l'armée de Rhin et Moselle, Arch. histor.].

six chevaux par canton, ordonnée par la loi du 17 vendémiaire an II (8 octobre 1793) et opérée à l'intérieur par vingt représentants du peuple (¹), avait rendu son effet maximum ; la Convention n'avait point négligé les marchés à l'intérieur et à l'extérieur ; elle avait enfin drainé toutes les ressources des pays occupés par nos armes. Néanmoins, un an après l'organisation de la cavalerie, elle se trouvait dans l'impossibilité de combler le déficit en chevaux dû à une consommation dévorante, et de faire face aux besoins sans cesse renaissants de notre cavalerie. « La remonte de la dernière campagne, écrivait Pfliéger le 13 nivôse an IV (3 janvier 1796), coûte à la République passé 25 millions numéraire, non compris les faux frais et fourrages inutilement consommés. Malgré cette énorme dépense, il y a plusieurs dépôts de 200 à 300 hommes qui n'ont pas 10 chevaux (²). » En désespoir de cause, lui-même ne voyait plus de ressource que dans un nouvel appel à la réquisition qui avait déjà causé tant de vides et de ravages à l'intérieur de la France.

Au moins la Convention avait eu le courage de profiter de l'expérience si chèrement acquise, et, avant de se séparer, de chercher les moyens de restaurer notre cavalerie. Son Comité de salut public avait élaboré un plan d'organisation de nos forces militaires où il n'hésitait pas à supprimer la presque totalité de ces nouveaux régiments de troupes à cheval dont la création avait donné lieu à tant de mécomptes, où, poursuivant avant tout des vues réalisables, il proposait de réduire à 60.000 le nombre des cavaliers que la France entretiendrait en temps de guerre. Il se préoccupait en même temps de faire disparaître les non-valeurs qui encombraient nos régiments de cavalerie en ordonnant, le 18 fructidor an III (4 septembre 1795), aux généraux en chef des armées et aux généraux commandant les divisions de l'intérieur, de faire passer une revue de tous les corps des troupes à cheval et de leurs dépôts, de n'y conserver que les hommes forts et vigoureux, connaissant l'équitation et les ma-

---

(¹) *La Cavalerie pendant la Révolution, la Crise,* p. 185 et 235.
(²) *Aperçu sur l'état actuel de la cavalerie de la République.*

nœuvres, et de renvoyer le surplus à l'infanterie(¹). Nous savons enfin qu'avant de se démettre de ses fonctions il avait décidé en principe la création des inspecteurs généraux chargés de rétablir et de surveiller l'instruction, l'ordre et la comptabilité, dans les corps de cavalerie et d'infanterie. On ne peut douter que, si elle était demeurée plus longtemps au pouvoir, la Convention ne se fût empressée de réaliser ces sages réformes dont elle avait loyalement reconnu l'indispensable nécessité.

Il n'est point, pour apprécier la cavalerie créée par la Convention, de meilleur juge que le représentant du peuple Pfliéger. Ayant, comme il le dit lui-même, presque toujours été chargé de coopérer à l'organisation de la cavalerie, il l'avait « examinée sous tous les rapports ». Avec son bon sens qui n'est jamais en défaut il découvre les points faibles de cette organisation ; avec sa rude franchise il ne se lasse point de les dévoiler ; enfin, avec son remarquable esprit d'organisation, il en indique les remèdes. Des deux tableaux tracés par Pfliéger, l'un de la cavalerie de l'armée de Rhin et Moselle, de celle de nos armées qui avait été le plus éprouvée par nos revers, l'autre de nos troupes à cheval en général telles que Pfliéger les voyait à l'avènement du Directoire, le lecteur conclura que nous avons plutôt atténué qu'exagéré les graves défauts de l'œuvre de la Convention en matière d'organisation des troupes à cheval.

(¹) Recueil de lois, décrets, etc. (Arch. administr.). Le représentant du peuple Rivaud, en mission à l'armée de Rhin et Moselle, avait signalé que, dans les dépôts de cavalerie de cette armée, beaucoup d'hommes n'y étaient d'aucune utilité faute de chevaux. A la suite de cette observation, le 5 fructidor an III (22 août 1795), la Commission de l'organisation présentait un rapport au Comité de salut public : examinant le cas où la cavalerie serait réduite à 65 000 hommes environ, elle proposait le renvoi dans l'infanterie des hommes inaptes au service de la cavalerie. Elle recommandait toutefois d'opérer cette sélection avec prudence, en se rappelant « qu'il faut beaucoup de temps pour former un bon cavalier, que tous les hommes ne sont pas propres à ce genre de service ; qu'outre la force physique et les dispositions naturelles il faut encore de l'équitation, connaître les différentes manœuvres et exercices, etc... ». On doit éviter, disait encore la Commission, de « retomber dans l'inconvénient, dont les effets se font encore sentir, d'admettre à la hâte et d'envoyer aux escadrons de campagne des hommes neufs pour ce genre de service, qui tuent les chevaux et qui, faute de savoir les manier et les conduire, peuvent, dans une action, y occasionner le plus grand désordre et même faire perdre une bataille » (carton AF II 200, Arch. nat.). Les propositions de la Commission furent acceptées par le Comité de salut public, qui les reproduisit dans son arrêté du 18 fructidor an III.

Au cours de son inspection des dépôts des armées de Sambre et Meuse, du Nord et de Rhin et Moselle, Pfliéger écrivait à son ami Rewbell, le 16 frimaire an IV (7 décembre 1795) : « J'ai attrapé une fichue commission. Je ne peux assez te dépeindre le mauvais état dans lequel je trouve la cavalerie de l'armée du Rhin. Point d'argent, les caisses sont vides. Point de chevaux que des exténués et malades. Des soldats sans habillement. Point de remèdes, point de fers pour les chevaux. Enfin je manque de tout. Ce qui est de pire (*sic*), point de discipline. De mauvais sujets, voleurs. Des officiers, des sacs à brandevin, qui ne sont bons à rien et qui sont la cause de notre déroute. Les chevaux fournis sont mauvais, ne peuvent faire aucun service en partie. D'autres ne sont pas acclimatés : le moindre service les ruine. Je ne sais plus d'autre moyen que d'ordonner une levée du cinquantième cheval, que je vous propose, et changer le mode d'avancement pour les officiers, surtout des sous-officiers. Sans cela, il n'y a pas moyen de relever la cavalerie. Je peux t'assurer que, de vingt-deux régiments dont cette armée est composée, au printemps il n'y aura pas un escadron en campagne par régiment (¹). »

Il n'était point dans la nature énergique de Pfliéger de se désoler sans réagir contre le mal. Quelques jours plus tard, le 13 nivôse an IV (3 janvier 1796), il adressait au Directoire un rapport, écrit de main de maître, sur l'état de la cavalerie de la République et les moyens les plus probables de la rétablir. Comme nous le verrons par la suite de cette étude, le Directoire ne lui ménagera pas les marques de sa satisfaction pour ses conseils éclairés et pleins de franchise. Il s'inspirera en partie des vues de Pfliéger lorsqu'il donnera, à la fin de nivôse an IV (janvier 1796), une nouvelle organisation aux troupes à cheval.

Bien que ce document ait paru déjà dans le *Carnet de la Sabretache* de l'année 1900, son importance est telle, il résume si bien l'œuvre de la Convention dans l'histoire de la cavalerie, que nous avons cru devoir le reproduire ici en entier.

____

(¹) Correspondance de l'armée de Rhin et Moselle (Arch. histor.).

Aperçu sur l'état actuel de la cavalerie de la République
et les moyens les plus probables de la rétablir ([1])

Par le représentant du peuple PFLIÉGER, chargé de l'organisation et du placement
des dépôts des armées du Nord, de Sambre et Meuse et de Rhin et Moselle.

Depuis le commencement de la guerre, j'ai presque toujours été chargé de coopérer à l'organisation de la cavalerie, je l'ai examinée sous tous ses rapports, et j'ai cherché à approfondir l'immensité des spéculations qu'une direction aussi vaste présente; j'ai eu lieu de m'assurer que jamais la France n'a eu de plan formé sur cette administration, que l'existence et l'entretien de sa cavalerie ont été abandonnés aux circonstances et au hasard.

Je ne crois pas devoir rappeler toutes les sottises que nous avons faites; les tristes effets en existent; comme je les ai prévenus dans le temps, on pourrait imaginer que j'y porte de l'amour-propre.

Partons donc du point où nous sommes. Il est temps, il est grand temps de rasseoir nos idées toujours flottantes; je ne prétends pas expliquer ce qu'il y aurait de mieux à faire; ce ne sera que dans le sein de la paix qu'on pourra tenter cette entreprise, mais je veux dire ce que je crois possible, et ce qui est indispensable, si l'on veut conserver de la cavalerie.

1° Il est essentiel d'appeler à Paris deux ou trois anciens officiers, pour donner au ministre les notions les plus justes, examiner les projets innombrables qui ont été donnés, les rectifier, et former un travail basé et adapté aux circonstances; les hommes convenables sont rares, il s'en trouve quelques-uns, même dans la classe des officiers de cavalerie retirés.

Il ne faut leur donner aucune existence en titre, mais les charger de tous les rapports, et de la partie administrative près du ministre comme simples conseils.

2° C'est encore un problème de savoir quelle doit être la proportion des troupes à cheval, par rapport à la force de l'armée; ces combinaisons sont absolument relatives; elles tiennent à la puissance des nations, aux localités et aux circonstances.

Quoi qu'il en soit, la Convention a décrété une cavalerie trop nombreuse; il a été impossible de la porter à ce taux, et, quand bien même on y serait parvenu par des moyens forcés, jamais on n'aurait

---

([1]) Archives nationales, carton AF III 144ᴬ. On lit, en marge du document, ces lignes qui paraissent être de la main de Carnot : « Ce mémoire mérite une attention particulière ».

pu l'entretenir, puisque, malgré nos efforts, l'ancienne formation n'a point été complète. Il est résulté de cette fausse mesure qu'on a créé beaucoup d'officiers dont aujourd'hui on sent la nullité.

Il faut donc une réduction, elle doit s'opérer sans commotion, en interdisant toutes nominations aux places d'officiers jusqu'au remplacement de l'excédent, en complétant les quatre premiers escadrons avec les deux derniers, et en fondant quelques-uns des nouveaux corps dans chaque section d'arme ; cette réduction des cadres et de leur division n'est point une diminution de nos forces effectives, ce n'est qu'une suppression d'états-majors et d'officiers et un resserrement de corps.

La cavalerie doit être composée de l'élite de la nation. Pour faire un vrai cavalier, il ne faut pas seulement la taille, la force et l'aptitude, mais il faut encore des mœurs, de la vigilance, l'amour du travail, et la volonté de la discipline. Il faut procéder sur-le-champ à l'épuration de tous les corps, renvoyer à l'infanterie la plus forte partie des hommes que l'inconstance et la paresse en ont tirés. C'est la marche que l'on doit tenir, pour tous les jeunes gens des villes, petits-maîtres à prétentions, trop occupés de leur personne pour prendre soin de leur cheval. Il faut également renvoyer soit à l'agriculture, soit aux travaux, les individus de la levée de trente mille hommes qui n'ont pas les qualités requises pour ce genre de service et qui sont hors de réquisition.

Cette épuration est passablement bien faite pour l'armée de Sambre et Meuse : quant à celles du Nord, de Rhin et Moselle, il n'y a que les dépôts d'épurés ; je n'ai point passé en revue les escadrons de campagne.

On choisira, pour les remplacer, dans les jeunes gens de la réquisition qui n'ont pas rejoint, encore dans ceux qui ont atteint l'âge, enfin dans ceux qui ont déjà rejoint l'infanterie ; cette dernière ressource ne doit pas être adoptée par une mesure générale qui deviendrait aussi pernicieuse que la première fois. Il faut qu'elle soit exécutée sans loi et sans arrêté par des officiers très connaisseurs, autorisés de simples commissions.

De toutes les armes, la cavalerie est celle qui a le moins de bons officiers : on le doit aux différents modes d'avancement qui ont eu lieu, et qui ont porté tous les maîtres ouvriers, les recruteurs, les blanchisseurs, les maréchaux, les trompettes, les vivandiers, à la tête des régiments par rang d'ancienneté de service depuis la loi du 20 septembre 1790.

Les comités de gouvernement n'ont guère mieux choisi : il est vraiment honteux de voir par qui notre cavalerie est conduite. Il faut donc que l'épuration des officiers soit complète, que l'on en éloigne

les ivrognes, les ineptes, les hommes immoraux, et cette race infâme
d'intrigants et de pillards qui s'est jetée par préférence dans les nouveaux corps de cavalerie.

Si l'on n'adopte, comme au préalable, la mesure que je propose, en
changeant le mode d'avancement pour les officiers et sous-officiers, on
doit renoncer à rétablir et conserver la cavalerie. Cette arme seule
engloutirait les finances de l'État.

3° La première institution des dépôts généraux présentait des vues
d'économies qui paraissaient adaptées à la position où nous étions
alors. Si ces établissements avaient été bien administrés, avec quelques rectifications et de l'uniformité, ils eussent rempli le but. Depuis
les lois des deux thermidor et fructidor et la destruction des ateliers
généraux, les réunions sont moins utiles, car elles ont aussi des inconvénients que rien aujourd'hui ne contrebalance. On peut dire en général que les dépôts doivent être stables; car le moindre dérangement
cause des pertes incalculables. On vient d'en faire l'expérience : les
déplacements imprudents faits de ceux de l'armée du Rhin et Moselle
ont coûté en voyages, pertes d'hommes, de chevaux et d'effets, pillages de magasins, dépenses de tout genre, plus de deux millions
numéraire, sans avoir été en état d'envoyer un seul homme aux
escadrons de campagne ; les dépôts de l'armée de Sambre et Meuse
s'en ressentiront également longtemps.

Quant à leur composition, je pense qu'il doit y avoir un officier très
intelligent, chargé du commandement, deux officiers instructeurs,
quatre sous-officiers, un officier chargé du détail et le quartier-maître ;
ces officiers une fois désignés ne doivent plus être retirés sans des
raisons majeures, car, s'il faut un genre de talent pour conduire les
escadrons de campagne, il en faut un autre pour former les hommes
qui les alimentent et les entretiennent et pour pourvoir à leurs besoins
en tout genre.

Les dépôts des armées du Nord, Sambre et Meuse, Rhin et Moselle,
occupent actuellement à peu près les localités qui leur sont les plus
convenables ; dès que la saison le permettra, il ne sera plus question
que de rapprocher ceux qui ont été retenus par les circonstances dans
leur ancien quartier.

4° Une des principales causes du peu de succès qu'ont eu les dépôts
de cavalerie, dans ces derniers temps, vient du défaut de surveillance.
La ridicule composition des inspecteurs, dont une partie subsiste
encore, a tellement paralysé leur autorité qu'ils sont nuls, et que leur
existence se borne à des états décadaires de situation ; n'était-il pas
révoltant en effet d'avoir mis, à la tête de ces inspecteurs, des perru-

quiers, des huissiers, des brigadiers de maréchaussée, de jeunes intrigants sans talents et sans services ; on a si bien senti ce que je dis que, pour réparer ce premier tort, l'on a eu la maladresse de les déclarer civils, et de leur laisser des fonctions militaires.

Je n'ai pu concevoir jusqu'à présent de quelle utilité étaient les surveillants temporaires, et quelles étaient leurs fonctions. Ils m'ont semblé être au corps de la cavalerie ce qu'une loupe est au corps humain : une excroissance fatigante et un hors-d'œuvre.

Il est indispensable de réformer tous ces officiers.

5° Ce n'est que par une autorité étrangère aux corps, une force coercitive toujours agissante, et par une surveillance active et éclairée, que l'on peut espérer des succès prompts dans les dépôts. Il faut donc établir une inspection, mais elle doit l'être de manière à vivifier, utiliser et assurer toutes les parties qui lui seront subordonnées, sans surcharge à la nation.

Je me propose de former six arrondissements pour les armées du Nord, Sambre et Meuse, Rhin et Moselle.

Le premier comprendra : Valenciennes, Lille, Douai, Béthune, Maubeuge et quartiers adjacents ;

Le deuxième, Sedan, Stenay, Mouzon, Charleville, Rocroy et quartiers dépendants ;

Le troisième, Verdun, Saint-Mihiel, Commercy, Vaucouleurs et quartiers circonvoisins ;

Le quatrième, Metz, Thionville, Pont-à-Mousson, Saint-Avold, Sarrelouis et dépendances ;

Le cinquième, Lunéville, Nancy, Épinal, Toul, Vic et les alentours ;

Le sixième, Besançon, Dôle, Gray et Vesoul.

Il doit résulter de cette division les plus grands avantages, mais, pour y parvenir, il est important de mettre à la tête de chaque arrondissement des hommes capables ; je ne me dissimule pas qu'il est difficile de les trouver.

C'est donc là le point essentiel auquel il faut s'attacher, et le ministre de la guerre ne peut trop s'occuper de cette partie, de laquelle toutes les autres dépendent.

Ces inspecteurs doivent être choisis parmi d'anciens officiers supérieurs dont les services impriment le respect et la déférence ; leurs connaissances doivent s'étendre sur toutes les branches de l'administration de la cavalerie, parce que leurs fonctions les comprennent toutes.

Il faut des hommes froids, justes, clairvoyants, incorruptibles, fermes et sévères, leur autorité doit avoir une grande latitude, car les abus qu'ils ont à réprimer sont immenses. Ce sera de la réunion de leurs lumières que le comité consultatif, que je propose près du ministre, pourra lui offrir des résultats certains.

Je suis assuré que du choix et de la composition de ces inspecteurs dépend le sort de la cavalerie.

6° L'anéantissement et la perte de nos chevaux ont une infinité de causes qui, toutes, découlent de l'ignorance et de l'indiscipline. En détruisant le principe des déprédations, on ne doit plus craindre d'en voir paraître les funestes effets.

J'ai démontré le peu de ressources que nous devions attendre des marchés faits avec les fournisseurs ; le temps apprendra si j'ai bien ou mal vu, c'est à lui que j'en appelle ; je persiste à croire que, pour remonter promptement notre cavalerie et la mettre en état d'agir promptement, nous n'avons d'autre voie que celle des marchés partiels et une réquisition ; je désire que les vues que j'ai offertes à cet égard soient adoptées.

Je n'entre dans aucuns moyens de détails ; ils seraient immenses. Le ministre de la guerre s'en sera déjà fait présenter les mémoires qui ont été envoyés à ce sujet aux ci-devant Comités de salut public et de la guerre. Je me résume à demander que l'on se décide promptement, car il paraît que l'ennemi n'entend pas nous laisser le temps de la discussion. Je me réserve cependant de reproduire mes idées :

1° Sur le mode d'avancement actuel. Il est aussi pernicieux que les précédents, et, tant qu'il subsistera, il est moralement impossible de former de bons officiers de cavalerie ;

2° Sur la réduction des escadrons des anciens corps, comme de réduire la cavalerie à deux escadrons de campagne toujours au complet et à un escadron de dépôt sans fixation de nombre ;

Les dragons à trois escadrons de guerre et à un de dépôt ;

Les chasseurs et hussards à quatre de campagne et à un de dépôt.

Ces dépôts seront continuellement occupés à réparer les pertes en hommes, chevaux, habillement, équipement et armement ;

3° Sur l'incorporation de plusieurs nouveaux corps, en fixant l'arme de cavalerie à vingt régiments ;

Celle de dragons à dix-huit ;

Celle de chasseurs à seize ;

Celle de hussards à huit.

J'invite le Directoire exécutif de faire peser ces propositions ; quoique cette réduction peut se faire en pleine campagne sans le moindre inconvénient, il faudra cependant examiner si elle doit se faire en conséquence d'une loi ou simplement par des arrêtés des commissaires, ainsi que les suppressions se sont faites pendant les campagnes précédentes (¹).

Ce tableau si sombre de la cavalerie française, à la fin d'une des époques les plus remarquables de l'histoire, contraste heureusement avec les immenses progrès réalisés par l'arme au point de vue de sa valeur comme instrument de combat. Ce ne devait pas être le moindre mérite de ceux qui conduisirent nos cavaliers en campagne de rendre de tels services, dans des conditions organiques si défectueuses.

(¹) *N. B.* — La remonte de la dernière campagne coûte à la République passé 25 millions numéraire, non compris les faux frais et fourrages inutilement consommés; malgré cette énorme dépense, il y a plusieurs dépôts de 200 à 300 hommes qui n'ont pas dix chevaux.

N. B. — La suppression et l'incorporation ont donné beaucoup de force à notre cavalerie. L'organisation du 7e hussards et de la Légion de la Moselle, la suppression du 18e de chasseurs, ont été faites dans le courant d'un mois en présence de l'ennemi. Les 7e et 18e n'avaient rendu le moindre service, ne pouvaient même en rendre : (ils) ont cependant fourni à l'infanterie 800 hommes, aux troupes à cheval 900, et près de 1 100 chevaux qui ont été utilisés de suite.

Voyez les pièces au bureau de la guerre.

DEUXIÈME PARTIE

L'EMPLOI DE LA CAVALERIE EN CAMPAGNE

CHAPITRE I

LA CAVALERIE A L'ARMÉE DE JOURDAN APRÈS FLEURUS

(JUIN A NOVEMBRE 1794)

La victoire du 26 juin 1794 devait marquer, pour la cavalerie de l'armée de Sambre et Meuse, le début d'une ère nouvelle. On a vu dans le précédent volume comment celle-ci avait été préparée par les pouvoirs publics. Mais, à côté des mesures d'organisation si opiniâtrement poursuivies, il restait à transformer l'esprit de l'arme et à lui trouver des chefs à hauteur de sa mission. Près de Jourdan, il s'en trouva un, le général Dubois, commandant la division de cavalerie, maintenu jusque-là dans un rôle un peu effacé mais qui, ainsi que nous l'avons fait remarquer, était déjà parfaitement orienté vers les voies nouvelles que le succès tactique de Fleurus allait lui ouvrir.

Toutefois ce n'était pas subitement, ni d'un seul bond, que l'essor pouvait être pris. Malgré l'entrain, l'activité et le désir de se rendre utile que montra constamment Dubois, le rôle de la cavalerie devait rester encore au-dessous de ce qu'il aurait pu être.

La retraite des Impériaux s'était faite par ordre, sans déroute et avec une si fière contenance, que les troupes françaises, d'ailleurs épuisées, n'avaient eu dans la soirée du 26 aucune velléité de poursuivre. En toute tranquillité, les troupes des généraux Zoph, Beaulieu et prince Charles, étaient venues passer la nuit à

Bossières, Grand-Manil et Marbais. Le lendemain, l'armée de Sambre et Meuse ne bougea pas ; le 28 seulement, Jourdan se décida à entamer une double poursuite.

Tandis que Favereau exécutait, de Maubeuge, une démonstration sur Mons, Kléber, avec les divisions Duhesme, Montaigu, Daurier, Schérer et la cavalerie de Dubois (¹), était lancé vers la même ville (²).

Il forma quatre colonnes, celle de droite constituée par la cavalerie seule, et une avant-garde confiée au général Boyer et comprenant le 4ᵉ hussards, un détachement du 2ᵉ et cinq bataillons d'infanterie. A part quelques coups de feu partis du bois d'Herlaymont, la marche s'exécuta sans encombre, et l'avant-garde vint se poster à l'ouest de Binche, le gros en arrière de la ville. On sut que l'ennemi était posté à Mons (³) et à Rœulx (⁴).

Le 1ᵉʳ juillet, la marche fut reprise. Les deux brigades de cavalerie, après s'être rassemblées en avant de Binche, vinrent former la droite de l'armée qui se dirigeait sur Mons, détachant Lefebvre sur Rœulx. Celui-ci ayant été retardé, la cavalerie eut à couvrir le flanc droit et dut se mettre en bataille, tandis que son artillerie ouvrait le feu contre quelques détachements ennemis.

Dans la soirée, Kléber et Ferrand faisaient leur jonction à Mons abandonné par les Impériaux.

Ceux-ci s'étaient, en effet, retirés le 28 juin sur Braine-l'Alleud, détachant vers Nivelles deux bataillons et dix escadrons et vers Genappe six compagnies et dix escadrons (⁵). Beaulieu, placé à Gembloux, avait la mission de couvrir Namur et d'assurer les communications avec Luxembourg et la Meuse. Il était relié aux

---

(¹) La division de cavalerie Dubois était constituée le 30 juin de la façon suivante :

Brigade Boissier . . . . { 7ᵉ régiment de cavalerie.
17ᵉ — de cavalerie.

Brigade d'Hautpoul . . . . { 2ᵉ régiment de hussards.
6ᵉ — de chasseurs.
16ᵉ — de chasseurs.
12ᵉ — de dragons.
22ᵉ — de cavalerie.
25ᵉ — de cavalerie.
24ᵉ compagnie d'artillerie légère.

Cette composition n'allait d'ailleurs pas subsister longtemps.

(²) Ernouf à Kléber (Arch. de la guerre, 10 messidor), ordre de Kléber (11 messidor).

(³) 16 kilomètres nord-ouest de Binche.

(⁴) 12 kilomètres nord-nord-ouest de Binche.

(⁵) *Œst. mil. Zeitschrift*, vol. 15, année 1820.

troupes du prince Charles et de Cobourg par un poste de cavalerie placé à Court-Saint-Étienne. Le prince d'Orange, qui avait le 27 occupé Rœulx, devait se retirer sur Hal. La marche des Français le 1er juin avait obligé le F. M. L. La Tour, placé à Rœulx, à se replier sur Braine-le-Comte, puis sur Tubize, tandis que Davidovich avait reçu l'ordre d'abandonner Mons. La retraite de ce dernier, presque entouré par les colonnes françaises, avait été des plus difficiles. Le 2, Cobourg s'était porté à Mont-Saint-Jean, ses avant-postes au contact avec ceux des Français vers Quatre-Bras. Beaulieu, de son côté, s'était porté à Grand-Manil, Quasdanovich à Villeroux, Zoph à Onoz, défendant les approches de Namur.

Une fois arrivé à Mons, Kléber avait pris les dispositions suivantes [1] :

« ...Le général Duhesme fournira, de la division sous ses ordres, trois bataillons sur les hauteurs de Jemmapes, dont l'un sera en avant de ce village. Leur objet sera d'observer l'ennemi sur la route de Valenciennes et d'empêcher son approche ; il y aura des avant-postes jusqu'à Boussu et aux ponts de Tertre ; il donnera à ces bataillons la cavalerie nécessaire pour les éclairer et les patrouilles seront poussées jusqu'au delà de Quiévrain. Il établira l'équivalent de deux bataillons en avant de Nimy, à la croisée des chemins : ces bataillons fourniront un fort poste à Ghlin, à la Cense-Charles, et, en un mot, à tous les débouchés des bois de la Haie, de Ghlin, de Mons et de Broquerois. Les patrouilles de cavalerie pousseront sur la route d'Ath jusqu'à Jurbise et même jusqu'à Lens s'il est possible, en se jetant souvent à droite et à gauche de la chaussée. »

La division Duhesme occupait le terrain entre Nimy et le bois d'Havré [2]. « Il est entendu qu'il (Duhesme) aura de forts postes

---

[1] Croquis 1.

[2] Un ordre de Kléber, du 15 messidor (registre 1 a/38), fixait ainsi la position de Duhesme :

« Le général Duhesme, après avoir laissé deux bataillons dans la place de Mons, trois à Jemmapes, un à Nimy, se portera avec le reste de la division sous ses ordres dans la position entre le bois de Broquerois et Le Cateau, appuyant conséquemment sa gauche audit bois et sa droite au Cateau. Il fera garder par un bataillon ou un poste équivalent la route d'Ath à la hauteur du Chêne du Berger. Les postes de cavalerie seront établis sur les crêtes entre Jurbise et Masnuy-Saint-Pierre. On poussera des patrouilles fréquentes dans les environs de Huissignies, Tongres, dans Chièvres et Cambron... »

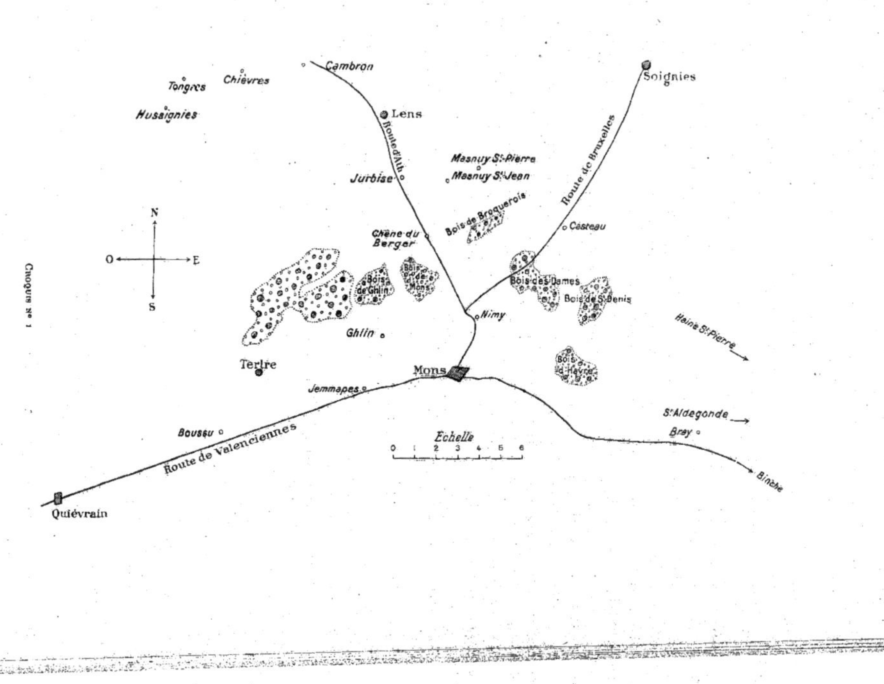

Croquis N° 1
Tongres
Chièvres
Husaignies
Cambron
Soignies
Lens
Route d'Ath
Masnuy S-Pierre
Masnuy S-Jean
Jurbise
Route de Bruxelles
Bois de Broqueroie
N
O
E
S
Chêne du Berger
Casteau
Bois de Ghlin
Bois de Mons
Bois des Dames
Bois de S-Denis
Haine S-Pierre
Nimy
Ghlin
Bois d Havré
Tertre
Mons
S-Aldegonde
Jemmapes
Bray
Boussu
Echelle
0 1 2 3 4 5 6
Route de Valenciennes
Binche
Quiévrain

en avant de son front, dans les bois de Saint-Denis et celui des
Dames de Mons. Il fera même occuper Le Cateau par de la cavalerie qui pousseront (*sic*) leurs patrouilles jusqu'à Soignies. »

La division Montaigu était à la droite de la précédente. Le général Müller sur le Mont-Panizel. « Les avant-postes de cavalerie
seront sur les hauteurs de Bray et pousseront des patrouilles dans
la direction de Haine-Saint-Pierre, Sainte-Aldegonde et Car-
nières, et jusque vers le Bois de l'Olive (¹). »

Les succès de Pichegru (²) qui, s'étant emparé de Gand, Oudenarde et Courtrai, menaçait Bruxelles, déterminèrent Jourdan à
reprendre sa marche le 6 juillet, au moment où, à la suite d'une
conférence tenue le 4 entre le duc d'York, les princes de Cobourg
et d'Orange, l'armée impériale commençait ses préparatifs pour
évacuer Bruxelles et se porter sur la ligne Anvers—Namur. Le
prince d'Orange devait s'établir sur Mont-Saint-Jean et le gros
des forces entre Corbais et Corroy pour se relier à Quasdanovich
vers Gembloux, tandis que Beaulieu devait marcher sur Bossières,
et Zoph sur Namur.

L'armée de Jourdan avait à marcher en cinq colonnes (³). L'une
d'elles fut formée par la division Dubois qui, revenue à Gosselies,
se rassembla à Frasnes sur la route de Bruxelles. Dubois rendit
compte de ses opérations dans les termes suivants (⁴) :

« Le 17 messidor (18) [6 juillet], d'après l'ordre du général
Jourdan, je réunis ma cavalerie et me mis en marche de concert
avec le général Morlot avec lequel je fus jusqu'aux Quatre-Bras où
il prit position. Je le quittai conformément à l'ordre que j'en
avais reçu et dirigeai ma marche sur Nivelles. Je passai la forêt
du Hafoy, d'où j'aperçus l'ennemi sur les hauteurs de Thines. Je
disposai ma troupe militairement et me mis en mesure de les
attaquer. Après avoir fait reconnaître les chemins, je suis parvenu
à les tourner par Baulers. Je me suis emparé de la forêt d'Hougoumont par la gauche et des hauteurs adjacentes, d'où j'ai com-

---

(¹) Kléber, Mons, 16 messidor (4 juillet).
(²) Voir ci-dessous.
(³) Voir le croquis nº 2.
(⁴) Rapport du 10 juillet (Arch. de la guerre, corresp. génér.).

mencé le feu avec mon artillerie et forcé une forte cavalerie à la retraite par Lillois, et à abandonner ses redoutes. Il se retira en arrière et rassembla ses forces, surtout en cavalerie et en artillerie, sur Braine-l'Alleud et vint nous charger en masse ; sa nombreuse cavalerie et son artillerie me força à me replier pour un moment.

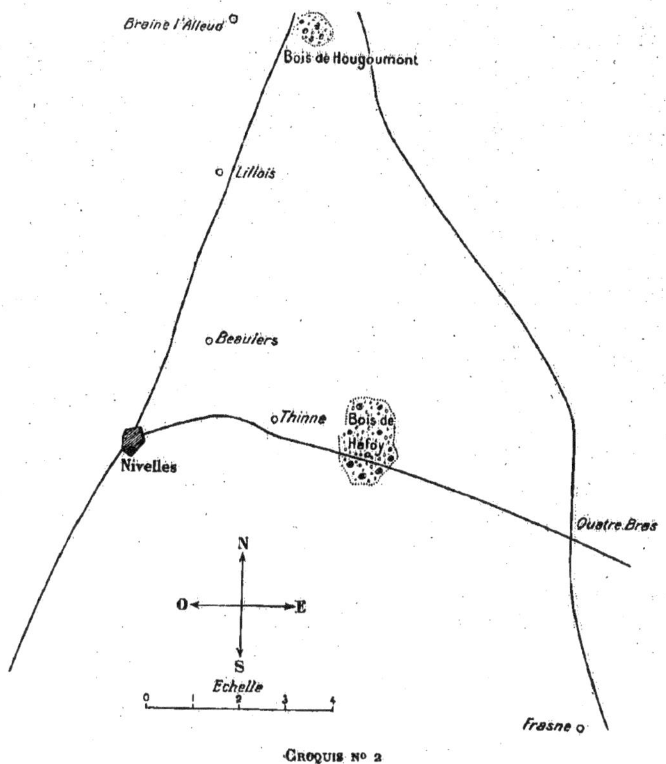

CROQUIS N° 2

L'ennemi n'osant me poursuivre et s'étant emparé d'une pièce et de deux caissons de la 24e compagnie d'artillerie légère, cette compagnie a chargé avec intrépidité pour avoir sa pièce et ses caissons. Le brave Naudin, canonnier de ladite compagnie, voyant encore un caisson au pouvoir de sept esclaves, les chargea, tua celui qui tenait la rêne du premier cheval et mit les autres en fuite. J'arrivai aussitôt avec ma cavalerie. Je chargeai l'ennemi avec la plus grande impétuosité, je lui tuai et blessai beaucoup de monde, parmi lesquels était un prince hollandais, colonel de cavalerie, et tous les rapports annoncent encore que deux officiers de marque ont été tués. Toute la cavalerie ennemie disparut et se reporta derrière un ravin pour se mettre à l'abri de mon canon. J'avais alors beaucoup d'inquiétude sur la division de Lefebvre qui n'avançait pas, et je craignais d'être tourné par ma gauche. Je pris avec moi mon adjudant général Radet pour aller reconnaître à quelle position était la division de Lefebvre et ce qui pouvait la retenir. Je l'aperçus de loin et je vis une batterie considérable de l'ennemi, qui faisait feu de toutes parts sur lui, et une colonne très forte d'infanterie qui soutenait ces canons. Je pris alors le parti d'envoyer mon adjudant général chercher huit pièces de canon de 4. Je vins les placer de manière à prendre la redoute de l'ennemi en flanc, ainsi que la colonne. J'y parvins avec d'autant plus de succès que je lui ai tué beaucoup de monde et le mis en pleine déroute, ce qui facilita le (*sic*) général Lefebvre de s'emparer de la redoute de l'ennemi et à faire jonction avec moi. Nous nous mîmes alors en mesure ensemble, et nous prîmes des positions militaires que nous occupons maintenant. Cette marche combinée força l'ennemi à faire sa retraite... (¹) »

Le soir, Dubois campait au bois d'Hougoumont ; l'armée occupait alors les emplacements indiqués par Jourdan dans son rapport au Comité de salut public (²) :

« J'ai une division à Braine-le-Comte, une à Nivelles, qui a en avant d'elle notre avant-garde, j'ai une division aux Quatre-Bras, en arrière de Genappe, sur la route de Charleroi à Bruxelles ; j'en ai une autre à Marbaix. Enfin, j'ai un corps d'observation vers Fleurus qui couvre Namur. » De plus, une des divisions de Kléber était établie à Lens.

(¹) Dubois à Jourdan, 8 juillet (20 messidor) [Arch. de la guerre, Corresp. génér.] :
« Plusieurs déserteurs m'ont assuré qu'ils avaient perdu beaucoup de monde à notre attaque d'avant-hier, tant à la charge de cavalerie, qu'à l'attaque que *j'ai été leur faire avec mes six pièces de 4, lorsque je les ai pris en flanc pour favoriser la division de Lefebvre.* C'est particulièrement par ce canon qu'ils ont perdu beaucoup de monde. Malgré la résistance qu'ils ont voulu mettre à ma charge de cavalerie, tu as vu que je me suis rendu maître de leur champ de bataille... »

(²) Rapport du 19 messidor (7 juillet) [Arch. de la guerre, corresp. génér.].

Ainsi qu'on le voit, la cavalerie se trouvait en avant du reste de la ligne et devait, le lendemain, reprendre la poursuite.

Les mesures prises à cette occasion par Dubois caractérisent bien les pratiques de l'époque en matière de service de sûreté. Comme on l'a déjà remarqué, on s'était rendu compte de l'insuffisance des mesures réglementaires et on en était encore réduit à passer de longues heures sous les armes, au prix de fatigues excessives.

« Les généraux de brigade d'Hautpoul et Soland (¹) donneront les ordres à leur brigade de prendre une position militaire et de rester bivouaquée à droite du bois, à côté de la ligne d'infanterie ; la moitié de chaque régiment sera de grand'garde à droite, à gauche et devant le flanc de la troupe ; les vedettes seront doubles ; il sera commandé un chef de corps par brigade pour faire des rondes d'heure en heure et la visite des postes.

« Les généraux de brigade bivouaqueront avec leurs troupes. Le général en chef compte sur la bonne volonté des Républicains qu'il commande, pour se garder de manière à éviter toute surprise. L'ennemi fuit de toutes parts, et encore deux jours, et le Brabant sera à nous. Les esclaves sont obligés de passer le Rhin.

« Le général commandant la cavalerie prévient les généraux d'Hautpoul et Soland que, demain, tous les régiments seront sous les armes dans le plus grand silence, à 1 heure du matin. Les généraux de brigade sont responsables de l'exécution de cet ordre. Le quartier général du général Dubois est au village derrière les bivouacs sur la route de Nivelles.

« S'il y avait quelque chose de nouveau cette nuit, il en serait rendu compte. L'artillerie légère bivouaquera en ordre à la droite du bois, et sera également par moitié sous les armes. »

« D'après tes ordres, écrit-il aussi à Jourdan, ma cavalerie a bivouaqué la moitié à cheval et l'autre moitié laissant manger les chevaux. A 1 heure du matin, tout le monde était à cheval. L'ennemi a fait plusieurs mouvements, sur les 3 et 4 heures, qui nous

____

(¹) Ordre du 18 au 19 messidor (6 au 7 juillet) aux généraux de brigade d'Hautpoul et Soland (Arch. histor., corresp. génér.).

faisaient croire qu'ils voulaient nous attaquer. D'après plusieurs reconnaissances que j'ai fait faire et que j'ai faites moi-même, rien n'est plus certain qu'il fait sa retraite sur Bruxelles...

« ...Ma cavalerie est toujours dans la même position. J'ai porté plusieurs pièces d'artillerie légère en avant, et je m'étais placé de manière à être en mesure pour recevoir l'ennemi... [1] ».

Du côté autrichien, Quasdanovich avait dû céder le terrain à Gentinnes, mais Beaulieu et Zoph avaient pu garder leurs positions ; la canonnade entreprise contre les postes avancés du prince d'Orange s'était prolongée jusqu'à la nuit sans résultat. Elle reprit le 7 au matin des hauteurs de Witterzée [2].

Mais, dans la journée, Zoph dut évacuer Onoz, Beaulieu se retira sur Hottomont, Quasdanovich sur Walhain. Plus tard Clerfayt abandonna Anderlecht et Kray marcha sur Bruxelles. Cobourg, vivement pressé, dut renoncer à couvrir Namur, et s'efforcer de rallier ses forces vers Tirlemont. De sa personne, et avec le gros de son armée, il devait s'y rendre le 9.

Dubois avait, la veille, mené la poursuite jusque vers Chapelle-Saint-Lambert et ramassé des prisonniers et des déserteurs « ...qui nous dirent que la terreur était si forte chez eux qu'ils avaient abandonné leurs canons. Mais, ayant devant moi un bois et étant sans infanterie, ne voulant pas compromettre ma troupe, je repris ma position... [3] ».

Les patrouilles avaient poussé « jusqu'à une demi-lieue de Bruxelles ». Elles rendirent compte très exactement de la retraite de l'ennemi vers Saint-Trond et Tongres, ainsi que de l'évacuation de Bruxelles.

Cet emploi d'une division de cavalerie en avant de l'armée était alors chose si nouvelle qu'on ne saurait s'étonner de voir à quelles difficultés non prévues on allait se trouver exposé. De ce nombre, les plus graves résultèrent du manque de préparation en fait

---

[1] Rapport à Jourdan, du 19 messidor (7 juillet).
[2] Œst. mil. Zeit., loc. cit.
[3] Rapport à Jourdan, du 20 messidor (8 juillet) [Arch. histor., corresp. génér.].

de mesures administratives. Deux lettres de Dubois, datées du 9 juillet, présentent sous ce rapport un intérêt particulier.

« Depuis longtemps (¹) je supporte avec patience l'embarras et les peines que me donne la division de cavalerie qu'on m'a confiée. Jusqu'à ce jour, j'ai cherché à calmer tous les esprits : ne pouvant y parvenir, c'est à vous que je m'adresse pour y faire droit.

« Le général en chef m'a donné le commandement d'une division de cavalerie qu'il appelle et surnomme un *corps de réserve*. Il n'en est pas moins vrai que, depuis qu'elle existe, elle est toujours placée *aux avant-postes*. Ce n'est pas de quoi elle se plaint, mais elle se voit abandonnée sans administration et sans commissaire, souvent éloignée des autres divisions de deux ou trois lieues, obligée de se diviser en présence de l'ennemi pour aller chercher des subsistances. Souvent elle en trouve et très souvent elle n'en trouve pas. Quant aux fourrages, n'ayant pas de commissaires, elle est obligée de s'en procurer comme elle le peut. Les hommes se détachent à droite et à gauche, pillent en même temps ce qu'ils trouvent ; cela entraîne à un désordre qui me fait frémir et qui conduirait cette troupe à une insubordination cruelle. Malgré toutes les précautions que je prends, je suis sans cesse accablé de plaintes, tant de la part des citoyens que des soldats qui murmurent avec raison d'être obligés de faire quatre à cinq lieues pour aller chercher leur pain et leur viande.

« Il est donc nécessaire et urgent de donner à cette division une administration et un commissaire dans le plus court délai. *Si cela n'est pas possible, je vous engage à convenir avec le général en chef de mettre cette cavalerie dans les divisions d'infanterie où elle sera assurée d'y trouver les subsistances ; vous éviterez par là des plaintes et du désordre.*

« ...J'ajouterai que je vois avec peine qu'on ne fait pas assez de cas dans cette armée de la cavalerie, quoiqu'on l'emploie tous les jours... »

« J'ai vu, jusqu'à ce jour, avec peine, écrivait aussi Dubois à

____

(¹) Lettre de Dubois aux représentants du peuple Gillet et Guiton, 21 messidor (9 juillet) [Arch. histor., corresp. génér.].

Jourdan ([1]), que *l'on se sert de la division de cavalerie que je commande comme d'une troupe qui n'a point d'organisation et dont on ne fait pas beaucoup de cas.* Cependant, jusqu'à ce jour, c'est cette même division qui a eu l'avantage de repousser plusieurs fois l'ennemi et de s'emparer de ses postes... »

« *P.-S.* — S'il faut rester quelques jours dans l'inaction, je te prie de nous changer de position car nous n'avons pas d'eau pour faire boire les chevaux, et la troupe est bivouaquée dans le milieu de la plaine. Cela fait un tort considérable aux chevaux. »

Jourdan put heureusement donner satisfaction à ces plaintes. Dès le 11, il adjoignit un commissaire des guerres à la division de cavalerie, et celle-ci put quitter le 12 son bivouac d'Hougoumont pour Wavre, où les distributions furent assurées ([2]).

Pendant ce temps, le général en chef avait fait occuper Ath, Hal, Bruxelles, Louvain, et assiéger Namur. Les alliés avaient placé leur aile gauche (Beaulieu) entre Celles et Viemme, leur aile droite (Walmoden) à Lierre; ils occupaient Malines par deux bataillons, soutenus par six autres avec quatre escadrons (Moira). Clerfayt avait rallié l'armée principale à Tirlemont ([3]). Les avant-postes, forts de trente-quatre compagnies et vingt-six escadrons, s'étendaient de Hamme à la Petite Gèthe et Orp-le-Grand. Le 12, le prince de Cobourg réoccupa Namur ([4]) qui devait capituler le 17.

La division de cavalerie avait fourni un actif service de patrouilles, grâce auquel la position de l'ennemi avait été bien déterminée. Mais Dubois, convaincu de l'importance de son arme, ne cessait de réclamer de forts groupements et un emploi plus hardi des troupes à cheval. Les idées qu'il exprimait à ce sujet, dans une lettre à Jourdan en date du 16 juillet, sont dignes d'être reproduites ([5]).

« ...Pour rendre nos succès plus brillants, je t'engage à réunir

---

([1]) 9 juillet (Arch. histor., corresp. génér.).

([2]) Elles se firent le 25 messidor (13 juillet) à la Cense du Templier, 4 kilomètres nord-ouest de Wavre.

([3]) En tout 71 2/3 bataillons, 76 compagnies, 146 escadrons.

([4]) *Œst. mil. Zeit.*, loc. cit.

([5]) A Jourdan, 28 messidor (16 juillet) [Arch. histor., corresp. génér.].

le plus de cavalerie que tu pourras, ainsi que de l'artillerie légère ; c'est la force de l'ennemi, je te le répète encore. Je vois avec douleur la cavalerie de ton armée attachée aux divisions d'infanterie toujours sur les derrières : elle ne rend pas les services, par ce moyen, que l'on doit attendre d'elle, et cela de la faute des généraux qui ne savent pas en tirer parti. La division que tu m'as confiée, qui est maintenant composée presque de cavalerie, puisque tu viens d'en tirer le 6ᵉ chasseurs, occupe toujours les avant-postes.

« Le général Lefebvre, à qui tu as donné une avant-garde de troupes légères, est placé derrière le 7ᵉ régiment de cavalerie qui est arrivé ce matin...

« Je te demanderai aussi s'il n'est pas possible que tu attaches à ma division un bataillon d'infanterie légère de 1 000 hommes au moins, soit pour le service en tirailleurs, soit pour protéger les marches particulières que tu pourrais me faire faire. Tu m'obligeras infiniment de prendre cette démarche en considération. Surtout que ce bataillon ait des canons, car j'ai trouvé le moyen de tirer parti des pièces de quatre en les faisant courir dans les charges de cavalerie. »

Le 20 juillet, la division Dubois comprenait 141 officiers et 2 545 présents sous les armes, savoir :

Soland :	OFFICIERS	HOMMES	D'Hautpoul :	OFFICIERS	HOMMES
6ᵉ cavalerie . . .	16	300	7ᵉ cavalerie . . .	28	432
8ᵉ —	28	439	16ᵉ — . . .	32	511
25ᵉ — . . .	10	212	24ᵉ comp. d'art. lég.		
12ᵉ dragons . . .	19	494	(6 pièces) . . .	4	74
15ᵉ comp. d'art. lég.				64	1 017
(6 pièces) . . .	4	83			
	77	1 528			

L'artillerie comptait huit pièces de 8 et quatre obusiers de 6ᵖᵒ.

Ainsi qu'on le voit par le croquis nᵒ 3 cette cavalerie était en avant de l'armée et au contact.

Se sentant menacé, le prince de Cobourg s'était retiré dans la nuit du 20 vers Mettecoven et le lendemain sur Tongres où il avait rallié Werneck ; Kray s'était porté sur Hasselt, Kerpen sur Ruremonde et Latour sur Liège. Le 22, le gros vint se placer devant Maestricht, et Kray à Dilsen.

Le 20 juillet, Dubois était venu avec sa division à l'Écluse,

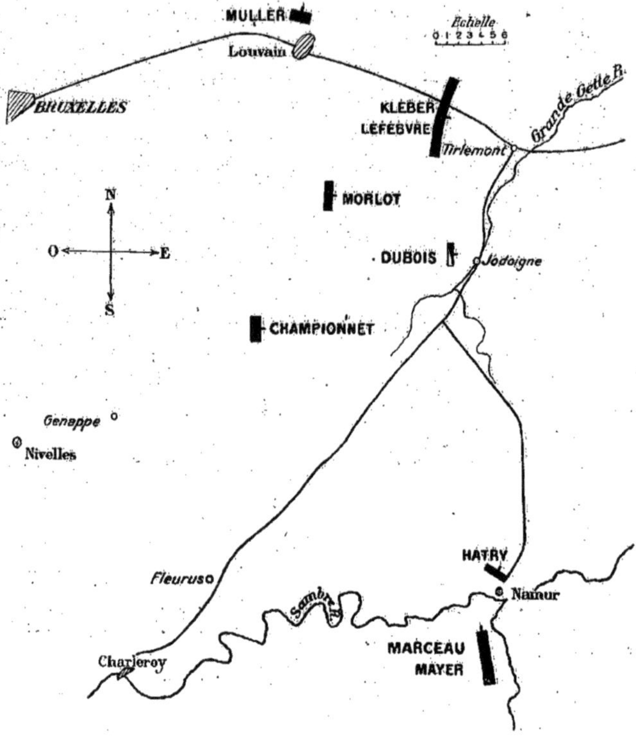

CROQUIS Nº 3

Hougaerde et Geest-Saint-Remy ; le 23, il était à Op-Heylissem, maintenant en seconde ligne, malgré son impatience ([1]) et les dif-

---

([1]) Dubois à Ernouf, chef d'état-major, 5 thermidor (23 juillet) [Arch. histor., corresp. génér.] :
« Dis au général en chef que, malgré les services que ma division a rendus, il n'y a aucun égard : *c'est la cavalerie qui doit être en avant.* Si l'on juge qu'elle reste en réserve, au moins qu'on s'occupe de la nourrir. »

ficultés qu'il avait à vivre dans un pays épuisé... Il ne put cette
fois obtenir gain de cause ; l'armée resta immobile jusqu'au 26 juillet, où l'on retrouve encore Dubois à Beeringen et Meuwen, en arrière de Lefebvre et de Kléber, qui sont à Marlinne et Saint-Trond.
Les avant-postes ennemis ont pourtant été bousculés et Liège a
été perdu ce jour-là. Mais, le 27, Dubois se porta à Paifve, Juprelle,
Wihogne et Freeren (¹), d'où il envoya les jours suivants une série
de reconnaissances vers Maestricht. On put de la sorte déterminer
très exactement les emplacements de l'ennemi (²), répartis de
Venloo à Liège, puis le long de l'Ourthe jusqu'à Comblain, et dont
la gauche s'étendait jusqu'à Malmédy et Blankenhain.

Cette situation devait rester à peu près la même jusqu'au 16 septembre. Mais, le 5 août, il semble y avoir eu une importante affaire
de cavalerie au sujet de laquelle les sources autrichiennes et françaises ne sont pas tout à fait d'accord. D'après les premières,
agacé des alarmes continuelles que lui causaient les reconnaissances françaises, Kray aurait, ce jour-là, dirigé vingt escadrons
sur Herderen, entouré et battu la cavalerie française, lui tuant ou
blessant plus de 200 hommes et faisant prisonniers 136 hommes
et 200 chevaux (³). En rendant compte au Comité du salut public

______

(¹) Croquis 4.

(²) Ces reconnaissances étaient d'ordinaire fortes de 150 chevaux. Parfois, Dubois en
prit le commandement. Les comptes rendus et les mesures de sûreté sont analogues
aux exemples suivants :

Dubois à Jourdan, 19 thermidor (6 août)

« La découverte, partie aujourd'hui à 3 heures du matin, vient de rentrer à 9 heures.
Elle s'est portée sur Fall, Mheer, Groes-Elderen et Herderen. Les vedettes de l'ennemi
sont sur les hauteurs de Riempst et ses postes sont à Montenaeken, Kanne, Neder-
Kanne, Wilre. Le camp retranché est toujours à la même position à Lawfelt.

« Comme je t'ai mandé hier, mes avant-postes sont sur les hauteurs de Ellez ; ils
découvrent toute la plaine, et même le camp retranché de l'ennemi, de manière qu'il ne
peut faire aucun mouvement sur sa droite ou sur sa gauche sans être aperçu.

« D'après les renseignements que j'ai, tout nous fait croire que l'ennemi n'a nullement
l'intention de nous attaquer... Si j'en crois ce qu'on vient de me dire, dans quatre jours,
il aura évacué Maestricht... »

Ordre de Dubois du 10 fructidor (27 août)

« Les vedettes et petits postes seront à cheval nuit et jour, et relevées régulièrement
toutes les deux heures. La moitié de la grand'garde sera tout le jour à cheval, et l'autre
moitié fera manger ses chevaux. A 9 heures du soir, le capitaine ou commandant de la
grand'garde fera monter toute sa garde à cheval, et s'y tiendra dans le plus grand silence
jusqu'à 5 heures du matin. La nuit, il fera lui-même plusieurs patrouilles, visitera son
petit poste et ses vedettes toutes les heures. Les officiers et sous-officiers de service sont
responsables de l'exécution de cet ordre. »

(³) Œst. mil. Zeits., loc. cit.

du « désagrément » qui l'avait « beaucoup affecté », Jourdan l'attribuait au défaut « d'intelligence » des officiers qui se trouvaient à la tête des découvertes et « qui sont tombés dans une embuscade, où nous avons eu le malheur de perdre 130 hommes environ (1) ». De son côté, d'après le registre de correspondance de Dubois (2), il semble qu'une reconnaissance de 150 chevaux était partie à 4 heures du matin pour Sluse (5 kilomètres sud-est de Tongres). Elle marcha sans s'éclairer, et, s'étant mise en bataille une fois arrivée à destination, se laissa tourner sur sa gauche par une forte colonne de cavalerie d'Autrichiens et d'émigrés, qui la chargea, la mit en déroute, lui tua une dizaine d'hommes et la poursuivit jusqu'à une demi-lieue de Tongres. Une reconnaissance, dirigée vers le même point par le général Boyer, fut aussi culbutée et perdit 200 hommes. Dubois avait fait monter à cheval les brigades Gaudin et Soland, mais ne put intervenir à temps, faute d'être prévenu, ce dont il se plaignit amèrement (3).

Jusqu'au 16 septembre, la situation se modifia peu. Ce jour-là, Jourdan, dont les forces s'étaient accrues par l'arrivée de la division Schérer et de 12 000 hommes détachés de l'armée du Nord, décida une attaque générale.

Les dispositions étaient les suivantes (4) :

« Voici les dispositions, mon bon ami, qui ont été faites pour attaquer l'ennemi et l'inquiéter demain et après-demain.

« Le général Boisset a reçu l'ordre d'envoyer un fort détachement de cavalerie dans la direction de Maaseyck (nord de Maestricht) et d'approcher de ce poste le plus près possible. Le citoyen Ney sera à la tête de ce détachement ; il ne manquera pas de saisir la circonstance pour faire un coup à sa façon.

« Le général Kléber a envoyé un renfort d'un escadron du 3ᵉ régiment de chasseurs à l'adjudant général Bonamy qui partira de Hasselt avec un pareil détachement et se dirigera sur Stockem

---

(1) Jourdan au Comité de salut public, 7 août (Arch. de la guerre, corresp. génér.).

(2) Registre 26, fᵒˢ 62 et suiv. (Arch. de la guerre).

(3) Dubois à Jourdan, registre 26, 7 août, p. 66. Bernadotte s'était aussi porté sur Tongres avec le 13ᵉ de cavalerie (reg. XXVIII, Arch. de la guerre).

(4) Ernouf à Jourdan, Tongres, 30 fructidor (16 septembre 1794) [Arch. de la guerre, corresp. génér.].

(nord de Maestricht). Il est moins heureux que le premier, mais il fera ce qu'il pourra.

« Le général Bernadotte enverra également un détachement de cavalerie sur Soetendale et de là sur Reckem et Neer-Haren (nord de Maestricht). Le reste de son avant-garde se portera sur Gellick, Lonaken et Veldtwezelt. Ces postes seront vivement attaqués, et l'on tâchera de faire le plus de prisonniers qu'il sera possible.

« Le général Kléber enverra une brigade avec deux escadrons

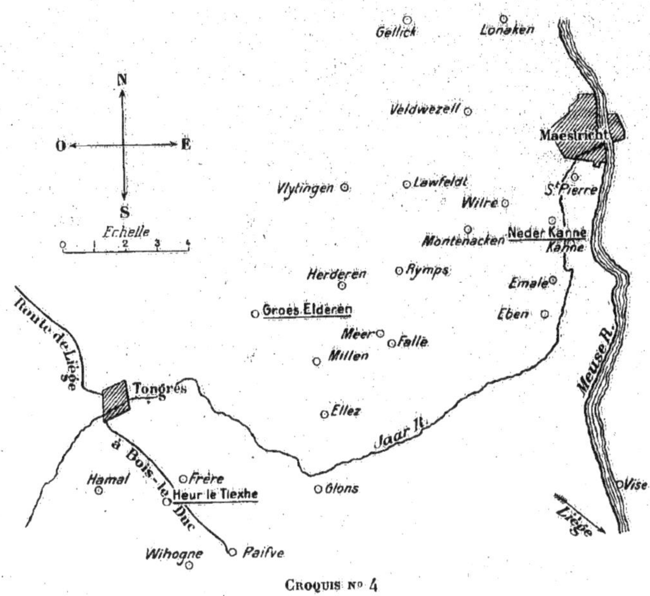

CROQUIS N° 4

de chasseurs à Vlytingen, auquel Morlot se liera en portant une brigade et toute sa cavalerie sur les hauteurs de Riempst et même plus en avant, s'il est possible.

« Le général Dubois se réunira à Morlot et se portera sur sa droite. Il attaquera vivement et tâchera d'envelopper les avant-postes. Il poussera son attaque sur Wilre et Montenaeken.

« Le général Lefebvre soutiendra cette attaque, se portant du côté d'Emael et d'Eben. Il tâchera de glisser un corps entre le Jaar et la Meuse.

« Les généraux ont ordre de ne faire agir que la moitié de leurs troupes. Ils tiendront l'autre moitié en réserve. Les troupes rentreront à la nuit dans leurs positions respectives. On mettra beaucoup d'apparat et d'ostentation dans cette attaque.

« La position des généraux Grenier et Hatry ne leur permet pas de faire grand'chose : ils ne peuvent faire que des grimaces (*sic*) et examiner la contenance de l'ennemi. S'il voulait abandonner les hauteurs de la Chartreuse, on grimperait après lui... »

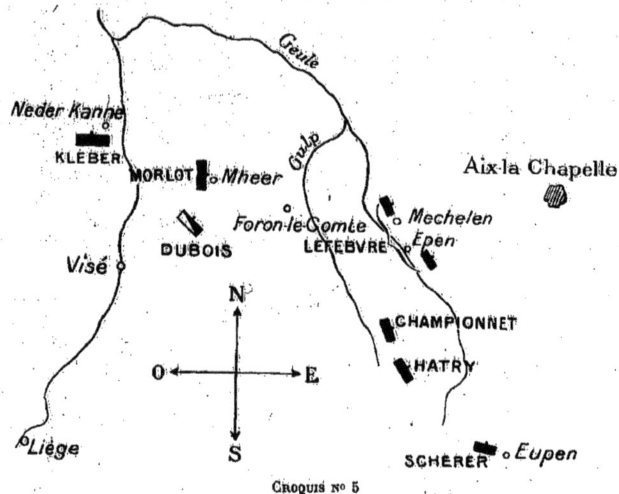

Croquis N° 5

Le combat de front donna peu de résultat, mais, grâce à cette diversion, Jourdan put lancer 12 000 hommes sur Chokier, franchir la Meuse dans la nuit du 16 au 17 septembre et enlever Duflamme. Le 18, à la suite d'une nouvelle attaque, La Tour dut abandonner Esneux, Montfort, Charoche, et se retirer sur Sprimont, puis Herve. La poursuite fut immédiatement entamée par l'armée française, et, le 1er vendémiaire (22 septembre), Morlot atteignait Mheer; Kléber était vers Neder-Kanne, Lefebvre vers Epen et Mechelen, Hatry et Championnet à Henri-Chapelle, Schérer à Eupen. Quant à la division Dubois, maintenue en deuxième ligne, elle était sur la rive droite de la Meuse à Fouronle-Comte. Il en fut de même les jours suivants : le 24 septembre, Kléber investit Maestricht. Le reste de l'armée se porta sur Aix-la-Chapelle ; Dubois, toujours en deuxième ligne, s'établit entre Wilre et Cartiels.

Le 6 vendémiaire (27 septembre), la division Hatry, qui était à Richterich, vint se joindre à son avant-garde à Newhusen. A sa droite se trouvait la division Championnet qui allait jusqu'à Saint-Jorris. Ces deux divisions se trouvaient ainsi sur la route d'Aix-la-Chapelle à Juliers.

La division Dubois vint s'établir derrière ces deux divisions : elle se trouvait placée désormais sous les ordres du général Hatry, lequel paraissait peu disposé à s'en servir. De lui-même, Dubois avait poussé une de ses brigades sur Alsdorf et ses postes vers Basse et Haute-Weiler, couvrant la gauche et lançant des découvertes jusqu'à l'ennemi retiré derrière la Roër ([1]). Les mesures prises pour nourrir la troupe restaient toujours insuffisantes : le fourrage et le pain manquaient.

A la date du 10 vendémiaire (1er octobre), l'armée impériale était toujours derrière la Roër, détachant le corps de Blankenstein pour se relier au corps de Mélas appartenant à l'armée du Rhin. Sa droite s'appuyait sur Venloo, important à conserver pour la liaison avec les Anglais. Maestricht, n'étant que bloqué, tenait toujours.

Afin d'éloigner les ennemis de la Roër et d'entamer un siège régulier, Jourdan se décida à les attaquer le 11 vendémiaire : Kléber reçut l'ordre de franchir la Roër au nord vers Ratheim, et Lefebvre de se diriger sur Linnich ; Schérer, avec les trois divisions Marceau, Haquain et Mayer, devait attaquer Dueren. Enfin au centre, Jourdan, avec les divisions Morlot, Dubois, Championnet et Hatry, avait Juliers pour objectif.

« La division de cavalerie sous les ordres du général Dubois devait marcher en seconde ligne, derrière celles des généraux Championnet et Morlot jusqu'au moment où l'ennemi fût tout à fait repoussé derrière la Roër. Il devait alors recevoir de nouveaux ordres. »

([1]) Registre de Dubois, *loc. cit.*, lettres du 27e sptembre à Hatry et Jourdan.

Werneck put se maintenir à Ratheim, mais Kray fut chassé d'Engelsdorf, Bourheim et Kirchdorf, et dut se retirer vers Juliers. Les Français prirent pied sur la rive gauche de la Roër, et, dans la nuit, Clerfayt battit en retraite. Dans la poursuite, sur laquelle on possède peu de renseignements (¹), Werneck faillit être coupé et ne fut sauvé que grâce à sa cavalerie.

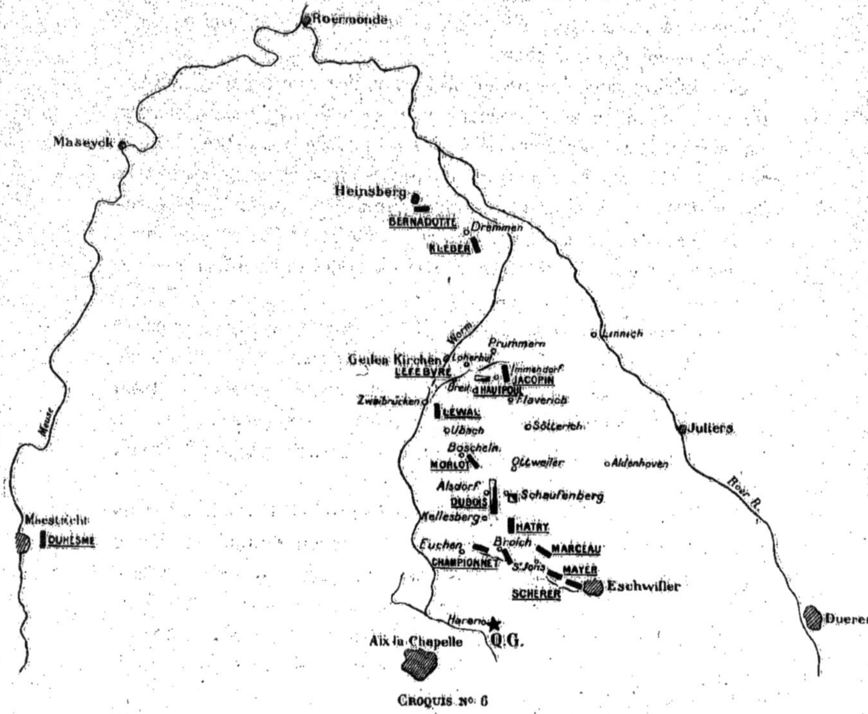

CROQUIS N° 6

Dans la nuit du 5 au 6 octobre, les Impériaux repassèrent le Rhin. Avant la fin du mois, les Français étaient entrés à Bonn, Cologne et Coblentz. Maestricht se rendit le 4 novembre. Ney, à la tête des 16ᵉ chasseurs, 4ᵉ hussards et de quelques dragons, avait

---

(¹) On sait seulement que Dubois fut blessé en chargeant devant Juliers. Sa correspondance présente un vide d'une quinzaine de jours.

eu une affaire heureuse en enlevant à Neuss un convoi et en pénétrant à Dusseldorf.

Sur ses instances et en raison du mauvais temps, Dubois avait obtenu de faire cantonner sa cavalerie. Elle s'établit à Frechen, Buschbel, Luisdorf, Stommeln, Geyen. Quartier général à Brauweiler [1]. Au début de novembre, elle se porta à Kempen [2] et environs.

En somme, et malgré le rôle effacé qui avait été imposé à la cavalerie à la fin de ces opérations, il y avait eu, au début, une tentative des plus remarquables pour faire jouer à l'arme un véritable rôle stratégique. Les difficultés matérielles de l'approvisionnement avaient eu malheureusement une influence telle que cet essai n'eut pas tous les résultats qu'on pouvait en espérer. Il reste cependant comme une preuve certaine des immenses progrès accomplis depuis le début de la guerre.

Dubois, malade, partit alors en congé.

[1] Dubois à Jourdan et Hatry, 20 octobre (reg. de corresp., *loc. cit.*).
[2] *Id.*, 12 novembre.

CHAPITRE II

LA CAVALERIE A L'ARMÉE DU NORD

(JUIN 1794 A FÉVRIER 1795)

———

Après la prise d'Ypres, l'armée de Pichegru s'était dirigée sur Gand et sur Oudenarde afin, d'une part, de s'opposer à la jonc-

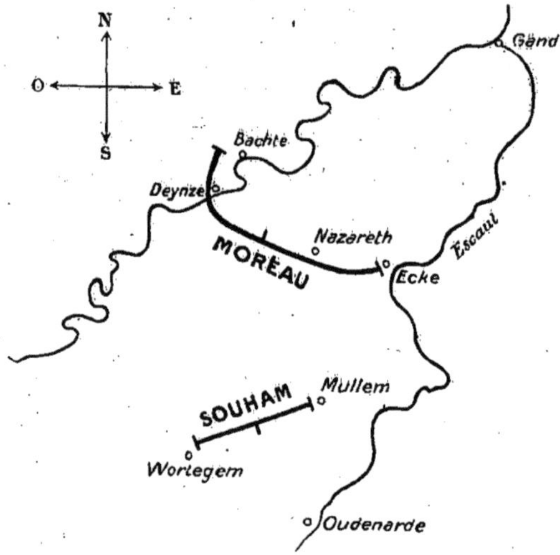

CROQUIS Nº 7

tion des armées de Clerfayt et de Cobourg, et, d'autre part, après la chute d'Oudenarde, de donner la main à l'armée de Jourdan.

Le 27 juin, elle faisait face simultanément à Gand et à Oudenarde.

A la nouvelle, reçue le 27, de la victoire de Fleurus, Pichegru appela aussitôt ses divisions sur la rive gauche de la Lys et se dirigea sur Bruges. Le 1er juillet (13 messidor), Moreau entrait à Ostende et Souham à Bruges.

Le 3 juillet, laissant Moreau faire le siège de Nieuport, Pichegru, avec les troupes de Souham, se dirigea sur Gand, et de là sur Bruxelles où, le 10 juillet, les deux armées françaises prenaient le contact.

Ces mouvements s'étaient effectués avec la plus grande facilité et sans rencontrer une sérieuse résistance de la part de l'armée du duc d'York, qui se retirait sur la Dyle.

Tous les jours, des détachements comprenant de l'infanterie, de la cavalerie, parfois même de l'artillerie légère, exécutaient des reconnaissances et donnaient des renseignements. Mais jamais encore, on ne voyait la cavalerie opérer seule. Elle semblait cependant avoir une tendance marquée à s'éloigner davantage de son infanterie. L'exemple suivant montrera quels procédés étaient encore en usage.

Le 17 messidor (5 juillet), Souham avait prescrit à Despeaux, alors à Merlebeke, d'envoyer le lendemain 18 (6 juillet) une reconnaissance sur Alost, où se trouvait Lord Moira avec un corps d'Anglais. Macdonald exécutait en même temps une reconnaissance semblable par la route de Gand à Bruxelles. Le 19 messidor (7 juillet), le général Sahuc communiquait à Despeaux le compte rendu de l'officier chargé de cette reconnaissance.

« Je me suis transporté avec les forces ordonnées à Lembergen. En avant de ce village, j'ai trouvé une vingtaine de gens armés qui faisaient patrouille...

« ... J'ai laissé en avant de Lautscauter l'infanterie que j'ai fait former en bataille, les chasseurs embusqués à cinq cents pas plus loin ; j'y ai aussi laissé un escadron de cavalerie. Avec le reste je me suis porté à Sint-Lievens-hausen. Sur les hauteurs, j'ai placé la pièce de 8 et la cavalerie en faisant faire des patrouilles. J'ai requis des rafraîchissements pour la troupe (¹)... »

(¹) Voir le croquis n° 8.

Après avoir questionné quelques paysans, il continue son chemin :

« ... Comme mes ordres ne portaient pas positivement de ne
pas aller à Alost, je me suis avancé à environ une demi-lieue plus
loin que Oordegem. Là, j'ai rencontré un chasseur du 5e à
cheval qui m'a dit qu'un détachement de la brigade de Macdonald
y avait été et avait été forcé à faire retraite après avoir perdu

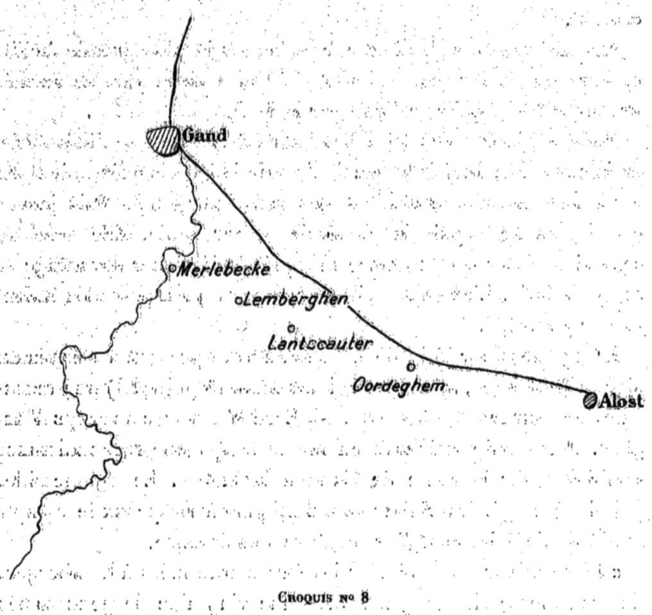

Croquis n° 8

quelques hommes. Ce qui m'a décidé à en faire de même, n'ayant
au plus avec moi que 3oo hommes de cavalerie et une pièce de
8 légère, ayant donné ordre à l'infanterie de bivouaquer dans la
position qu'elle avait prise. »

Le 15 juillet, Souham ayant occupé Malines, et Nieuport ayant
capitulé le 18, Pichegru se dirigea sur Anvers, où Souham entrait
le 5 thermidor (24 juillet), tandis que Moreau faisait le siège de
L'Écluse, qui tombait le 8 fructidor (25 août 1794).

Au 1ᵉʳ septembre (15 fructidor), l'armée de Pichegru était constituée de la manière suivante :

1ʳᵉ division (Souham)
Trois brigades : Macdonald, Dewinter, Jardon

	HOMMES	CANONS	OBUSIERS
Infanterie	14 813	36	»
Artillerie	1 311	24	9
Cavalerie	3 436	»	»
	19 560	60	9

2ᵉ division (Moreau)
Deux brigades : Vandamme, Laurent

	HOMMES	CANONS	OBUSIERS
Infanterie	11 053	36	»
Artillerie	577	3	2
Cavalerie	1 026	»	»
	12 656	39	2

3ᵉ division (Lemaire)
Deux brigades : Désenfans, Blondeau

	HOMMES	CANONS	OBUSIERS
Infanterie	11 255	26	»
Artillerie	595	9	3
Cavalerie	1 118	»	»
	12 968	35	3

4ᵉ division (Despeaux)
Une brigade : Salme

	HOMMES	CANONS	OBUSIERS
Infanterie	5 432	12	»
Artillerie	283	4	2
Cavalerie	647	»	»
	6 362	16	2

5ᵉ division (Bonnaud)
Trois brigades : Compère, Noël, Baillot

	HOMMES	CANONS	OBUSIERS
Infanterie	9 103	24	»
Artillerie	658	10	5
Cavalerie	1 558	»	»
	11 319	34	5

6e division (Delmas)

Deux brigades : Daendels, Regnier

	HOMMES	CANONS	OBUSIERS
Infanterie	4481	12	»
Artillerie	241	4	2
Cavalerie	380	»	»
	5102	16	2

Parc d'artillerie (Éblé)

	HOMMES	CANONS	OBUSIERS	MORTIERS
Artillerie	901	51	22	10

Récapitulation

	INFANTERIE	CAVALERIE	ARTILLERIE	CANONS	OBUSIERS	MORTIERS
1re divis. (Souham) .	14813	3436	1311	60	9	»
2e — (Moreau) . .	11053	1026	577	39	2	»
3e — (Lemaire) .	11255	1118	595	35	3	»
4e — (Depeaux) .	5432	647	283	16	2	»
5e — (Bonnaud) .	9103	1558	658	34	5	»
6e — (Delmas) .	4481	380	241	16	2	»
Parc d'artill. (Éblé) .	»	»	901	51	22	10
	56137	8165	4566	251	45	10

	HOMMES
Infanterie	56137
Cavalerie	8165
Artillerie	4566
	68868

Ces divisions étaient réparties de la manière suivante :

La 2e division (Moreau) : encore sur la rive droite de l'Escaut ;

La 6e division (Delmas) : autour d'Anvers ;

Les 1re, 3e, 4e et 5e divisions, en marche sur Breda, occupaient, le 1er septembre, les emplacements figurés sur le croquis n° 9.

Le parc d'artillerie se trouvait partie à Anvers, partie à Bruges.

Ainsi qu'on le voit, la cavalerie avait atteint une force considérable, mais sa dispersion dans les divisions continuait à lui interdire les opérations à grande envergure.

Toutefois, à la division Souham, il existait, en fait de troupes à

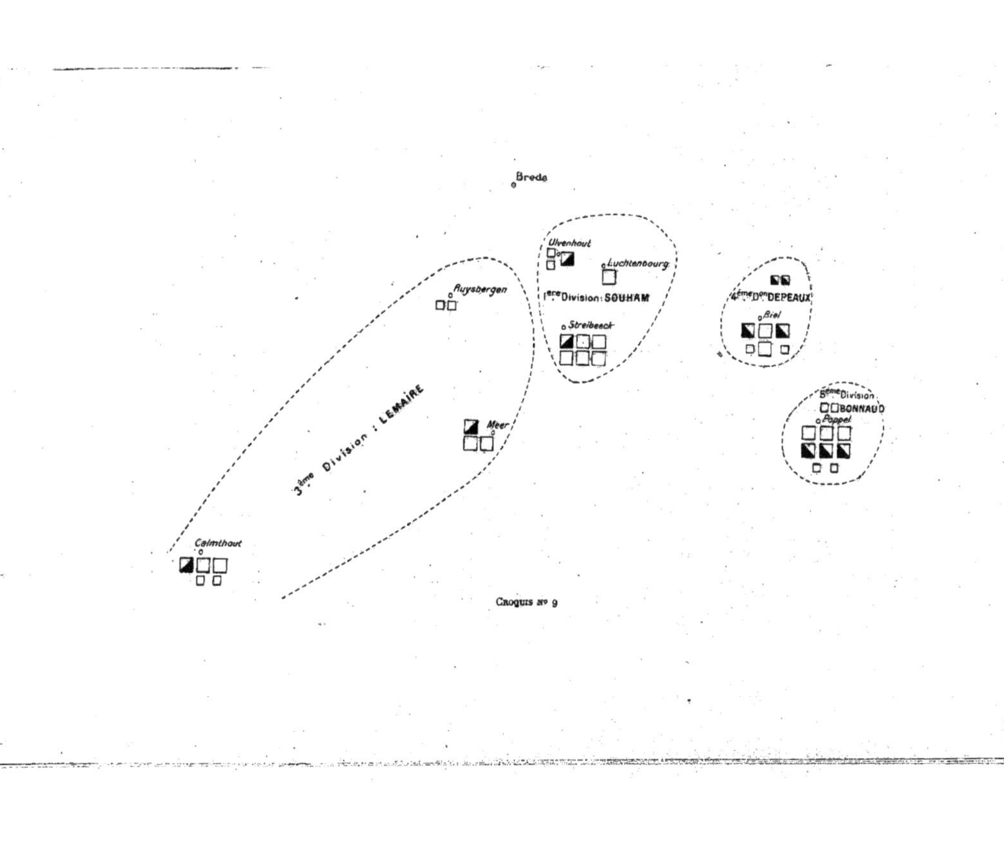

Breda
Ulvenhout
Luchtenbourg
1ère Division : SOUHAM
4ème D.on DEPEAUX
Ruysbergen
Streibeeck
Briel
5ème Division
BONNAUD
Poppel
3ème Division : LEMAIRE
Meer
Calmthout
Croquis No 9

cheval, un groupement important, plus de 3 000 cavaliers, et c'est de ce côté que devait se manifester la tendance à agir avec le plus d'audace.

En face de l'armée de Pichegru, affaiblie par tous les détachements nécessités par divers sièges, et souffrant constamment du manque de vivres, le duc d'York avait établi son quartier général à Oosterhout (7 kilomètres nord-est de Breda) et se protégeait par les marais qui avoisinent la Donge. En avant de lui, le prince d'Orange, avec 8 000 hommes, était (au sud de Breda) couvert sur sa droite par 9 000 Hessois, qui occupaient Zevenbergen (15 kilomètres nord-ouest de Breda).

Le 4 septembre, Pichegru se porta sur Meerle (12 kilomètres au sud de Breda), d'où il dirigea le lendemain une importante reconnaissance de cavalerie avec mission de se porter sur les derrières de Breda.

Quartier général de Meerle, 19 fructidor (5 septembre 1794).

LE GÉNÉRAL DE DIVISION SOUHAM AU GÉNÉRAL DE BRIGADE MACDONALD

Tu feras partir demain, à 5 heures du matin, une reconnaissance forte de 700 à 800 hommes de cavalerie, commandée par un chef de brigade. Cette reconnaissance se dirigera, du moulin de Gondenberg, sur la droite de Bavel, en traversant les bois vers la ferme de Lutchenbourg et celle de Valkenberg. Elle ira ensuite à Dorst et vers la *Justice de Breda*, en s'éclairant sur sa droite jusque près Dongen, où le général Despeaux doit envoyer, et sur la gauche vers Ypelaar, où le général Jardon doit aussi envoyer. De la *Justice de Breda*, on devra envoyer des partis en avant, sur les derrières de Breda, vers la route de Gertruydenberg et sur Teteringen.

Cette découverte se *retirera ensuite* en prévenant les patrouilles que le général Jardon doit laisser à Ypelaar jusqu'à sa retraite[1].

SOUHAM.

Le 10, Pichegru se porta vers l'est de Breda en se couvrant par la Donge et vint s'établir entre Gilze et Rijen pour marcher ensuite vers Bois-le-Duc en laissant une division face à Breda.

Ce mouvement délicat fut protégé par une série de reconnaissances de cavalerie employée en forces importantes : 900 ca-

---

[1] Voir le croquis n° 10.

valiers envoyés par Bonnaud, 5oo autres et une pièce de canon détachés par Souham. Le 12, ce dernier poussa encore dix esca-

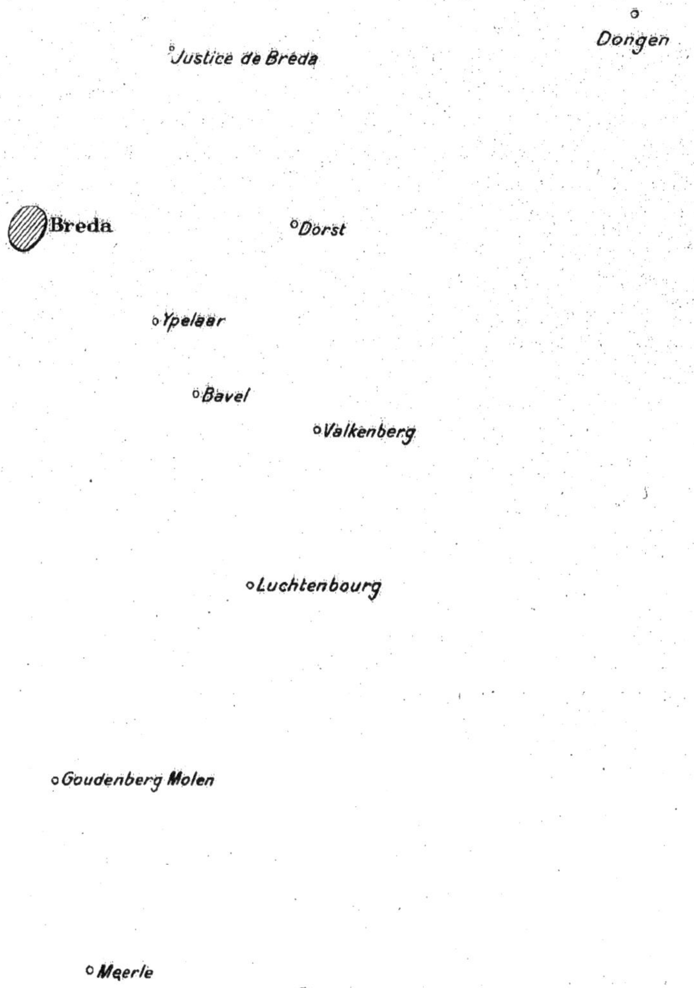

Dongen

Justice de Breda

Breda   °Dorst

°Ypelaar

°Bavel

°Valkenberg

°Luchtenbourg

°Goudenberg Molen

°Meerle

CROQUIS N° 10

drons et deux pièces de canon à 15 kilomètres de son infanterie. Les Anglais s'étaient retirés le 12 derrière l'Aa, leur droite à la ville de Bois-le-Duc, leur gauche vers Heeswijk, leur avant-garde vers Böxtel. Celle-ci, attaquée le 14, fut mise en déroute. Le 15, le duc d'York reprit l'offensive et réoccupa Oedenrode. La colonne laissée sur ce point fut battue et ne dut son salut dans sa retraite qu'au dévouement de dix escadrons du général Hammerstein. En même temps, le général Abercromby s'était porté de Schijndel à Böxtel. Il s'était heurté à quatre escadrons de carabiniers envoyés en reconnaissance. Ceux-ci s'étaient repliés en bon ordre. Renforcés par trois autres escadrons, deux canons et quelques compagnies, ils reprirent l'offensive et rejetèrent les Anglais en désordre sur Heeswijk.

Le duc d'York se retira alors au delà de la Meuse et posta les Hessois entre ce fleuve et le Wahal, dans la région coupée de Mestrijk. Les Hanovriens et l'armée de réserve étaient à Well, les Anglais à Wychen puis à Groesbeek. L'arrière-garde, commandée par Hammerstein, restait devant Grave.

La poursuite fut peu active. Le terrain était d'ailleurs très difficile et stérile en partie. Le 22 septembre seulement, la division Bonnaud rejeta Hammerstein au delà de la Meuse. Le même jour, Souham investissait Bois-le-Duc et Daendels atteignait Crèvecœur, dont le siège fut entrepris immédiatement. La place capitula le 29. Moreau marcha sur Venloo et Ruremonde. Bois-le-Duc se rendit le 9 octobre.

Pendant chacune de ces journées, la cavalerie se montra des plus actives : des reconnaissances nombreuses apportaient tous les jours des renseignements précis sur les mouvements de l'adversaire. Les détachements, composés toujours de plusieurs escadrons et d'une ou deux pièces d'artillerie légère, ne craignaient pas de s'aventurer assez loin de leurs corps.

Une fois Bois-le-Duc enlevé, Pichegru dirigea sur Grave les divisions Souham et Salme (1re et 4e) et sur Teffelen la 3e division. La 5e restait à Bois-le-Duc, la 3e devant Breda, la 2e (Moreau) devant Venloo et Ruremonde. Le duc d'York s'était retiré le 7 octobre vers Nimègue.

Moreau remplaça, le 18 octobre, Pichegru partant en congé à cette date.

Le lendemain, la division Souham força le passage de la Meuse entre Teffelen et Alphen et livra, le 20, un violent combat à l'arrière-garde, toujours commandée par Hammerstein. Retardée par le passage et les difficultés du terrain, la cavalerie française ne put intervenir au centre.

Mais, sur les ailes, la cavalerie chargea avec succès : à l'aile gauche, le 9e hussards, la 30e division de gendarmerie et un bataillon d'infanterie légère firent prisonnier un bataillon d'infanterie anglaise, et quelques pelotons faillirent même, emportés par leur ardeur, être coupés par des hussards émigrés. A l'aile droite, le 3e hussards tomba sur la légion de Rohan et lui fit 68 prisonniers.

Ce succès permit d'investir Grave par le nord. Le 22 octobre, les emplacements de l'armée du Nord étaient les suivants :

1re division (Souham), devant Nimègue, sur la rive droite de la Meuse ;
2e   —   (Moreau), près de Ruremonde et Venloo ;
3e   —   (Lemaire), devant Breda ;
4e   —   (Salme), autour de Grave ;
5e   —   (Bonnaud), à la gauche de la 1re, vers Boningen ;
6e   —   (Delmas), à la gauche de la 5e, vers Drumel ;
Parc d'artillerie, vers Anvers.

Le 1er novembre, Nimègue était attaqué : cette ville était évacuée le 7 par la garnison hollandaise. La rigueur de la saison interrompit les opérations. La division Moreau prit ses quartiers entre Emmerich et Wesel, Souham autour de Nimègue, Bonnaud entre le Wahal et la Meuse, Lemaire à Breda et Berg-op-Zoom.

Du côté ennemi, les Hollandais cantonnèrent entre Gertruydenberg et Heusden. Le prince d'Orange avait son quartier général à Gorcum. Les Anglais à la gauche, entre le Wahal et le Leck jusque vers Emmerich (où se trouvait le corps autrichien de Werneck, que remplaça Alvinzi), leur cavalerie sur les deux rives de l'Yssel. Le quartier général du duc d'York était à Arnheim [1].

Ce séjour dans une saison rigoureuse fut très pénible pour les deux adversaires, mais spécialement pour les Français, mal approvisionnés et à peine vêtus. Il fallut renvoyer sur les derrières une

---

[1] Il fut remplacé, le 2 décembre, par le général Walmoden (*Œst. mil. Zeits.*, loc. cit.).

partie de la cavalerie. Néanmoins les opérations actives furent reprises en décembre.

Le 2, Daendels attaqua vainement le fort Saint-André. A la faveur d'un froid exceptionnel qui gela le Rhin, le Leck et le Wahal, le 27, l'île de Bommel fut envahie et le fort Saint-André se rendit. Bonnaud et Lemaire enlevèrent les lignes de Breda : Grave et Heusden capitulèrent. Le 28, le Wahal était franchi près de Tuil. Le 5 janvier 1795, les Anglais étaient rejetés derrière la Linge et le prince d'Orange forcé à la retraite sur Rotterdam. De fortes découvertes les suivirent pas à pas (¹).

Le 16, Walmoden se repliait derrière l'Yssel et de là en Westphalie. Le 18, les Français entraient à Arnheim et étaient maîtres de Gertruydenberg. Le 20, Pichegru entra à Amsterdam ; le 23, à La Haye. Bonnaud et Macdonald poussèrent jusqu'au Zuyderzée. Malgré la rigueur de la saison, les découvertes de la cavalerie française n'avaient cessé d'être lancées au loin. Constamment elles avaient fait des prisonniers et ramassé des canons abandonnés par l'ennemi dans sa désastreuse retraite (²).

C'est là que se place le célèbre épisode de la prise des vaisseaux du Texel.

Dès son arrivée à Amsterdam, Pichegru avait su que quatorze vaisseaux hollandais étaient arrêtés par les glaces au port du Helder. Il prescrivit au général Macdonald, qui était avec sa division à Amersfoort et se préparait à marcher sur Naarden, de lui envoyer le général Dewinter et de le faire remplacer à la tête de sa brigade (³).

La 4ᵉ division (Salme) [⁴] ayant été relevée à Utrecht par les

______

(¹) Registre de correspondance de Macdonald, nº XI 5ᵗᵉʳ (Arch. de la guerre).

(²) En particulier le 8ᵉ hussards, détaché avec le général Salme, commandant provisoirement la 4ᵉ division, avait, près de Kellemburg, eu un beau succès (Historique du 8ᵉ hussards).

(³) Jourdan à Macdonald, 1ᵉʳ pluviôse (20 janvier) [Arch. de la guerre, corresp. gén.] ; Mémoire du général Reynier (Arch. de la guerre) ; Journal des opérations de l'armée du Nord (Arch. de la guerre) ; Historique du 8ᵉ hussards ; Rapports décadaires de la 4ᵉ division de l'armée du Nord (Arch. de la guerre, corresp. gén.) ; Registre de correspondance de Macdonald, nº XI 5ᵗᵉʳ (Arch. de la guerre) ; *Souvenirs du général baron Lahure*, Paris, 1895.

(⁴) La division Salme comprenait les 1ᵉʳ et 2ᵉ bataillons de la 38ᵉ demi-brigade, 3 batail-

troupes de Moreau, Dewinter reçut le commandement d'une avant-garde composée du 3ᵉ bataillon de tirailleurs, des 3ᵉ et 5ᵉ chasseurs (commandant Lahure), d'un escadron du 8ᵉ hussards et d'une fraction de la 4ᵉ compagnie du 8ᵉ bataillon d'artillerie légère.

Cette avant-garde se dirigea sur Haarlem, dont la garnison se rendit sans résistance, et parvint le 22, à 8 heures du soir, à Alkmaer.

A 1 heure du matin, Lahure repartait avec une compagnie du 3ᵉ tirailleurs transportée en voitures et un escadron du 8ᵉ hussards([1]), par une nuit très obscure et une neige épaisse. A 6 heures du matin, il arriva dans les dunes bordant le bras de mer alors gelé qui sépare l'île du Texel de la ville du Helder.

Dès que le jour parut, les fantassins montèrent en croupe et parvinrent auprès des vaisseaux, qui, après quelques pourparlers, se rendirent. On captura aussi plusieurs navires marchands.

---

lons de la 131ᵉ, le 3ᵉ bataillon de tirailleurs, les 3ᵉ et 5ᵉ bataillons de chasseurs francs, le 13ᵉ *bis* régiment de chasseurs à cheval, 1 escadron du 8ᵉ hussards, des détachements du 6ᵉ d'artillerie et du 8ᵉ d'artillerie légère, 1 détachement de la 29ᵉ division de gendarmerie à cheval.

([1]) D'après Lahure, *loc. cit.*, cet escadron était commandé par Marulaz; d'après Lorédan Larchey, ce serait Christophe. Ces deux chefs d'escadrons figurent bien sur les contrôles du 8ᵉ hussards à cette époque.

CHAPITRE III

LA CAVALERIE AUX ARMÉES DE LA MOSELLE ET DU RHIN

(MAI A SEPTEMBRE 1794)

Après le départ pour Neufchâteau (20 mai) des quatre divisions qui allaient prendre part à la victoire de Fleurus, il n'était resté à Moreaux, établi entre Longwy et Kaiserslautern et dont le quartier général était à Sarrebrück (22 mai), que des forces insuffisantes, en pleine période d'organisation et réparties en trois divisions : la première autour de Kaiserslautern, la deuxième autour de Hombourg, la troisième autour de Bliescastel. Moreaux n'avait que fort peu de cavalerie malgré ses réclamations[1], et ne possédait sur ses adversaires d'autres renseignements que ceux de quelques espions.

En face de ces forces éparses et mal éclairées, le feld-maréchal de Mollendorf, avec 65 000[2] Prussiens et Saxons, occupait le terrain entre Rhin et Moselle, son gros à Trèves. Le 23 mai, il prononça contre la 1re division, aventurée et dispersée autour de Kaiserslautern, une attaque concentrique qui eut un plein succès.

Affaire de Kaiserslautern (4 prairial an II-23 mai 1794). — Le général Ambert, qui commandait la division de droite, établie autour de Kaiserslautern, disposait de huit bataillons et 250 cavaliers, formant un total de 4 500 hommes environ.

---

[1] Lettre au Comité de salut public, 22 mai (Arch. de la guerre, corresp. génér.).

[2] Qui, d'après le maréchal, se réduisaient à 40 000 combattants, par suite des maladies (*Œst. milit. Zeits.*, ann. 1818, n° 7).

Ces troupes étaient réparties de la façon suivante :

Adjudant général TERRAY. {
2ᵉ bataillon de l'Allier . . . . . .
1ᵉʳ — de la Montagne . . .
1 compagnie de chasseurs de la Légion de la Moselle . . . . . .
} Hochspeyer, Fischbach.

1ᵉʳ bataillon du 24ᵉ. . . . .
9ᵉ — des Vosges. . . . .
} A gauche, dans les bois, derrière des abris.

Chef de brigade OUDINOT. {
5 compagnies du 3ᵉ bataillon de Rhône-et-Loire. . . . . Erlenbach.
4 compagnies du 3ᵉ bataillon de Rhône-et-Loire. . . . . Otterbach.

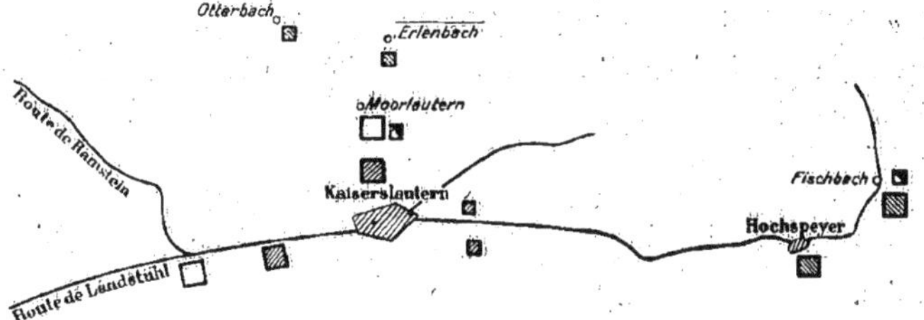

CROQUIS Nº 11

2ᵉ bataillon de Rhône-et-Loire. . . . .
80 chasseurs à cheval de la Légion de la Moselle
} Moorlautern.

5 compagnies du 3ᵉ bataillon de l'Ain . . . . } Entre les deux routes de Türckeim et Neustadt.

4 — — . . . . A la gauche des précédentes.

5 pièces d'artillerie de position . . . . } Dans des redoutes sur la ligne de retraite.

L'artillerie légère . . . . }
100 cavaliers du 11ᵉ de cavalerie. . . . . . . } En avant des mêmes redoutes.

Équipages. . . . . Trippstadt.

Le 23 mai, à 5 heures du matin, la division Ambert fut attaquée brusquement de tous les côtés à la fois. La surprise fut telle que les quatre compagnies d'Otterbach n'eurent pas le temps de se retirer et furent faites prisonnières. L'ennemi arrivait par les routes de Ramstein, de Turckeim, de Neustadt et de Moorlautern.

Aux premiers coups de canon, Ambert avait envoyé l'ordre à ses équipages de filer sur Pirmasens et à ses pièces de position de prendre le même chemin ; puis il avait cherché à rallier tous ses bataillons en arrière de Kaiserslautern. L'artillerie légère protégeait ce mouvement, soutenue par les cavaliers du 11e cavalerie, lorsque soudain, devant 50 hussards prussiens, les cavaliers, pris de panique, fuient et viennent porter le désordre dans les bataillons d'infanterie, abandonnant l'artillerie légère aux mains de l'ennemi.

« Je fis plusieurs tentatives, dit Ambert dans son rapport, pour rallier la cavalerie. Prières, menaces, tout fut inutile. Les cavaliers me laissèrent au milieu de l'ennemi avec le citoyen Biroz, officier du génie, et leurs officiers. »

Cette panique fut cause de la perte d'une partie de l'artillerie, par suite de l'affolement des charretiers, qui avaient coupé les traits.

Les pertes se montaient à 800 hommes tués, blessés ou disparus, quatre pièces légères, cinq pièces de position et des caissons. Une partie de la division se dirigea sur Pirmasens, quelques centaines d'hommes rejoignirent l'armée du Rhin vers Annweiler.

A la suite de cet échec, Moreaux vint s'établir en arrière sur la ligne Bliescastel—Hornbach—Pirmasens, pour reculer ensuite sur la ligne Sarreguemines—Rohrbach—Bitche. Les Prussiens vinrent occuper la région montagneuse, à Lautern et à Trippstadt, se reliant par leur gauche au corps du duc Albert de Saxe-Teschen, qui s'étendait jusqu'au Rhin. Ils y restèrent à peu près immobiles pendant tout le courant de juin.

A la droite de l'armée de la Moselle, l'armée du Rhin s'était d'abord postée entre Kaiserslautern et Spire. Elle avait la composition suivante :

1re division (DESAIX)		2e division (FERINO)	
Infanterie	5267	Infanterie	4448
Cavalerie	1509	Cavalerie	2241
Artillerie	127	Artillerie	95
	6903		6784

3ᵉ division (Delmas)

Infanterie	3 554
Cavalerie	1 031
Artillerie	79
	4 664

4ᵉ division (Vachot)

Infanterie	2 316
Cavalerie	135
Artillerie	85
	2 536

5ᵉ division (Laboissière)

Infanterie	3 164
Cavalerie	296
Artillerie	»
	3 460

Parc d'artillerie (Dorsner)

Infanterie	833
Artillerie	641
	1 474

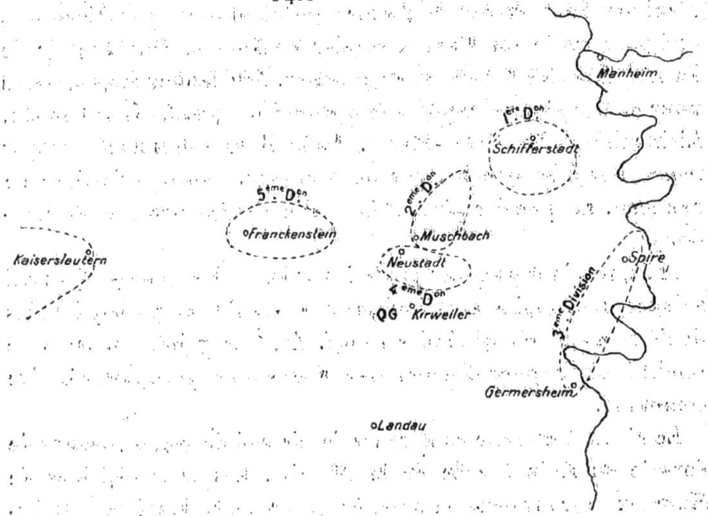

CROQUIS Nᵒ 12

Quartier général

Cavalerie	323

Récapitulation

	INFANTERIE	CAVALERIE	ARTILLERIE	TOTAL
1ʳᵉ division (Desaix)	5 267	1 509	127	6 903
2ᵉ — (Ferino)	4 448	2 241	95	6 784
3ᵉ — (Delmas)	3 554	1 031	79	4 664
4ᵉ — (Vachot)	2 316	135	85	2 536
5ᵉ — (Laboissière)	3 164	296	»	3 460
Parc d'artill. (Dorsner)	833	»	641	1 474
Quartier général	»	323	»	323
	19 582	5 535	1 027	26 144

On voit qu'à l'armée du Rhin, la proportion de cavalerie, par rapport à l'effectif total, était beaucoup plus élevée qu'à l'armée de la Moselle ([1]).

Le quartier général était à Kirweiler.

Les divisions étaient réparties comme l'indique le croquis n° 12.

En même temps que l'ennemi attaquait Kaiserslautern, l'armée du Rhin avait été également menacée sur son front le 28 mai. Le recul de l'aile droite de l'armée de la Moselle sur Pirmasens obligea l'armée du Rhin à reculer également. On fit venir de l'arrière tous les bataillons disponibles. Michaud prit des mesures pour mettre sérieusement en état de défense les places de Landau, Lichtenberg, La Petite-Pierre. Enfin il fit solidement occuper Annweiler à sa gauche, par où il craignait surtout l'arrivée de l'ennemi. Le quartier général fut établi à Offenbach (est de Landau).

Mais, pendant quelques jours, les ordres et les contre-ordres qui se succèdent rapidement indiquent le trouble et les inquiétudes de l'état-major du général en chef. Du 4 au 7 juin, Michaud se rendit à Bitche pour discuter avec Moreaux des projets d'offensive commune.

Le résultat de cette conférence fut l'envoi de 6 000 hommes de l'armée du Rhin à celle de la Moselle. Les trois divisions de Moreaux se trouvaient, la première à Bitche, la deuxième à Rohrbach, la troisième à Sarreguemines. Le 11 juin, elles se portèrent en avant sur Bliescastel, Hornbach et Pirmasens, sans grandes difficultés.

Pendant ce temps, l'armée du Rhin restait immobile, Michaud se contentant de faire établir un camp entre le Geissberg et Wissembourg.

Le 1er messidor (19 juin), la division Desaix, qui formait la droite de la ligne, fut violemment attaquée. L'attaque eut lieu par surprise à 3 heures du matin. Seule, la cavalerie donna : les

---

([1]) Lacoste, représentant du peuple, écrivait le 2 juin : « Il reste aujourd'hui à l'armée du Rhin en totalité 5 000 hommes de cavalerie, dont 2.000 de nouvelles recrues, et, un jour de combat, c'est beaucoup quand elle peut en mettre 3 500 sur pied. »

10e chasseurs, 17e dragons et 11e de cavalerie chargèrent avec intrépidité.

« Il faut qu'on sache, écrivaient les représentants du peuple, que notre cavalerie a chargé l'ennemi à travers la mitraille et les boulets de l'ennemi, et qu'elle n'en a pas été maltraitée parce qu'elle s'était avancée près des canons, où l'on a moins de mal que de loin. Cependant, le grand nombre de nos cavaliers voyaient le feu pour la première fois... »

A la suite d'un nouveau conseil de guerre tenu le 21 juin par Moreaux et Michaud, une attaque fut décidée. Elle fut fixée au 2 juillet.

Combat de Schwegenheim (14 messidor an II-2 juillet 1794). — Une fraction de l'armée de la Moselle devait marcher sur Trippstadt, et la division Desaix, à la droite de la ligne, devait attaquer Schwegenheim. Entre les deux, une division forte de huit bataillons favoriserait, en attaquant par les gorges, le mouvement de l'armée de la Moselle ; une autre division, sous les ordres de Gouvion-Saint-Cyr, devait coopérer par une diversion au mouvement de Desaix.

La ligne ennemie en face de Desaix s'étendait de Freisbach à Schwegenheim, en suivant le bois en arrière de ces deux villages : Freisbach était occupé par de l'infanterie et des hussards, Schwegenheim par trois bataillons et six escadrons. Des retranchements et des abatis protégeaient tout le front. Le village de la Kleinhollande (Mechtersheim) était occupé par un bataillon et plusieurs escadrons de chevau-légers palatins et de hussards.

En arrière, entre Harthausen et Heiligenstein, campaient quatre régiments d'infanterie et trois de hussards. Enfin, entre Hanhofen et Spire, il y avait encore une troisième ligne d'infanterie et de cavalerie.

Desaix prit les dispositions suivantes : Vachot devait déboucher de Westheim et Lingenfeld avec huit bataillons et attaquer de front Schwegenheim. A sa droite, cinq régiments de chasseurs et de dragons, marchant sur trois lignes, devaient se porter rapidement en avant, tourner Schwegenheim et tomber sur la gauche autrichienne. Enfin une troisième colonne, formée avec de la cavalerie, sous les ordres de l'adjudant général Eicard, devait déboucher de Nieder-Lustadt et attaquer Schwegenheim à la gauche de Vachot aussitôt que les deux autres colonnes auraient commencé leur mouvement.

Le général Beyssac, avec huit bataillons et quelques escadrons,

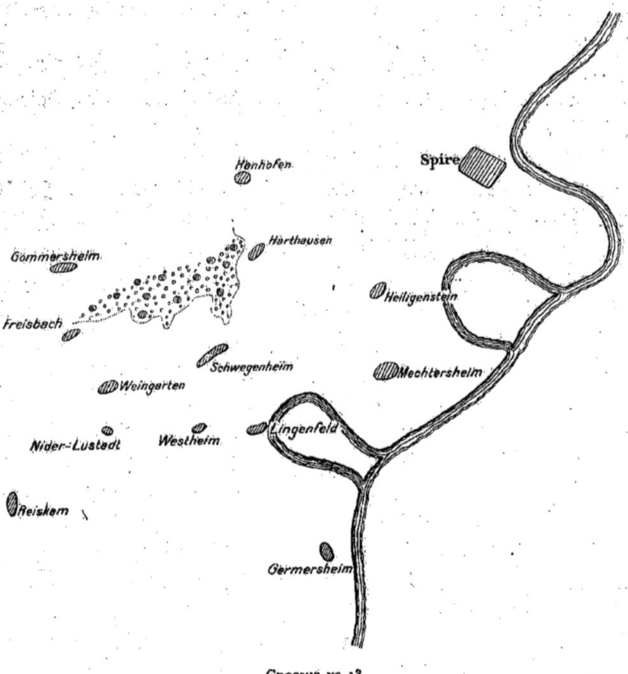

CROQUIS Nº 13

était chargé de déboucher de Weingarten et d'attaquer Freisbach.

L'attaque, qui devait avoir lieu au point du jour, fut retardée « par différentes circonstances imprévues ». Elle commençait cependant heureusement, lorsqu'un faux mouvement vint faire hésiter la cavalerie ; l'ennemi en profita pour tirer à mitraille, et aussitôt les cinq régiments de droite se débandèrent. L'infanterie, qui avait réussi en partie son attaque sur Freisbach, fut obligée de se retirer après cet insuccès de la droite. La manœuvre avait échoué, et les corps de Moreaux. et de Michaud revinrent sur leurs positions.

Le 8 juillet, les représentants du peuple confièrent la direction des opérations des armées du Rhin et de la Moselle au général Michaud et placèrent Moreaux sous les ordres de celui-ci. A la suite d'un conseil de guerre, la reprise du mouvement en avant fut fixée au 13 juillet (25 messidor). Cette fois, l'attaque réussit sur toute la ligne. Les Autrichiens et les Prussiens furent battus sur tous les points entre Trippstadt et le Rhin. Mais le terrain accidenté et couvert de vignes, peut-être aussi le résultat des expériences précédentes, fit que la cavalerie ne prit qu'une faible part aux combats qui eurent lieu les 25 et 26 messidor (13 et 14 juillet), et qui permirent à l'armée de réoccuper ses anciennes positions entre Schifferstadt et Kaiserslautern. Les Prussiens battirent en retraite sur Mayence, le duc de Saxe-Teschen repassa le Rhin (¹).

Les deux armées restèrent immobiles de nouveau jusqu'au 18 thermidor (5 août) : à cette date, l'armée de la Moselle se mit en marche sur Trèves, sous les ordres de Moreaux. Michaud, avec l'armée du Rhin, restait entre Kaiserslautern et le Rhin. L'armée de Moreaux entrait à Trèves le 22 thermidor (9 août 1794).

L'armée du Rhin resta sur ses positions sans être inquiétée par l'ennemi jusqu'aux derniers jours de l'an II. Le 2ᵉ complémentaire (18 septembre), les avant-postes furent attaqués légèrement. Mais le surlendemain une nouvelle attaque plus sérieuse fut exécutée par les Autrichiens en face de Kaiserslautern.

Combat de Kaiserslautern du 20 septembre. — La division Meynier occupait les environs de Kaiserslautern. Le matin du 4ᵉ complémentaire (20 septembre an II), une reconnaissance, forte de deux escadrons et 200 hommes d'infanterie, avait poussé vers Otterberg et Todenbach sans apercevoir d'ennemi.

Un peu plus tard, le général Jardy, qui se trouvait à Alsenborn,

---

(¹) Le 17 juillet (29 messidor), les représentants du peuple Hentz et Goujon prirent un arrêté prescrivant aux officiers commandants de cavalerie de ne plus se mettre en avant de leurs hommes, dans les charges, mais en ligne avec eux.

rendit compte que l'ennemi semblait vouloir faire un mouvement sur sa gauche par Moorlautern([1]). Meynier envoya aussitôt sur ce point le général Cavrois avec quatre bataillons, deux pièces de quatre et environ 200 cavaliers du 4ᵉ chasseurs.

Un bataillon, qui entra dans le bois, ne tarda pas à y rencontrer l'ennemi. La fusillade s'engagea, et elle durait depuis plusieurs heures quand une colonne de cavalerie autrichienne fut signalée vers Erlenbach. La cavalerie de Cavrois fit un mouvement dans sa direction, et l'obligea à passer plus à droite : menacé par cette cavalerie du côté du moulin de Damm, Cavrois fit occuper ce point par un bataillon.

Obligé de battre en retraite sur l'ordre de Meynier, Cavrois fit filer sa cavalerie et ses deux pièces vers le défilé de Trippstadt.

Au moment où ses bataillons allaient suivre le même chemin, la nombreuse cavalerie autrichienne déboucha des bois avoisinants et de la route de Landstuhl : arrêtés un moment par le tir d'une centaine d'hommes embusqués dans une scierie en arrière du village, les cavaliers autrichiens vinrent tomber sur la queue des bataillons en retraite qui disparaissaient dans les bois au sud de Kaiserslautern. Ces cavaliers pénétrèrent dans les bois par les divers chemins qui partent de la grand'route.

« La marche lente et souvent rétrogressive, dit Cavrois, de notre cavalerie qui tenait la route, et la jonction d'un bataillon que j'y trouvai, et que je fis marcher derrière de très près, lui en imposèrent et la réduisirent à ne donner que des inquiétudes dans la traversée, et même elle y perdit du monde.

« A la sortie du bois, notre cavalerie fit face en arrière, donna le temps au bataillon de se porter au second bois où il se mit en bataille, et ensuite, elle étendit son front vers son flanc gauche, pour protéger la majorité de notre infanterie qui gagnait Trippstadt par le chemin des Forges… »

En même temps que la division Meynier, les divisions Vachot et Prudhon étaient également attaquées et obligées de se retirer.

Mais les succès de l'armée de Sambre et Meuse déterminèrent la retraite de l'ennemi.

([1]) Se reporter au croquis nᵒ 11, p. 141.

En somme, dans la région des armées de la Moselle et du Rhin, les difficultés du terrain expliquent jusqu'à un certain point le peu d'importance du rôle joué par les troupes à cheval. Mais plus sérieuses semblent être les raisons provenant de la faiblesse numérique de la cavalerie, de sa dispersion dans les divisions et surtout de l'insuffisance de son instruction. La proportion des recrues est si considérable que le nombre des cavaliers disponibles un jour d'affaire est énormément réduit. Du côté ennemi se trouvent, au contraire, des corps justement réputés, tels que les hussards de Blücher et de Schmettau, dont le rôle est très brillant.

CHAPITRE IV

LA CAVALERIE PENDANT LA CAMPAGNE DE 1795 EN ALLEMAGNE

(DU 5 SEPTEMBRE AU 22 OCTOBRE 1795)

A la suite de la défection des Prussiens (¹) et de la capitulation de Luxembourg (24 juin 1795), les Autrichiens avaient perdu toute la rive gauche du Rhin, sauf la ville de Mayence qui avait été attaquée par l'ouest. Les troupes impériales formèrent alors deux armées : celle du Bas-Rhin sous Clerfayt, qui, fortement renforcée en août, comptait au début de septembre 115 bataillons d'infanterie et 140 escadrons de cavalerie, représentant un total d'environ 97 000 hommes, échelonnés sur la rive droite du Rhin, depuis Düsseldorf jusqu'à Philippsbourg, et l'armée de Würmser (64 bataillons, 129 escadrons, au total 80 000 hommes [²]), s'étendant sur le prolongement de Clerfayt, depuis Philippsbourg jusqu'aux environs de Bâle.

A la même époque, au moment où le Comité de salut public donnait l'ordre de reprendre les hostilités, la situation des armées françaises, du côté de l'Allemagne, était la suivante :

L'armée de Sambre et Meuse, sous les ordres du général Jourdan, s'étendait le long du Rhin depuis Wesel jusqu'à Bingen, se reliant, par sa gauche, avec l'armée du Nord (général Moreau), et, par sa droite, avec l'armée de Rhin et Moselle (général Pichegru), échelonnée depuis Mayence jusqu'à Bâle.

(¹) 5 avril 1795.

(²) *Mémoires de Gouvion Saint-Cyr*, t. II, pièces justificatives, n° 97 ; *Œst. milit. Zeits.*, 1831, n° 62. — Quartier général de Clerfayt, Muhlheim ; de Würmser, Heidelberg.

L'armée de Sambre et Meuse comprenait neuf divisions (¹), représentant un effectif total de 70 195 fantassins, 11 643 cavaliers et 3 475 artilleurs et canonniers, servant 213 bouches à feu de tous calibres (²).

La cavalerie de l'armée était répartie comme il suit (³) :

Division	Brigade	Régiment	ESCA-DRONS		
1ʳᵉ div. (Lefebvre) [4 brigades, dont 1 de cavalerie]	Brigade d'Hautpoul	1ᵉʳ chasseurs.	6	916	2 455
		6ᵉ — .	6	711	
		9ᵉ — .	6	828	
2ᵉ div. (Grenier) [2 brigades].	Rattaché à brig. Simon.	4ᵉ hussards. .	5	682	1 367
	— Olivier.	19ᵉ chasseurs.	6	685	(4)
3ᵉ div. (Tilly) [3 brigades, dont 1 de cavalerie].	Brigade Despret.	10ᵉ rég. de cav.	4	485	933
		13ᵉ —	4	448	
4ᵉ div. (Bernadotte) [2 brigades].	Ratt. à brig. Daurier.	2ᵉ hussards. .	5	585	1 198
	— Barbou.	3ᵉ chasseurs.	6	613	
5ᵉ div. (Marceau) [3 brigades, dont 1 de cavalerie].	Brigade Klein.	11ᵉ chasseurs.	4	414	1 771
		12ᵉ — .	6	691	
		7ᵉ dragons. .	5	666	
6ᵉ div. (Poncet) [2 brigades].	Aux ordres directs du général Poncet	11ᵉ dragons. .	5	493	493
7ᵉ d. (Championnet) [2 brigades].	Ratt. à br. Legrand	1ᵉʳ dragons. .	5	652	1 384
	— Palmarole.	12ᵉ — . .	6	732	
8ᵉ division (prov. Schœnmezel) [2 brigades].	Ratt. à br. Bastoul	2ᵉ dragons. .	6	654	1 259
	— Schœnmezel	14ᵉ — . .	5	605	
Division de cavalerie (Legrand).	Brigade Oswald.	6ᵉ rég. de cav.	4	387	783
		8ᵉ —	4	396	

A la date du 5 septembre (19 fructidor an III), les troupes de l'armée de Sambre et Meuse occupaient les positions suivantes (⁵) :

Quartier général de l'armée : Bonn.

1ʳᵉ division (quart. gén. à Rumeln).
— Droite à Kaldenhausen ;
— Centre à Friemersheim (cavalerie en 2ᵉ ligne, derrière le centre) ;
— Gauche à Bliesheim.

(¹) Dont une de cavalerie.

(²) Rapport décadaire du 10 au 20 fructidor (Armée de Sambre et Meuse, situations, septembre 1795).

(³) Ibid.

(⁴) 1331, d'après l'État de situation décadaire de la 2ᵉ division, 20 fructidor an III (Armée de Sambre et Meuse, situations, septembre 1795).

(⁵) Rapport décadaire du 10 au 20 fructidor an III (Armée de Sambre et Meuse, situations, septembre 1795).

2ᵉ division
(quart. gén. à Urdingen)
- Droite vers Urdingen (en 2ᵉ ligne, 4ᵉ hussards à Capellen);
- Centre vers Bodberg;
- Gauche vers Kaldenhausen (en 2ᵉ ligne, 19ᵉ chasseurs à Hüls).

3ᵉ division
(quart. gén. à Linn)
- Droite à Linn;
- Centre à Bockum (en 2ᵉ ligne, 13ᵉ régiment de cavalerie à Vorst);
- Gauche à Rath (en 2ᵉ ligne, 10ᵉ régiment de cavalerie à Fischeln et Willich).

7ᵉ division
(quart. gén. à Neuss).
- Tout entière en arrière de Heerdt, avec la cavalerie en 2ᵉ ligne.

8ᵉ division
(quart. gén. à Cologne)
- Une brigade, de Godorf à Zons (14ᵉ dragons à Cologne et villages voisins);
- Une brigade de Wesseling à Sinzig (2ᵉ dragons dans les villages le long du Rhin).

4ᵉ division
(q. gén. à Andernach).
- Droite à Bubenheim;
- Centre à Weissenthurm (en 2ᵉ ligne, la cavalerie à Kettig et à Mühlheim);
- Gauche à Andernach.

6ᵉ division
(q. gén. à Metternich).
- Droite à la Moselle, près Coblentz;
- Centre à Neuendorf;
- Gauche vers Bubenheim (en 2ᵉ ligne, la cavalerie à Rübenach).

5ᵉ division
(quart. gén. à Coblentz)
- Droite vers Bingen (en 2ᵉ ligne, 12ᵉ chasseurs à Diebach);
- Centre à Boppard (en 2ᵉ ligne, 11ᵉ chasseurs à Waldesch);
- Gauche à Coblentz (7ᵉ dragons à Coblentz).

Division de cavalerie
(quart. gén. à Brühl).
- Sur la rive gauche de l'Erft (1 régiment à Kerpen et 1 à Niderembt).

Dans ce dispositif, la cavalerie était en général maintenue en deuxième ligne, et la sûreté était assurée, le long du Rhin, par des postes et des patrouilles d'infanterie. Les troupes à cheval ne paraissent pas avoir alors participé à ce service ni fourni de reconnaissances éloignées.

A la droite de l'armée de Sambre et Meuse, celle de Rhin et Moselle, forte de douze divisions, était échelonnée de Mayence à Bâle. Elle comptait au total environ 74 000 fantassins, 8 739 cavaliers, 4 877 canonniers. La cavalerie était, ou bien répartie dans les divisions, ou bien groupée aux ailes en deux masses : la division Rivaud à droite dans le pays de Porrentruy, la brigade

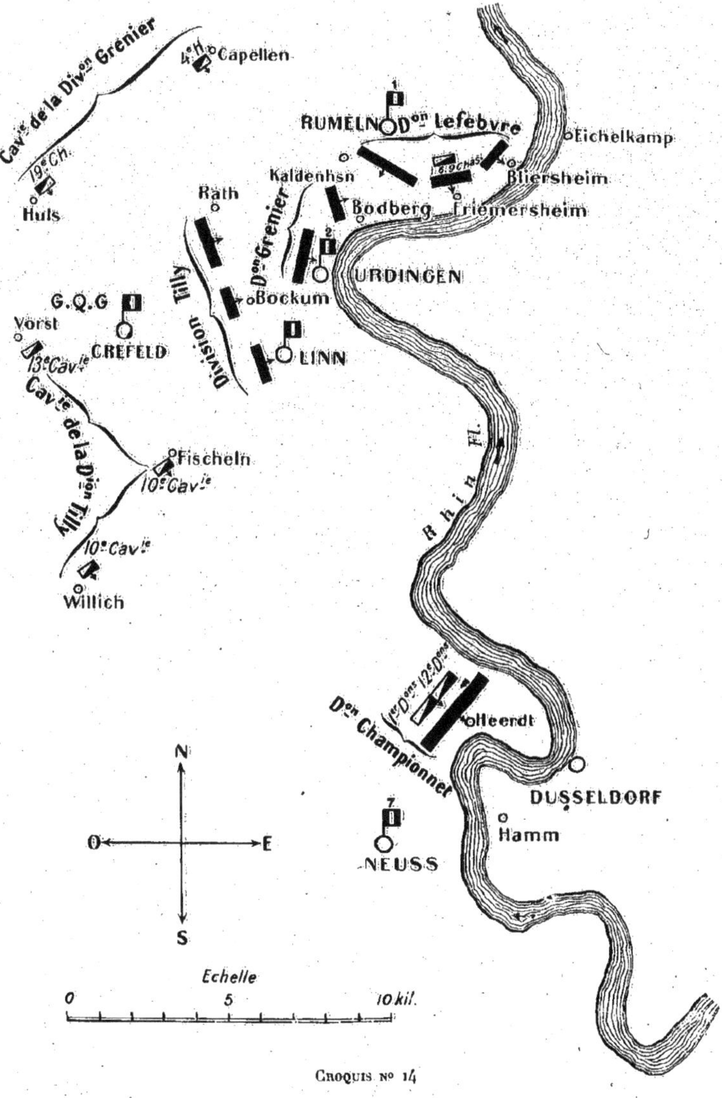

CROQUIS N° 14

Forest à gauche sur le Rhin, en amont de Bingen, et sur la Nahe,

se reliant avec la division Marceau qui formait la droite de l'armée de Sambre et Meuse.

Les corps de troupes à cheval étaient les suivants (1) :

		ESCA-DRONS	HOMMES
	1er carabiniers . .	4	318
	2e — . .	4	343
Réserve de cavalerie de l'aile droite (Rivaud) . .	2e rég. de caval. .	4	188
	11e — . .	4	321
	12e — . .	4	335
	8e chasseurs. . .	6	667
1re division (Delaborde) .	17e dragons. . . .	4	337
2e — (Ferino) . . .	4e — . . .	4	526
3e — (Bourcier) . .	4e chasseurs. . .	4	398
4e — (Taponnier) .	10e dragons. . .	4	342
5e — (Beaupuy) . .	8e hussards . . .	6	559
6e — (Ambert). . .	7e — . .	6	687
7e — (Dufour) . . .	20e chasseurs. . .	6	424
8e — (provt Scherb)	18e rég. de caval. .	4	320
	6e dragons. . . .	6	620
9e divis. (Gouvion-St-Cyr)	2e chasseurs . . .	6	522
10e division (Mengaud) . .	21e rég. de caval. .	4	279
11e — (Reneauld) . .	19e dragons. . . .	3	419
12e — (Montaigu) . .	15e rég. de caval. .	4	372
Réserve de l'aile gauche (Forest)	9e — . .	4	393
	14e — . .	4	369

A la suite de divers changements dans la répartition de leurs forces, les armées impériales avaient au début de septembre la force et les emplacements suivants :

Armée du Haut-Rhin :	BATAIL-LONS	COM-PAGNIES	ESCA-DRONS	
Corps Colloredo . . .	4	16	12	De Oberhausen à la Murg.
— Latour	6	6	12	De la Murg à Freistadt.
Troupes de Souabe. .	11 1/3	»	8	De Freistadt à Meissenheim.
Corps Jordes	5	6	8	De Meissenheim à Sasbach.
— de Condé . . .	3 1/6	»	9	De Grosshausen à Steinstadt.
— Mélas.	9 1/3	12	18	De Sasbach jusqu'à la frontière suisse.
Renforts envoyés par Clerfayt.	27	19	76	
Totaux. . . .	65 5/6	59	143 (2)	

(1) Situation décadaire du 10 au 20 fructidor (27 août au 6 septembre) [Arch. histor. de la guerre].

(2) Œst. mil. Zeits., année 1832.

A l'armée du Bas-Rhin, « Clerfayt avait, le 4 août... donné le commandement de son aile droite, formée des troupes stationnées entre la Lahn et Düsseldorf, au F. Z. M. comte Wartensleben qui établit son quartier général à Ems. Les Français ayant rassemblé vers Urdingen beaucoup de bateaux provenant en partie de Hollande, le F. M. L. comte Erbach s'établit avec sa division près de ce point et forma l'extrême aile droite de l'armée impériale. Comme ce secteur paraissait particulièrement menacé, le 5 août, 3 bataillons et 4 escadrons, tirés des divisions du F. M. L. prince de Wurtemberg et Brugglach, descendirent le long de la rive droite du Rhin. Le corps Erbach, porté par ce renfort à 5 bataillons, 11 compagnies et 17 escadrons, dut remettre la forteresse de Düsseldorf aux troupes palatines et s'établir avec son gros à Kalkum, observant le fleuve depuis la Wipper jusqu'à Angerort. Au milieu d'août, l'arrivée de 2 bataillons et 6 compagnies porta la force du corps Erbach à 7 bataillons, 17 compagnies et 17 escadrons... La division Wurtemberg, forte de 8 bataillons, 18 compagnies et 13 escadrons, avait placé les 18 compagnies légères en cordon depuis la Wipper jusqu'à la Sieg ; le prince, avec 3 bataillons et 8 escadrons, était à Wisdorf, prêt à soutenir ou à recueillir Erbach. Le général Frœlich, avec 5 bataillons et 5 escadrons, observait le Rhin depuis l'embouchure de la Sieg jusqu'à Bonn. La division Brugglach, portée le 15 août à 10 bataillons, 11 compagnies, 16 escadrons, observait le Rhin entre la Sieg et la Lahn. La garnison d'Ehrenbreitstein comptant 3 bataillons et demi, 2 compagnies, la force totale de l'aile droite confiée au F. Z. M. comte Wartensleben montait, au milieu d'août, à 29 bataillons et demi, 42 compagnies, 46 escadrons, soit 32 197 hommes et 5 900 chevaux de cavalerie.

«... A la même époque, le centre et la gauche avaient les effectifs et emplacements suivants. Le F. M. L. Staader, avec 9 bataillons, 18 compagnies, 15 escadrons et demi, soit 9 801 hommes, occupait le terrain depuis la rive gauche de la Lahn jusqu'au Mein. Il devait rassembler son monde sur la Lahn au cas où la droite aurait besoin de secours. La garnison de Mayence consistait en 20 bataillons, 12 compagnies, 14 escadrons, soit 14 272 hommes. Le général comte Riesels, avec 2 bataillons,

12 compagnies, 13 escadrons, soit 6 028 hommes, était sur la rive gauche de la Murg depuis Main-Bischofsheim jusqu'à Erfelden. Le contingent saxon (8 bataillons, 2 compagnies, 20 escadrons, 8 026 hommes) campait à Kæferthal, gardant le Rhin de Lamprechtsheim jusqu'à l'embouchure du Neckar. Le général baron Kospoth, avec 1 1/6 bataillon, 2 escadrons, 1 415 hommes, était à Mannheim. Le F. M. L. baron Schmerzing commandait les 7 bataillons, 20 compagnies, 16 escadrons (9 803 hommes) campés à Schwetzingen. Le général prince Isenburg était près d'Hockenheim avec 5 bataillons, 3 escadrons (1 874 hommes). Le colonel Skal commandait la garnison de Philippsbourg (1 bataillon, 4 compagnies, 1 034 hommes).

« Le contingent souabe (11 2/6 bataillons, 1 escadron, 8 013 hommes) était réparti entre Kehl, Freistadt et Meissenheim. Il était cependant rattaché à l'armée du Bas-Rhin, qui comptait ainsi 94 1/6 bataillons, 110 compagnies, 137 escadrons, soit 90 589 hommes.

« L'ensemble des armées impériales montait à 165 589 hommes [1]. »

Du côté des Français, l'équipage de ponts, destiné à l'armée de Sambre et Meuse, étant arrivé vers la fin d'août, Jourdan se décida à tenter, sans perdre de temps, le passage du Rhin ; il transféra, le 2 septembre, son quartier général à Crefeld, de manière à pouvoir assister à cette opération, dont l'exécution fut fixée au 6 septembre.

On fit courir le bruit que le passage serait tenté du côté de Neuwied, et les Autrichiens construisirent des retranchements devant ce point. Tandis que, pendant les premiers jours de septembre, le général Hatry faisait, dans cette direction, des démonstrations au moyen des troupes qui avaient assiégé Luxembourg, Kléber, ayant sous ses ordres les quatre divisions Grenier, Championnet, Lefebvre, Tilly, soit 40 000 hommes, prenait ses dispositions pour tenter, avec l'aile gauche, le passage près d'Urdingen et de Düsseldorf. De ce côté, Erbach avait considéra-

---

[1] *Œst. mil. Zeits.*, 1832, vol. 63.

blement renforcé sa position sur la rive droite, qui, dans cette région, domine la gauche. Une partie de ses forces campaient sur les hauteurs entre Serm et Ehingen, le gros entre Kalkum et Angermund. Un détachement était au-dessus de Düsseldorf. Une triple ligne de retranchements défendait le terrain.

De plus, Clerfayt, inquiet pour sa droite, avait demandé à Wurmser d'assurer la garde du Rhin depuis Kappel (sur l'Acher, au nord-est de Kehl) jusqu'à Graben (est de Bruchsal), et celui-ci avait, le 31 août, pris à Schwetzingen 4 bataillons, 6 compagnies et 8 escadrons, à Kæferthal tout le contingent saxon, et avait envoyé ces forces sur le Mein camper à Russelsheim. Le 31 août, le F. M. L. Staader avait envoyé à Wartensleben 2 bataillons et 6 escadrons, et Clerfayt, transportant son quartier général de Schwetzingen à Gross-Gerau, s'était rendu en poste à son aile droite pour surveiller en personne les préparatifs des Français et les mesures prises par le F. M. L. comte Erbach ([1]).

Néanmoins le passage put commencer dans la nuit du 5 au 6 septembre ([2]).

A 9 heures du soir ([3]), Lefebvre jeta dans des barques 4 bataillons de grenadiers, 2 demi-brigades légères, 100 chasseurs à cheval et 2 pièces de canon ; les troupes atteignirent sans difficultés la rive droite du Rhin, en face d'Eichelskamp. Pendant ce temps, les batteries, établies à proximité d'Urdingen, ouvraient sur l'ennemi un feu violent pour l'obliger à porter toute son attention de ce côté.

Lefebvre dirigea les troupes du premier débarquement sur l'Angerbach et les plaça en face de Spick, à cheval sur la route de Duisburg à Kaiserswerth, malgré le feu de l'artillerie ennemie en position, partie sur le pont de Spick, partie au château d'Angerort.

Les forces du F. M. L. Erbach, qui montaient à 7 bataillons,

([1]) *Œst. mil. Zeits.*, loc. cit.

([2]) *Mémoires de Gouvion-Saint-Cyr*, t. II, pièces justificatives, n° 97.

([3]) Pour le récit suivant, cf. Jourdan au Comité de salut public, Düsseldorf, 21 fructidor an III (7 septembre 1795) ; Ernouf, chef de l'état-major, au Comité de salut public, Düsseldorf, 22 fructidor an III (8 septembre 1795) ; Rapport du général Lefebvre sur le passage du Rhin, Gerresheim, 22 fructidor (armée de Sambre et Meuse, 7 et 8 septembre 1795).

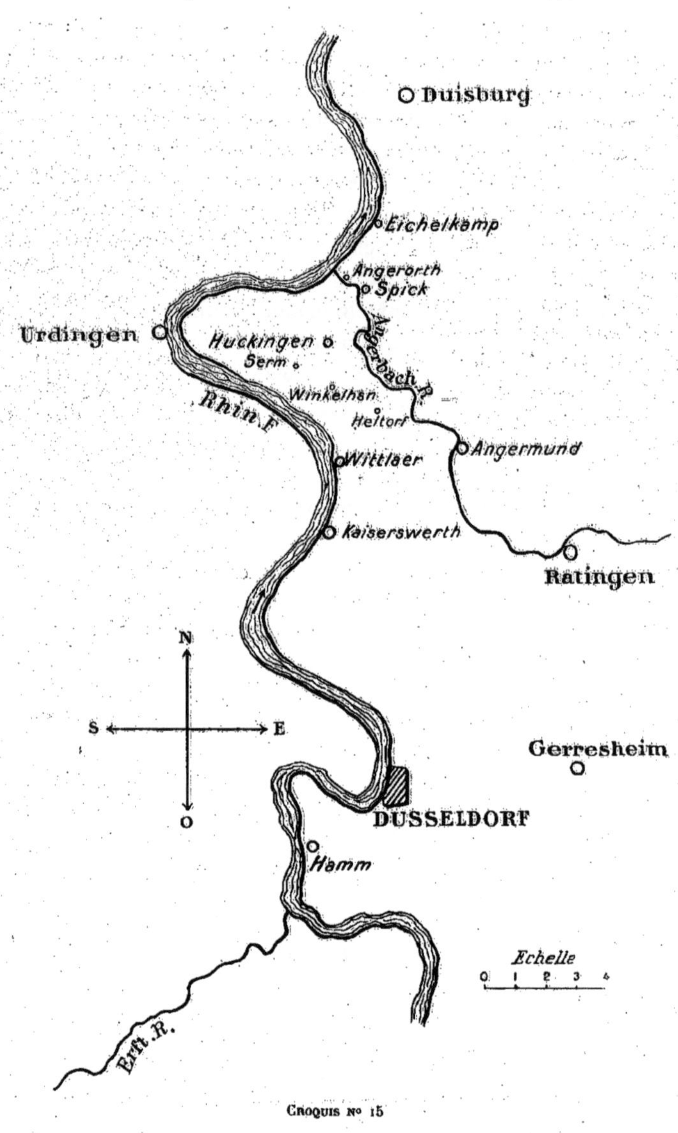

CROQUIS Nº 15

17 compagnies, 17 escadrons, soit 11 091 hommes, occupaient par 3 compagnies de chasseurs les retranchements établis sur la rive du Rhin entre Angerort et Bockum. En deuxième ligne, à Mundelheim, le général Seckendorf avait 3 bataillons et 2 escadrons des dragons de Karaczay qui fournissaient des patrouilles d'avant-postes. Le gros (3 bataillons, 4 compagnies, 10 escadrons, 4 de Karaczay-dragons et 6 de ulans) était entre Angermund et Kalkum, détachant 2 compagnies et 1 escadron à Bockum. Toutes ces troupes étaient sous les armes; la nuit était assez claire pour que la lutte d'artillerie eût commencé dès minuit. Mais le bruit du canon qui retentissait vers Düsseldorf avait déterminé Erbach à détacher de ce côté 4 compagnies et 2 escadrons de ulans et 2 compagnies vers Kaiserswerth, puis de s'y rendre de sa personne à 2 heures du matin. 1 escadron de ulans et 2 des dragons de Karaczay étaient venus à Bockum rejoindre les 2 compagnies et l'escadron de ulans qui tenaient le pont de Spick. 1 bataillon et 5 escadrons (1 de ulans, 4 de dragons) marchaient sur Serm. Le général Riese gardait à Kalkum 1 bataillon, 2 compagnies et 1 escadron de ulans (¹).

La première attaque avait obligé les 5 compagnies de première ligne à se retirer avec une perte de 37 tués et 58 blessés et en abandonnant 3 canons.

En même temps, une attaque avait lieu vers Düsseldorf, où la garnison de 2 000 hommes, dont 2 compagnies autrichiennes seulement, fut renforcée par 4 autres compagnies et 2 escadrons de ulans envoyés de Kalkum.

Les Français, qui avaient occupé le faubourg de Neustadt, en avaient été chassés par une vigoureuse contre-attaque dirigée par le général Erbach en personne, quand le ministre palatin baron Hompuh, voyant la ville menacée d'un bombardement, crut devoir signer une capitulation. Les troupes autrichiennes se retirèrent vers Kloster Roth, couvertes par 2 escadrons de ulans qui exécutèrent de vigoureuses charges.

A la même heure, le pont de Spick, menacé de front et tourné par une colonne de 3 bataillons conduite par le général Damas,

____

(¹) *Œst. mil. Zeit.,* loc. cit.

était enlevé. Puis Lefebvre, avec 4 bataillons de grenadiers, 100 chasseurs et 2 pièces, franchit l'Angerbach et vint attaquer par derrière la position de Kaiserswerth, que Grenier menaçait de front. Mais tandis que Damas se portait vers Kalkum, il se vit attaqué par 2 escadrons de ulans soutenus par 6 pièces légères et rejeté sur Angermund. Il fut « obligé de voir l'ennemi opérer tranquillement sa retraite, n'ayant aucun moyen de le poursuivre ni de répondre au feu de son artillerie, puisqu'on était sans cavalerie et sans munitions » (¹).

Pendant ce temps, le général Jacopin, avec 3 demi-brigades, dont 2 de « légère », s'avançait par la route de Duisburg à Kaiserswerth, tandis que le général Leval, avec 2 demi-brigades d'infanterie et une pièce de canon, se portait sur Serm par le secteur compris entre le Rhin et cette route.

Jacopin s'empara de Huckingen, où il ne trouva que quelques cavaliers ennemis faisant le combat à pied : il continua sa marche et se heurta à une résistance assez vive devant Winkelhausen. Trois colonnes d'attaque se dirigèrent sur ce point : les Autrichiens se replièrent, et la brigade Jacopin put faire sa jonction avec les troupes maîtresses d'Angermund.

Leval, « sans un seul homme de cavalerie, ne pouvait marcher qu'avec beaucoup de précautions et à pas lents dans un pays très ouvert et défendu par beaucoup de cavalerie ». A 10 heures du matin cependant, ses troupes parurent devant Serm.

Les Autrichiens se retirèrent en bon ordre, couverts par 5 escadrons (2 de dragons, 3 de ulans), conduits par le général Rienmayer, et qui chargèrent deux fois avec succès.

En même temps, le général Grenier avait pu débarquer au sud de Kaiserswerth avec 1 500 hommes et occuper Bockum. Il fut attaqué dans le village même par 2 escadrons, soutenus par 3 autres et 3 compagnies. Après un violent combat, les Autrichiens se retirèrent également.

Leur cavalerie se réunit vers Wittlaer, l'infanterie vers Kloster-Roth, puis vers Metmann, enfin vers Elberfeld. Mais le général

____

(¹) Rapport du général Lefebvre sur le passage du Rhin, Gerresheim, 25 fructidor an III (Armée de Sambre et Meuse, 8 septembre 1795).

Riese reprit Ratingen après un combat dans lequel un escadron de ulans fut repoussé par les cent chasseurs français, lesquels durent ensuite se retirer. Les Autrichiens gardèrent Ratingen jusqu'à la nuit ([1]).

Les pertes de l'armée impériale étaient peu considérables (58 tués, 126 blessés et 173 prisonniers). Si elles n'étaient pas plus fortes et si la retraite s'était accomplie en bon ordre, c'est à la vigueur de la cavalerie autrichienne que ce résultat était dû.

« Cette journée, écrivait Jourdan au Comité de salut public ([2]), eût été bien plus brillante si nos moyens de passage nous eussent permis de jeter sur la rive droite du Rhin de la cavalerie et de l'artillerie ; mais, n'ayant au moment du passage que 6 000 hommes d'infanterie sur cette rive, il nous a été impossible de franchir une plaine couverte par la cavalerie ennemie qui protégeait la retraite de l'infanterie et de l'artillerie. »

A la gauche d'Erbach qui se repliait, par Elberfeld, sur Schwelm, le prince de Wurtemberg, après avoir retiré les troupes placées en cordon le long du Rhin, entre la Wipper et la Sieg, gardait la Wipper à partir de son embouchure jusque vers Leichlingen, se reliant à Erbach par des postes de cavalerie placés vers Burg et Kronenburg et observant la route de Solingen par des postes placés à Langenfeld. Il disposait de 9 936 hommes, dont 18 escadrons, et fut en outre renforcé par 8 escadrons que le général Kienmayer lui amena de Mettmann.

La journée du 7 fut employée par les Français à compléter le passage, et il ne semble pas qu'aucune reconnaissance ait été faite ce jour-là. Le 8, les quatre divisions furent concentrées au sud-est de Düsseldorf où elles restèrent le 9, attendant leurs convois. Mais des reconnaissances furent dirigées vers la Wipper. Avant de l'atteindre, un détachement, formé de cavaliers des 4e hussards et 19e chasseurs, se heurta vers Langenfeld à un escadron des hussards de Blankenstein, renforcé de quelques cavaliers des corps de Bourbon et de Carneville, et,

---

([1]) On connut le soir même leur retraite par une reconnaissance que Lefebvre dirigea en personne (Rapport de Lefebvre, Arch. histor., corresp. génér. ; lettres d'Ernouf et de l'adjudant général Cayla, id., 10 septembre).

([2]) Arch. histor. génér., corresp. génér., 7 septembre.

vigoureusement chargé, se replia avec perte ([1]). D'autre part,
l'adjudant général Ney, ayant été lancé avec « un corps de troupes
légères » ([2]), s'était porté sur Elberfeld et avait pris, vers Ritters-
hausen, le contact avec les postes du corps Erbach, dont le gros

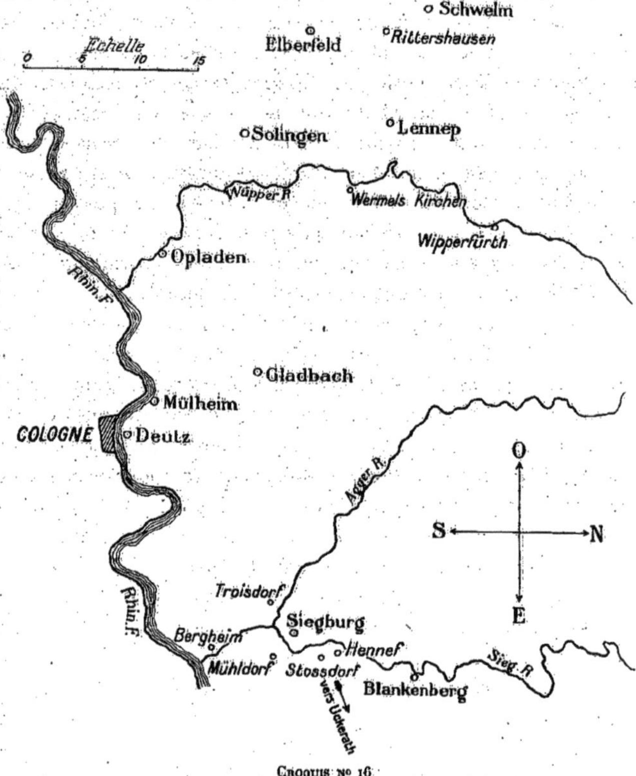

CROQUIS No 16

était, comme il a été dit, à Schwelm, et dont un détachement

([1]) Dont le chef d'escadrons Delacour, du 19º chasseurs (Jourdan au Comité de salut
public, 10 septembre, Arch. histor., corresp. génér. ; Historique du 19º chasseurs).

([2]) Rapport de Jourdan (id.), « quelques centaines d'hommes », dit Ney (*Mémoires*,
t. I, p. 104), dont firent partie 80 hussards du 4º (Correspondance du général Grenier,
v. 12, Arch. histor.).

(1er bataillon et un escadron) couvrait la droite vers Hagen. Les renseignements donnés par Ney sur la position des Autrichiens furent très précis. Il garda le contact jusqu'à la nuit (1).

Un poste de 5o cavaliers placé à Solingen reconnaissait pendant ce temps la marche de Riese, qu'Erbach avait envoyé, par Lennep, rejoindre la grande route de Mühlheim.

Enfin Lefebvre fit attaquer le poste de Langenfeld, en chassa les légions de Bourbon et de Carneville renforcées d'un escadron de hussards, puis se rendit maître du pont d'Opladen. Mais il ne put poursuivre : un escadron français qui s'était aventuré sur la rive gauche ayant été bousculé par les hussards de Blankenstein. Il se contenta d'occuper par sa droite Bürrig. Le prince de Wurtemberg renvoya Riese à Erbach vers Siegen et se retira par Dünnwald sur Troisdorf en longeant le pied des hauteurs. Ce mouvement fut couvert par seize escadrons manœuvrant dans la plaine entre l'abbaye de Dünnwald et le Rhin.

Le 10, Kléber envoya en avant de son front une force importante de cavalerie (2), devant laquelle les seize escadrons autrichiens se replièrent en échelons. Il semble n'y avoir eu que des escarmouches, notamment vers Deutz entre un parti français et une compagnie autrichienne appuyée par un peloton de Blankenstein qui se repliait le long du Rhin. Le prince de Wurtemberg plaça ses avant-postes entre Bergheim et Spich, et fit camper le reste de ses troupes sur la rive gauche de l'Agger.

Les Français étaient, pendant la journée, parvenus à hauteur de Deutz; leur cavalerie poussa jusqu'à l'Agger. La brigade d'Hautpoul battait le pays dans la direction de Lennep.

Le 11, tandis que le prince de Wurtemberg conservait ses positions, Erbach se portait par Olpe sur Grombach, et Riese sur Drolshagen. Mais la marche de Ney, qui avait marché sur Bensberg, menaçant la route d'Uckerath, détermina le prince de Wurtemberg à se replier dans la nuit du 11 au 12 en faisant sauter les ponts sur la Sieg à Buisdorf.

------

(1) Ernouf au Comité de salut public, 11 septembre (Arch. histor., corresp. génér.) ; Rapport de Ney à Kléber, 12 septembre (id.).

(2) Dix régiments avec douze canons, dit l'*Œst. mil. Zeits.* Ces chiffres paraissent très exagérés.

Le prince s'établit sur la rive gauche vers Warth, occupant fortement les hauteurs de Blankenberg et Sandt et plaçant son gros vers Jung-Roth. Erbach et Riese se joignirent à Siegen et se placèrent derrière la Sieg.

Ney avait suivi pas à pas l'ennemi et, dès le 12 au soir, il était entré à Siegburg (¹). Le 13, au matin, il bouscula près de Stossdorf deux escadrons de Rohan et les rejeta vers Uckerath à la suite d'un violent combat (²). En même temps on apprenait au quartier général français, par des reconnaissances de cavalerie très bien faites, que les retranchements établis près d'Uckerath étaient faiblement occupés.

Pendant que Lefebvre attaquait de front les redoutes autrichiennes établies à cheval sur la route d'Uckerath à hauteur de Blankenberg, deux colonnes étaient lancées sur les retranchements établis en avant d'Uckerath. D'Hautpoul, qui les précédait avec ses trois régiments (11ᵉ, 6ᵉ et 9ᵉ chasseurs), tourna les ouvrages et contribua puissamment au succès.

Dans la nuit du 13 au 14, le prince de Wurtemberg rallia ses troupes et, envoyant le général Specht à Neustadt sur la Wied pour couvrir son flanc gauche, se replia sur Altenkirchen, où il arriva à midi. De son côté, Erbach, laissant à Siegen 300 Slavons et 100 ulans, gagna Rennerod.

La poursuite avait été entamée par les Français, dès le matin, avec une colonne légère conduite par Lefebvre (³). Uckerath fut dépassé et l'ennemi suivi toute la journée (⁴). Mais le soir on se replia par la route de Francfort. Le 1ᵉʳ chasseurs poussa une reconnaissance vers Neustadt (⁵). Ney, de son côté, avec une demi-brigade légère et trois escadrons du 4ᵉ hussards, s'était porté à l'est jusqu'à Ruppichteroth, où il passa la nuit. Il devait, le lendemain, marcher de là sur Altenkirchen que Lefebvre, suivi de Grenier, avait à attaquer de front. La division Cham-

---

(¹) Ney à Kléber, de Siegburg, 12 septembre, 9 heures du soir (Arch. histor., corresp. génér.).

(²) La relation autrichienne dit qu'il n'y eut pas moins de sept charges entre la brigade d'Hautpoul et la cavalerie émigrée de Rohan (*Œst. mil. Zeits.*, loc. cit.).

(³) Cayla au Comité de salut public, 21 septembre (Arch. histor., corresp. génér.).

(⁴) Sans qu'il fût inquiété, d'après la Relation autrichienne.

(⁵) Le chef de brigade Sahuc à Jourdan, 15 septembre (Arch. histor., corresp. génér.).

pionnet devait suivre le Rhin, couvrant le flanc droit ; la division Tilly devait garder Blankenberg, Siegburg et Uckerath. Le pays

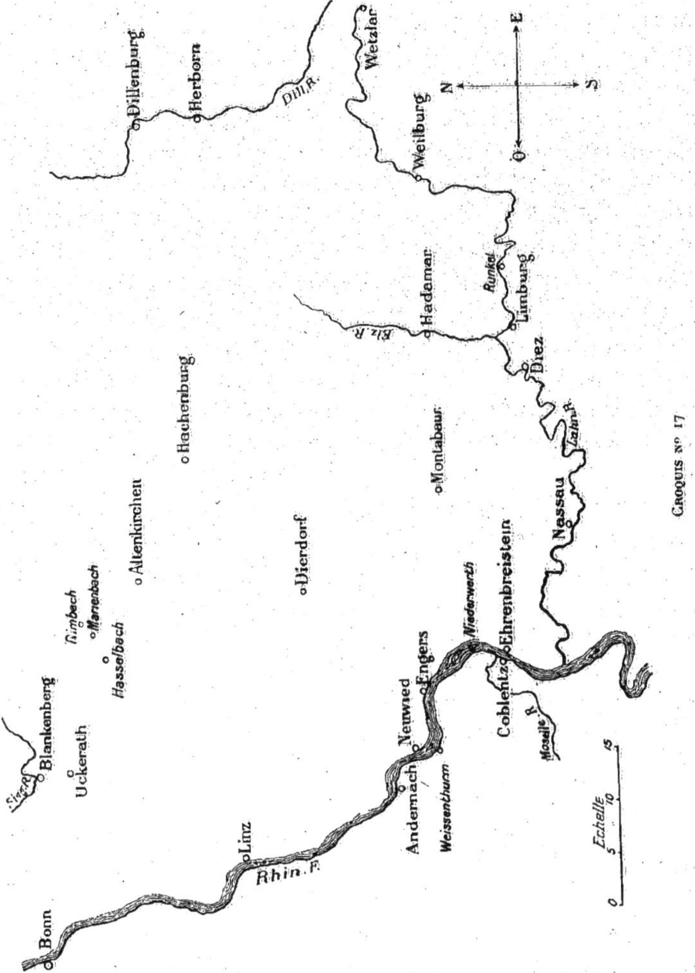

était très accidenté, très difficile, et il fut prescrit de laisser en arrière la majeure partie de l'artillerie et de la cavalerie (¹).

(¹) Rapport d'Ernouf au Comité de salut public, Bonn, 15 septembre (Arch. histor., corresp. génér.).

Dans la matinée du 15, les avant-postes autrichiens furent attaqués par l'avant-garde de Lefebvre vers Weyersbusch (¹). Le prince de Wurtemberg se mit en retraite vers la Lahn, couvrant son flanc gauche par deux escadrons de ulans, envoyés vers Dierdorf, et son flanc droit par un bataillon et un escadron postés à Hachenburg. La poursuite de la part des Français se réduisit à quelques coups de canon, et le prince de Wurtemberg gagna sans encombre, mais avec des troupes harassées, Freilingen, puis Limburg, où Erbach parvint de son côté.

Tandis que la division Hatry, franchissant le Rhin à Neuwied, venait rallier les corps de la rive droite, l'avant-garde de la division Lefebvre (1 bataillon, 3 escadrons de chasseurs) poussait jusqu'à Hachenburg. Le mouvement en avant, retardé par les difficultés du terrain et des ravitaillements, ne fut repris que le 17, en cinq colonnes, qui se dirigèrent vers la Lahn, tandis que les divisions Poncet et Bernadotte, du corps Hatry, se portaient à l'est de Neuwied, poussant leur avant-garde à Montabaur, où elle donnait la main à la division Championnet.

Cette marche paraît avoir été couverte par un très actif service de patrouilles de cavalerie, et par l'emploi de corps de flanqueurs mixtes comprenant deux ou trois bataillons et autant d'escadrons (²).

La division Bernadotte entra à Nassau.

La division Grenier atteignit la Lahn à Weilburg le 19 et la division Lefebvre, le même jour, à Wetzlar. Quant à la division Championnet et à celle de Tilly, qui avaient marché sur Limburg, et à la division Poncet, qui se portait sur Diez, elles eurent à livrer de violents combats avant de parvenir à leurs objectifs.

Le général Wartensleben, chargé par Clerfayt du commandement des troupes postées sur la Lahn, disposait d'environ 83 000 hommes contre les 70 000 Français qui le menaçaient. Son aile droite, sous Erbach (7 bataillons, 10 compagnies, 10 escadrons), occupait Hadamar; son centre, sous le prince de Wurtemberg, avait 12 compagnies et 6 escadrons en avant-postes devant

---

(¹) Carrefour à 7 kilomètres nord-ouest d'Altenkirchen (*OEst. mil. Zeits.*).
(²) Registre de correspondance de Grenier (Arch. histor., corresp. génér.).

Limburg, 10 compagnies et 2 escadrons devant Diez, et deux groupes, l'un de 9 bataillons et 11 escadrons à Limburg, l'autre de 5 bataillons et de 6 escadrons près de Diez.

La gauche, sous le général Brugglach venant de Neuwied (7 bataillons et 4 escadrons), était en arrière d'Arnstein, surveillant la rive du Rhin.

L'avant-garde du général Poncet, soutenue par la brigade Oswald (¹), se heurta devant Diez aux troupes du général Haddick, qui firent une énergique résistance. Ayant réussi à franchir la Lahn, les premières fractions françaises furent vigoureusement chargées par la cavalerie ennemie et ne furent dégagées que par l'entrée en ligne de trois escadrons du 11ᵉ dragons (¹). Le feu continua de ce côté jusqu'à 10 heures du soir.

A Limburg, la division Championnet ne put, avant la nuit, se rendre maîtresse de la ville et bivouaqua sur la rive droite.

Mais, la perte de Wetzlar menaçant la retraite des Autrichiens vers le Mein, ceux-ci battirent en retraite pendant la nuit en quatre colonnes.

La première, celle de droite (Erbach, 10 bataillons, 10 compagnies, 24 escadrons) marcha sur Esch, par la grand'route de Francfort, couverte par quatre compagnies et deux escadrons à Usingen ; la seconde (Wartensleben, 9 bataillons, 8 compagnies, 20 escadrons) se porta sur Wallbach ; la troisième (Haddick, 8 compagnies, 6 escadrons) sur Hennethal ; la quatrième (Brugglach, 9 bataillons, 4 escadrons) sur Kemmel. « Cette retraite parut avoir tout à fait échappé à l'attention des Français. Cependant, dans la matinée, leur cavalerie suivit les colonnes impériales mais sans chercher à les rejoindre (²). »

A la nouvelle de la capitulation de Mannheim, survenue le 20, les Autrichiens continuèrent leur retraite au delà du Mein.

Pendant ces opérations, les services rendus par la cavalerie autrichienne avaient été considérables, car elle avait constamment renseigné le commandement et couvert une retraite dangereuse. Le rôle de la cavalerie française, pour être moins brillant, n'en

---

(¹) Ordre de Colaud à Oswald (Arch. histor., corresp. génér.).
(²) Œs!. mil. Zeits.

avait pas moins été fort utile, car le service de sûreté et de reconnaissance avait été activement exécuté. On avait même vu de grosses unités s'aventurer en avant de l'infanterie et obliger, par leur seule présence, la cavalerie impériale à se retirer sans affronter la lutte. Dans les engagements partiels du champ de bataille, les cavaliers français avaient montré une grande énergie et souvent obtenu le succès.

Les privations de cette campagne et le relâchement de la discipline, qui en était la conséquence, obligèrent l'armée de Sambre et Meuse à un arrêt sur la Lahn. Mais, pendant ce temps, la cavalerie exécuta des reconnaissances. L'une d'elles enleva un convoi sur la route de Friedberg, et une colonne, forte d'une demi-brigade d'infanterie, du 4ᵉ hussards et de trois canons, parvint à Willmars d'où elle lança des patrouilles sans trouver trace de l'ennemi. Le contact avec les Autrichiens ne fut donc pas repris, et c'est sans renseignements sur leurs positions que l'armée de Sambre et Meuse recommença sa marche, le 23 septembre, en quatre colonnes (¹).

Les divisions Lefebvre et Tilly, mises sous les ordres de Hatry, suivirent la route de Wetzlar à Francfort ; la division Grenier, celle de Limburg à Kœnigstein : les divisions Championnet et Poncet marchèrent sur Wiesbaden par la route de Limburg ; la division Bernadotte sur le même point, par la route de Nassau.

On possède peu de renseignements sur les procédés employés par la cavalerie pendant cette marche d'armée, et l'on ne trouve pas trace d'un service d'exploration éloignée. Ce n'est que le 25, après l'occupation de Wiesbaden, qu'on voit deux escadrons de hussards, conduits par Kléber en personne (²), pousser une pointe sous les murs de Kastel. Le même jour, Grenier, entré à Kœnigstein, dirigea des reconnaissances de cavalerie jusqu'au Mein (³). Le 26, cette ligne était atteinte, et Mayence investi par la rive droite.

(¹) Les itinéraires avaient été reconnus par Ney.

(²) Il commandait les quatre divisions Grenier, Championnet, Poncet et Bernadotte.

(³) Son avant-garde comprenait la brigade de cavalerie Boyer (4ᵉ et 9ᵉ chasseurs) et une demi-brigade d'infanterie légère (Correspondance de Grenier, p. 24 et 26, Arch. histor.).

Les avant-postes autrichiens étaient établis sur la rive gauche du Mein, depuis le faubourg de Francfort appelé Sachsenhausen jusque vers Russelsheim.

Ils se repliaient ensuite vers le sud sur la ligne générale Gerau—Weinheim. La division Werneck (6 bataillons, 8 compagnies, 16 escadrons) était à Aschaffenburg ; les corps Wartensleben et Staader (24 bataillons, 37 compagnies, 58 escadrons) près de Darmstadt ; les Saxons (8 bataillons, 19 escadrons) à Babenhausen ; le corps Zehentner (12 bataillons, 14 compagnies, 20 escadrons) à Weinheim.

De plus, le feld-maréchal Wurmser avait détaché de l'armée du Haut-Rhin la division Quasdanovich, qui avait occupé Heidelberg et Nussloch, face à l'armée de Pichegru.

Celui-ci, maître de Mannheim, s'était contenté de diriger sur Heidelberg la division Dufour par la rive droite du Neckar, et, par la rive gauche, la division Ambert renforcée de la brigade Lambert, de la division Beaupuy.

Dans la journée du 22, la division Dufour avait pu refouler les postes autrichiens de Ladenburg et de Schriesheim, et le général Zehentner s'était replié vers le nord, dans la direction de Weinheim et Heppenheim. Mais, la nuit suivante, Quasdanovich avait repris et fait occuper Schriesheim par 4 compagnies, 1 escadron de cuirassiers et 2 canons. Clerfayt amenait de Darmstadt, par la route de Zwingenberg, 11 bataillons, 20 compagnies, 33 escadrons, et, de son côté, Wurmser conduisait, de Fribourg sur Offenburg, 13 bataillons et 28 escadrons. Mais ces troupes étaient trop éloignées pour agir à temps.

Le 24 septembre au matin, les troupes de Quasdanovich occupaient les emplacements suivants : le général Bajalich, avec 4 bataillons, 2 compagnies, 6 escadrons, était sur la rive droite du Neckar, occupant, par 2 bataillons, Neuenheim et, par 2 compagnies, Handschuhsheim. Le reste, soit 2 bataillons et 6 escadrons (2 de Hohenzollern-cuirassiers, 2 des dragons Empereur, 2 des hussards Szekler), était à Heidelberg. Sur la rive gauche, le général Frehlich, avec 3 bataillons, 4 compagnies et 4 escadrons, (2 de Hohenzollern-cuirassiers, 2 des hussards Szekler), était devant Heidelberg, occupant Wieblingen et Eppelheim. Devant

Nussloch, le général Karaczay, avec 2 bataillons et 8 escadrons
(2 de Hohenzollern-cuirassiers, 4 des dragons Empereur, 2 des
hussards Szekler), poussait ses avant-postes jusqu'à la Krieg [1].

La division Ambert, qui devait attaquer sur la rive gauche du
Neckar, formait quatre colonnes : la première, conduite par
Davout, marchait sur Wieblingen ; la seconde, forte d'une bri-

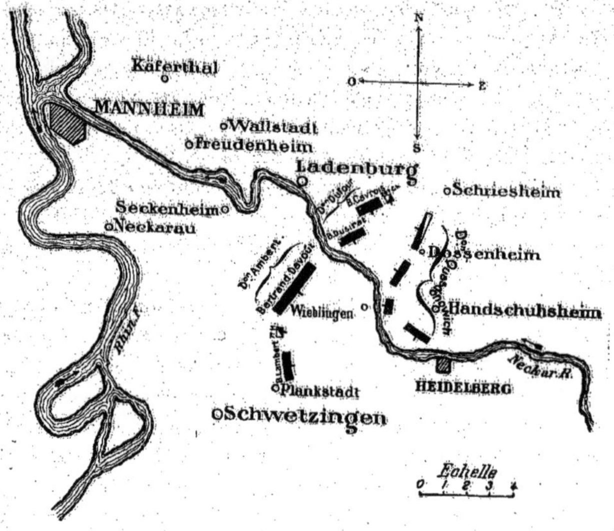

CROQUIS N° 18

gade, suivait la route de Schwetzingen ; la troisième, constituée
uniquement en cavalerie, marchait sur Eppelheim et avait mission de se porter par Rohrbach sur les derrières des Autrichiens ;
la quatrième devait tenir la lisière des bois de Waldorf et de
Saint-Ilgen.

Sur la rive droite, Dufour, gardant une demi-brigade en réserve, marchait sur Ladenburg, la brigade de droite le long du
Neckar, la brigade de gauche en échelon refusé.

---

[1] Œst. mil. Zeits. ; Historique des 8e cuirassiers et 11e hussards autrichiens (Die
Reiter Reg., loc. cit.).

Les postes de Eppelheim, Wieblingen et Ladenburg furent d'abord enlevés, puis Dufour attaqua la ligne Handschuhsheim—Dossenheim. Le premier de ces deux villages, d'abord perdu, fut repris par un vigoureux retour offensif exécuté par le général Bajalich, puis, tandis que Dufour reprenait l'offensive avec la colonne de droite, précédée par le 20e chasseurs, Bajalich le fit attaquer par six escadrons formés sur trois lignes, culbuta ce régiment et enleva toute l'artillerie qui le suivait.

Profitant du moment favorable, l'infanterie autrichienne exécuta une attaque générale, à la suite de laquelle la division Dufour se replia en désordre, poursuivie à outrance par la cavalerie autrichienne et ayant perdu un millier d'hommes, 173 chevaux et 8 canons ou obusiers (¹).

Pendant ce temps, sur la rive gauche du Neckar, la cavalerie française avait tenté d'exécuter le mouvement débordant qui lui avait été prescrit. Deux escadrons du 20e chasseurs, attaqués par un demi-escadron de hussards Szekler et de Hohenzollern-cuirassiers, furent culbutés et rejetés sur l'infanterie. Deux nouvelles charges du 20e chasseurs échouèrent également. Les colonnes d'infanterie ne purent progresser au delà des premiers villages conquis. Au moment où la seconde, gagnant du terrain devant Kirchheim, menaçait le flanc gauche de la brigade Frehlich, elle fut attaquée elle-même sur son flanc droit par les dragons-Empereur, rappelés de Nussloch.

Les deux divisions françaises battirent en retraite, poursuivies jusque sous les murs de Mannheim par la cavalerie impériale, dont le rôle dans ce combat avait été décisif.

Pendant ce temps, l'armée de Sambre et Meuse était restée immobile sur la rive droite du Mein, sans que ses reconnaissances fussent parvenues à percer en aucun point le faible rideau des postes autrichiens.

Resté sans renseignements, Jourdan avait ignoré le mouvement

(¹) Historique des 11e hussards et 8e cuirassiers autrichiens (Hohenzollern) [*Die Reiter-Regimenter der k. und k. Armee.* Vienne, 1866]. Le général Dufour, blessé de deux coups de sabre, fut pris.

exécuté vers le sud par Clerfayt avec une fraction importante de ses forces et n'en avait pas profité. Apprenant cependant que Clerfayt avait repris ses anciennes positions et craignant l'arrivée de renforts considérables, il crut devoir faire abandonner le blocus de Mayence sur la rive droite par la division Poncet pour la placer sur le Mein entre les divisions Championnet et Grenier (¹). Mais le blocus fut repris par deux divisions (²) sur la rive droite et quatre sur la rive gauche, le tout sous les ordres de Kléber.

Le 2 octobre, Clerfayt et Wurmser tinrent à Heidelberg un conseil de guerre. Il y fut convenu que, tandis que Quasdanovich et Latour resteraient devant Mannheim et qu'un corps de 13 000 hommes observerait le Rhin entre le Mein et le Neckar, Clerfayt, avec 35 bataillons, 81 escadrons, en tout 50 000 hommes, prendrait l'offensive contre l'armée de Jourdan.

La défection des Saxons réduisit de 7 000 hommes les forces destinées à cette opération. Elles comprirent une avant-garde (Staader, 8 bataillons, 50 compagnies, 44 escadrons, 17 440 hommes), deux lignes et une réserve (Wartensleben, Zehentner, Werneck), en tout 34 1/2 bataillons, 50 compagnies, 76 escadrons, soit 41 940 hommes. Le corps d'observation, confié à Erbach (5 1/6 bataillons, 27 compagnies, 25 1/6 escadrons, 11 420 hommes), devait rester sur la rive gauche du Mein et favoriser le mouvement de l'armée en inquiétant les postes établis par les Français vers Bischofsheim et près de Francfort.

Les divisions françaises étaient restées immobiles et dans un état de misère qui nuisait gravement à la discipline. L'avant-garde de Lefebvre était entre Kelkheim et Nieder-Liederbach, occupant Höchst sur le Mein par trois bataillons et un régiment de chasseurs. Les trois divisions Grenier, Tilly et Poncet étaient concentrées dans un étroit espace sur la rive droite du Mein entre son embouchure et le ruisseau de Gold à Eddersheim, Weilbach et Wicker, ayant derrière elles la réserve de cavalerie d'Harville (³) à Marxheim et Langenhain. Les deux divisions Cham-

----

(¹) Ernouf au Comité de salut public, 28 septembre (Arch. histor., corresp. génér.).

(²) Championnet et Bernadotte.

(³) Nouvellement formée avec les 6ᵉ, 8ᵉ, 10ᵉ et 13ᵉ cavalerie. La brigade Klein avait été répartie entre la division Tilly (cinq escadrons du 12ᵉ chasseurs en remplacement

pionnet et Bernadotte, qui bloquaient Mayence par la rive gauche du Rhin, se reliaient à Hochheim avec les trois précédentes. Les divisions Marceau à Neuwied et devant Ehrenbreitstein, Colaud

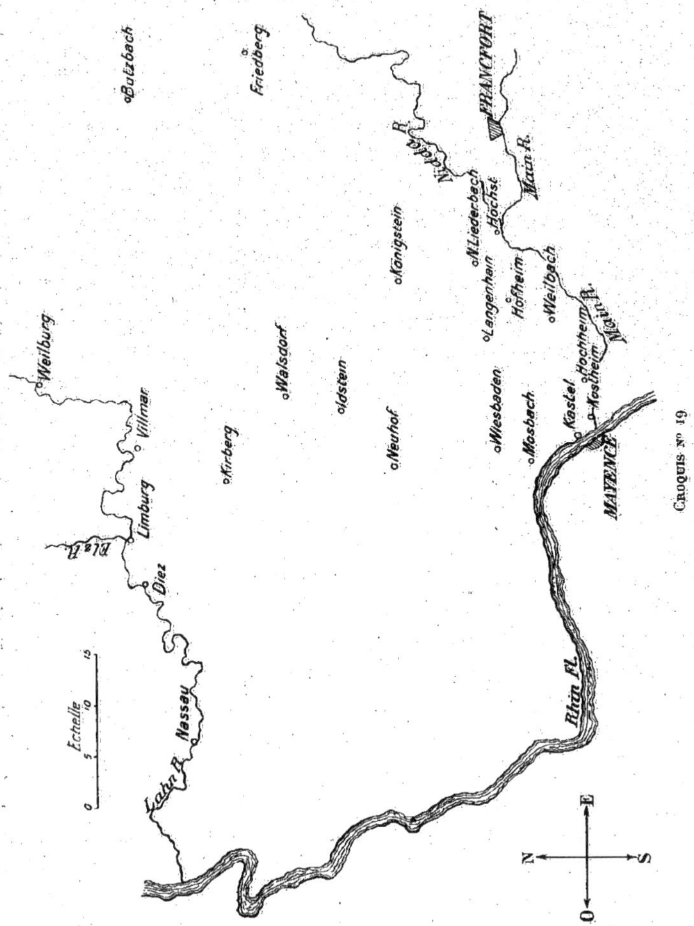

à Düsseldorf et Cologne, Friant à Luxembourg, Morlot à Aix-la-

des 10ᵉ et 13ᵉ cavalerie) et la division Poncet (7ᵉ dragons en remplacement des 6ᵉ et 8ᵉ cavalerie). Le général Klein avait avec lui les 7ᵉ et 11ᵉ dragons et faisait partie de la division Poncet,

Chapelle, étaient hors d'état d'agir. Les mesures de sûreté paraissent s'être bornées à la surveillance des passages du Mein entre Höchst et son embouchure. La division de cavalerie, appelée à Hattersheim, ne dépassait pas le Goldbach. Par suite de la neutralisation de la zone occupée par les Prussiens, aucune précaution n'était prise au cas où le passage du Mein par l'ennemi aurait lieu au-dessus de Francfort. Toutefois, dans cette hypothèse, il était prévu que Cronberg et Höchst seraient occupés par la division Lefebvre qui se placerait en potence ([1]).

Ce fut justement cette éventualité qui se réalisa.

Le 9 octobre, Clerfayt avait gagné Babenhausen, lançant son avant-garde sur Bieber et Seligenstadt. Le 10, tandis que la majeure partie du corps d'observation, portée à Neu-Isenburg, exécutait d'habiles démonstrations vers Francfort et en aval, l'armée impériale passait le Mein à Seligenstadt; le 11, l'avant-garde passait la Kinzig et le Mein à Offenbach, puis gagnait la Nidda à Vilbel, lançant des partis de cavalerie vers Homburg (15 kilomètres nord-nord-ouest de Francfort) « sans trouver trace des Français ([2]) »; le gros atteignait Bergen (6 kilomètres nord-est de Francfort).

Jourdan, prévenu tardivement, avait placé la division Lefebvre en potence, sa droite à Höchst, sa gauche vers Cronberg, et rappelé du blocus de Mayence la division Bernadotte, qui vint se placer derrière la division Poncet. Dans la matinée du 12, divers engagements de minime importance eurent lieu, sur la basse Nidda et autour d'Höchst, entre les fractions de l'avant-garde autrichienne et le corps d'observation d'une part, et de l'autre les reconnaissances de la division Lefebvre. A l'aile droite impériale, un escadron poussa jusqu'à Friedberg où il enleva des approvisionnements; 180 cavaliers allèrent à Usingen, et leurs patrouilles atteignirent la Lahn. Homburg fut occupé par quatre compagnies et deux escadrons.

Ces démonstrations, sans gravité par elles-mêmes, puisque la masse principale des troupes autrichiennes très fatiguées avait

---

([1]) Instruction de Jourdan, du 9 octobre. (Arch. histor., corresp. génér., Mémoires de Soult).

([2]) *Œst. mil. Zeits.*

dû passer la journée à Bergen, suffirent pour faire concevoir à Jourdan, très mal renseigné par sa cavalerie, les plus grandes inquiétudes pour son flanc gauche. On crut que l'ennemi était déjà à Friedberg en grandes forces et menaçait la Lahn(¹), et, dès le 12 au soir, l'armée de Sambre et Meuse, intacte et supérieure en nombre à l'ennemi, commença sa retraite.

Ce mouvement donna lieu à d'intéressantes opérations de cavalerie.

La colonne de droite, formée de la division Tilly, de la cavalerie Harville et de la division Lefebvre, marchant dans cet ordre et mise sous les ordres d'Hatry, partit à 8 heures du soir par la route de Kœnigstein—Walsdorf. Elle ne parvint à ce point que le 13, à 1 heure du soir, après d'extrêmes difficultés, abandonnant 500 blessés à Höchst, et, à Nieder-Liederbach, 134 prisonniers, 2 canons et 80 caissons. Elle avait été suivie par Kray qui vint à Ober-Ursel, poussant son avant-garde sur Cronberg et Kœnigstein et ses patrouilles jusqu'à Glashütten sur le versant nord du Taunus. En même temps, Haddick avait gagné Usingen, et derrière lui la réserve de Werneck arrivait à Homburg, suivie des deux lignes de l'armée impériale qu'amenait le feld-maréchal. Après quelques heures de repos, la colonne Hatry repartit dans la soirée du 13, marcha toute la nuit et vint s'établir, le 14, sur la rive droite de la Lahn, face à l'est, direction qui n'était encore pas menacée, sa droite à Limburg, la division Lefebvre en première ligne, la cavalerie et la division Tilly en arrière et sur la rive droite de l'Elz.

La deuxième colonne, formée des divisions Grenier et Poncet, sous les ordres du premier de ces généraux, rompit aussi le 12, à 7ʰ 30 du soir, par deux mauvais chemins, détrempés par les pluies et encombrés par les bagages, menant à Idstein, l'un par Langenhain, l'autre par Eppstein.

Là au moins, la cavalerie était à l'arrière-garde. C'était la brigade Klein (7ᵉ et 11ᵉ dragons) avec trois bataillons d'infanterie d'une part, et la brigade Boyer (4ᵉ hussards, 19ᵉ chasseurs et deux

___

(¹) Lettres de Jourdan, 13 octobre, et d'Ernouf, 14, au Comité de salut public (Arch. histor., corresp. génér.).

pièces légères) de l'autre. Mais, dès le 13 au matin, les patrouilles autrichiennes avaient signalé la retraite des Français. Aussi le général Nauendorf, du corps d'observation, avait entamé la poursuite avec quatre escadrons de Blankenstein-hussards et des fractions de Berchiny-hussards et Wurzburg-dragons, suivi de quelque infanterie.

Franchissant le Mein à gué près d'Höchst, il atteignit près de Langenhain la cavalerie de Klein, la culbuta, lui tua ou prit 334 hommes, 3 canons et 31 voitures (¹). A l'approche d'une partie de la brigade Boyer arrivant à la rescousse, la cavalerie autrichienne se retira, abandonnant une partie de ses prises, et se détourna vers Wiesbaden, tandis que le général Böros (²), de l'avant-garde de l'armée principale, venait la remplacer et occupait dans la soirée Eppstein et Kœnigstein. Les deux divisions Poncet et Grenier purent continuer leur marche sans être inquiétées davantage. Elles arrivèrent, le 13 au soir, sur le ruisseau de Wörs. Repartant le 14, à 6 heures du matin, sous la protection d'une forte arrière-garde (6 bataillons, 3 canons, 4ᵉ hussards et 19ᵉ chasseurs) confiée au général Boyer, elles arrivèrent à 10 heures du soir sur la rive droite de la Lahn et s'y établirent face au sud, se reliant vers Limburg à la division Lefèbvre.

La brigade Boyer avait eu, pendant la marche, un engagement près de Kamberg avec quinze escadrons que le général Kray (³) avait conduits d'Ober-Ursel à sa poursuite. Tandis que l'infanterie française suivait la route encaissée qui mène à Limburg, la cavalerie s'était déployée de part et d'autre sur les hauteurs. La cavalerie autrichienne se déploya parallèlement. Sur la droite, les hussards de Barco, ayant poussé de l'avant avec trop d'ardeur, se trouvaient pris en flanc et à dos par des fractions que Boyer avait dissimulées derrière un bois près de la route, et, séparés du gros des forces autrichiennes que Kray conduisait sur les hauteurs de

---

(¹) Œst. mil. Zeits.; Ernouf au Comité de salut public, 14 octobre (Arch. histor., corresp. génér.); Historique du 6ᵉ hussards autrichiens (Blankenstein) [Die Reiter Reg., loc. cit.].

(²) Commandant la deuxième fraction de l'avant-garde (2 bataillons, 14 compagnies, 16 escadrons).

(³) Commandant la première fraction de l'avant-garde (3 bataillons, 14 compagnies, 15 escadrons).

gauche, ils furent mis en désordre. Mais à ce moment, deux escadrons de Karaczay-chevau-légers, qui marchaient sur la route, déboîtèrent vivement à droite, et, prenant à leur tour à dos la cavalerie française, la culbutèrent et la mirent en fuite. Kray poussa jusqu'à Nieder-Brechen, où il arrêta sa pointe à l'entrée de la nuit. Son infanterie avait gagné Kamberg.

De son côté, Kléber, forcé de lever le siège de Mayence, avait fait repasser la division Reneauld sur la rive gauche du Rhin et dirigé, dans la nuit du 12 au 13, la division Championnet vers Neuhof, sur la route de Wiesbaden à Limburg, tandis que la division Bernadotte se repliait par la route de Wiesbaden à Nassau, se couvrant le long du Rhin par un détachement confié à l'adjudant général Mireur. Bernadotte parvint le 14, et sans encombre, sur la basse Lahn; la division Championnet se plaça entre lui et Grenier([1]).

Dans cette région, la poursuite des Impériaux semble avoir été moins active, au moins jusqu'au 16([2]). Cependant le gouverneur de Mayence avait, dès le 13, poussé sa cavalerie sur Wiesbaden, où l'avait relevé Nauendorf après son succès de Langenhain([3]).

Le 14, Haddick, parvenu après une marche de nuit à Usingen, était poussé le jour même sur Weilmünster, et ses postes bordaient la Lahn. Werneck, avec la réserve, vint à Usingen; Clerfayt, avec les deux lignes du gros, derrière lui à Wehrheim.

Pendant ces opérations, les services rendus par la cavalerie autrichienne avaient été considérables et ses succès constants. Un sérieux échec qu'elle allait subir devait remonter le moral de la nôtre et la déterminer à jouer par la suite un rôle beaucoup moins effacé.

Dans la journée du 15 octobre, le général Haddick([4]) franchit la Lahn à Weilburg et, laissant le major Gyulai avec neuf com-

---

([1]) Ernouf, *loc. cit.*

([2]) Voir ci-dessous.

([3]) Celui-ci fut ensuite rappelé au corps d'observation mis sous les ordres de Staader et chargé de tenir le Rhin entre le Mein et le Neckar. Böros releva Nauendorf à Wiesbaden le 14.

([4]) Commandant la troisième fraction de l'avant-garde (3 bataillons, 22 compagnies, 13 escadrons).

pagnies et trois escadrons pour couvrir sa gauche, suivit la route d'Hadamar par Allendorf et Ober-Tiefenbach, détachant les 200 cavaliers de Rohan sur sa droite et en avant vers Lahr. Il apprit alors que Steinbach était occupé et vit de l'infanterie française en retraite vers le nord. C'étaient des fractions de la division Lefebvre qui rectifiaient leur position. Mais le renseignement annonçant la présence des Français plus au nord ne lui parvint pas. Sans attendre son infanterie, Haddick fit canonner Steinbach. Mais à ce moment, la brigade d'Hautpoul (1er, 6e et 9e chasseurs), débouchant à l'improviste de Hinter-Meileingen, tomba sur le flanc droit de la cavalerie autrichienne, la culbuta et lui enleva trois canons. Haddick dut se replier sur Allendorf avec de fortes pertes.(1)

Il n'en bougea pas de toute la journée du 16, se contentant de garder le contact avec l'aile gauche française par de nombreuses patrouilles. Kray rapprocha ses postes de Limburg et de Diez, Böros poussa avec sa cavalerie jusque devant Nassau et ramassa beaucoup de traînards. Le corps de réserve de Werneck vint près de Villmar ; les deux lignes et le quartier général s'installèrent à Weilmünster.

Toujours inquiet pour son flanc gauche, Jourdan reprit sa retraite dans la nuit du 16 au 17 par un temps affreux et des routes défoncées. A minuit, Nassau était évacué et l'aile droite, dirigée par Kléber, marchait vers Montabaur sur deux colonnes, Championnet à droite et Bernadotte à gauche, tandis qu'un détachement de flanc-garde (quatre bataillons, un escadron de chasseurs), confié au général Daurier, longeait la rive droite du Rhin. Mais Böros, informé de la retraite, s'était déjà mis en mouvement. Pendant que le lieutenant-colonel Jellachich, avec quatre compa-

---

(1) 92 hommes et 111 chevaux, dit la Relation autrichienne ; 300 hommes et 40 chevaux, dit Ernouf (Rapport précité).

Le général Jourdan porta ce haut fait à la connaissance de l'armée dans les termes suivants :

« Le général Lefebvre, ayant été attaqué dans sa position par un gros de cavalerie et trois bouches à feu, les régiments de chasseurs à cheval de sa division, commandés par le général d'Hautpoul, ont battu complètement l'ennemi, l'ont mis en déroute et lui ont pris son artillerie, deux caissons avec quantité de prisonniers. Que ce nouveau succès, après une marche rétrograde, mais nécessaire, maintienne dans l'armée le sentiment de sa force, et le mépris pour un ennemi qui ne peut compter une seule victoire ! »

gnies et un escadron, suivait les troupes en marche vers Montabaur, lui-même, avec six compagnies, six escadrons des hussards
Empereur et six canons et suivi du reste de ses troupes, atteignait
le détachement Daurier et le canonnait vigoureusement. Mais, à ce
moment, survenait Bernadotte, qui arrivait à la rescousse avec le
3ᵉ chasseurs et l'artillerie légère, et Marceau envoyait à la droite
de la ligne un escadron du 11ᵉ chasseurs et des fractions d'infanterie. Chargés vigoureusement, les hussards Empereur furent
battus et laissèrent beaucoup de blessés et de chevaux sur le
terrain (¹).

Les divisions Championnet et Bernadotte se placèrent, le 17, en
avant de Neuwied, couvrant la division Marceau, qui, le 18, leva
le siège d'Ehrenbreitstein et commença à repasser sur la rive
gauche du Rhin.

Pendant cette opération, des barques enflammées ayant incen-
dié les ponts, Kléber prescrivit à son arrière-garde de tenir à
Bendorf, tandis que Championnet, ayant derrière lui Bernadotte,
gardait Engers. Toute la cavalerie, mise sous les ordres de Marceau (3ᵉ et 11ᵉ chasseurs, 1ᵉʳ et 12ᵉ dragons), gardait la gauche
dans la plaine de Neuwied. De ce côté, Böros n'osa rien entreprendre jusqu'au 19, où, les trois divisions étant passées et ayant
occupé la rive gauche du Rhin entre Andernach et Coblenz, il
poussa sur Neuwied et y ramassa quelques traînards.

Les divisions Grenier et Poncet, au centre de l'armée, avaient
quitté Diez et Limburg le 17 octobre, à 3 heures du matin, sous
la protection d'une arrière-garde de six bataillons, une compagnie
d'artillerie légère et trois régiments de cavalerie (19ᵉ chasseurs,
7ᵉ et 11ᵉ dragons) qui paraissent avoir fort bien fait leur service,
détruisant à Diez tous les moyens de passage, et ne se retirant
que dans l'après-midi. De ce côté, le colonel Elsnitz, lancé par
Kray tardivement avec quatre escadrons et deux compagnies sur
la route d'Altenkirchen, ne put rien entreprendre et ne dépassa
pas Walmerod. Les divisions Poncet et Grenier purent donc sans

---

(¹) D'après les rapports de l'adjudant général Mireur et d'Ernouf (Arch. histor., corresp. génér.), les pertes des Autrichiens auraient été de 200 hommes et 40 chevaux. La
Relation autrichienne ne fixe pas de chiffre et dit que le combat resta stationnaire jusqu'à la nuit.

difficultés arriver à Bonn par Altenkirchen, passer le Rhin sous la protection de leur cavalerie et s'établir entre Cologne et Bonn(1).

La retraite de l'aile gauche, commandée par le général Hatry et composée des divisions Lefebvre, Tilly et de la cavalerie Harville, était particulièrement délicate. Jourdan s'y porta de sa personne et confia à l'adjudant général Ney le commandement d'une flanc-garde, formée des 2e et 4e hussards. Le mouvement, déjà commencé le 15 par la division Tilly, fut entamé dans la nuit du 16 au 17 par les divisions Lefebvre et Harville. Les deux colonnes se rejoignirent à Hachenburg, le 18, pour arriver le lendemain sur la Sieg. Le 20, tout le corps Hatry avait passé cette rivière, couvert par deux arrière-gardes : l'une, brigade Klein, en avant de Bonn ; l'autre, six bataillons d'infanterie, une compagnie d'artillerie légère, les trois régiments de chasseurs de d'Hautpoul, à Siegburg.

Dans cette région, Haddick, rendu très prudent par son échec, se borna, le 17, à occuper Neunkirchen. La réserve vint sur la Lahn, à Runkel. Le 18, Haddick ne dépassa pas Rennerod, ayant couvert moins de 10 kilomètres. A l'annonce que la cavalerie de Ney se retirait par Driedorf et Dillenburg, il envoya de ce côté le lieutenant-colonel O'Donnell avec neuf compagnies et quatre escadrons. Ceux-ci ne purent rien entreprendre. Cependant, Clerfayt avait fait soutenir l'avant-garde de Haddick par trois bataillons de sa première ligne envoyés à Merenberg, tandis que la réserve, ayant franchi la Lahn à Limburg, venait camper derrière l'Elz.

Les directions divergentes des divisions françaises pendant leur retraite avaient d'ailleurs eu pour effet de donner de sérieuses inquiétudes aux généraux autrichiens. Kray écrivait « qu'on devait s'attendre à voir Jourdan faire attaquer ses derrières par des troupes débouchant d'Altenkirchen vers Neuwied(2) ». Il avait donc confié à Böros seul la mission d'agir contre ce dernier point, et l'on a vu que ce général avait été peu actif. Lui-même s'était

---

(1) La brigade Klein rejoignit la division de cavalerie Harville.
(2) *Œst. mil. Zeits.*

porté à proximité, à Gladbach. Mais, le 19 au matin, Seckendorf entra à Altenkirchen où il enleva quelques voitures et un canon. Haddick pénétra dans Hachenburg, où il eut un petit engagement. La réserve vint à Montabaur. La première ligne rejoignit tout entière les trois bataillons postés derrière l'Elz, la deuxième resta à Weilmünster.

Le 20, Seckendorf et Haddick, s'étant rejoints à Altenkirchen, ne purent dépasser la Sieg, dont les ponts étaient détruits. Tandis que Böros restait inactif devant Neuwied, Kray gagnait Altwied, sur la route d'Uckerath. Le reste de l'armée ne bougeait pas.

Tout danger était donc écarté pour l'aile gauche française. Le 21, la division Tilly franchit le Rhin à Cologne, couverte par les trois régiments de cavalerie de la brigade Klein. La division Lefebvre s'établit à hauteur de Cologne : son arrière-garde, une demi-brigade légère, une compagnie d'artillerie légère, les trois régiments de d'Hautpoul renforcés du 12ᵉ chasseurs à Eil, puis toute la réserve de cavalerie barrant la route de Siegburg.

Onze régiments de cavalerie, réunis sous les ordres d'Harville, couvraient ainsi la retraite de l'armée. L'importance de ce groupement et la fière contenance avec laquelle cette cavalerie s'acquitta de sa mission témoignent des progrès réalisés par l'arme à cette époque de la guerre.

Harville n'eut d'ailleurs pas à combattre, car Haddick ne dépassa pas Siegburg et ses patrouilles vinrent seulement à Urbach. Le lendemain, Lefebvre, toujours couvert par la cavalerie, marcha sur Düsseldorf en suivant le Rhin. La division Harville et la brigade Klein passèrent le Rhin et vinrent cantonner sur la rive gauche. Lefebvre resta sur la rive droite et s'y retrancha, détachant Ney avec les 2ᵉ et 4ᵉ hussards et un bataillon à Gerresheim, pour couvrir Düsseldorf du côté de l'est.

Cette retraite s'était donc accomplie dans des conditions remarquables, et le rôle de la cavalerie française avait été des plus utiles. Une fois de plus on avait pu constater l'influence qu'a toujours sur l'emploi de l'arme un succès tactique, même partiel. Celui qu'avait remporté d'Hautpoul avait eu un grand retentissement et, comme on l'a vu, il avait marqué le début d'une période dans laquelle la fière contenance de la cavalerie française et la timidité de sa rivale contrastaient profondément avec la mollesse de l'une et la hardiesse de l'autre durant les opérations précédentes.

Pendant que l'armée de Sambre et Meuse exécutait cette honorable retraite, celle du Rhin subissait devant Mannheim un grave échec [1].

Les troupes placées sous les ordres du général Desaix, qui couvraient cette ville sur la rive droite du Rhin, avaient la composition et les emplacements suivants :

A droite et sur la rive gauche du Mein, la brigade Lambert de la 5ᵉ division Beaupuy, environ 3 000 hommes, à Neckarau, face au sud ; le 8ᵉ hussards couvrait son flanc droit. A Neckarau se trouvait en outre le 14ᵉ de cavalerie, de la brigade Forest, et, entre le village et le Mein, était le 7ᵉ hussards, de la 6ᵉ division. Celle-ci (Ambert), avec la brigade Dusirat, était placée entre la route de Mannheim à Schwetzingen et la rive gauche du Neckar, avec le 9ᵉ régiment de cavalerie occupant Seckenheim. A gauche de la ligne et seule sur la rive droite du Neckar, la brigade Cavrois de la 7ᵉ division [2] était face au nord, sa droite à Feudenheim, sa gauche refusée vers Mannheim, où était le 20ᵉ chasseurs ; elle occupait le Galgenberg [3]. La ligne des avant-postes passait par Käferthal, Seckenheim, près de Schwetzingen, et rejoignait le Rhin à Brühl. Le total des forces, avec environ 12 escadrons placés à Mannheim, était voisin de 16 000 hommes, dont 23 escadrons.

Les troupes autrichiennes, stationnées à proximité, comprenaient :

A Schriesheim, le corps Quasdanovich (6 bataillons, 6 compagnies, 20 escadrons) ;

A Heidelberg, le corps La Tour (10 bataillons, 28 escadrons) ;

---

[1] Pichegru au Comité de salut public, Mannheim, 18 octobre ; Bulletins du 27 vendémiaire et 1ᵉʳ brumaire ; Rapport de l'adjudant général Gustine (Arch. histor.) ; *Mémoires de Gouvion-Saint-Cyr* ; JOMINI, t. VII ; *Victoires et conquêtes*, t. V ; *Der Angriff des k. k. g. Wurmser ...bei Mannheim p. v. Schelz* ; Œst. milit. Zeits., nᵒ 65 ; *Die Reiter Reg. der k. u. k. Arm.*, loc. cit.

[2] Desaix remplaçant Dufour qui avait été fait prisonnier le 24 septembre.

[3] Le 13 octobre, la brigade de carabiniers avait été détachée de la réserve de cavalerie (Rivaud), pour être jointe à la brigade Forest. Le 12ᵉ de cavalerie était aussi affecté à la division Beaupuy.

A Wiesloch, le corps Sztarray (13 bataillons, 12 compagnies, 17 escadrons).

Dans la journée du 13 octobre, une reconnaissance composée de la brigade de Cavrois, des 7e hussards, 20e chasseurs, 9e et 14e de cavalerie, le tout sous les ordres de Desaix, s'était portée vers Neckarhausen, tandis qu'un détachement de cavalerie prenait la direction de Schwetzingen. Ce point était occupé par des postes d'infanterie autrichienne qui repoussèrent les cavaliers français. Ceux-ci furent chargés par un escadron des hussards Archiduc-Ferdinand et culbutés, perdant 6 officiers et 51 hommes tués, blessés ou prisonniers (1). Le reste des troupes formant la reconnaissance se retira, ayant constaté que l'ennemi occupait Wallstadt et Feudenheim.

Le contact était donc très étroit avec l'ennemi, et, faute de pouvoir percer sa ligne d'avant-postes, le commandement français resta exposé à une surprise.

Wurmser avait, en effet, résolu de prendre l'offensive avec les 27 000 hommes, parmi lesquels 9 553 cavaliers, dont il disposait à proximité de Heidelberg, dans l'espoir de rejeter les Français sur la rive gauche du Rhin.

Il forma deux colonnes principales, chargées d'opérer sur la rive gauche du Neckar, et six colonnes d'assaut qui devaient s'emparer de Mannheim.

La colonne principale de droite (2 bataillons, 8 compagnies, 10 escadrons, général Devay) devait se rassembler à Edingen et gagner Seckenheim, couverte sur sa gauche par une flanc-garde. La colonne principale de gauche (2 bataillons, 8 compagnies, 10 escadrons, général Hotze) devait se rassembler à Schwetzingen et suivre la grande route de Mannheim, couverte à droite et à gauche par des flanc-gardes. Les première et deuxième colonnes d'assaut, fortes chacune de trois bataillons, sous les généraux Davidovich et Zoph, devaient suivre la première colonne principale. Elles étaient pourvues d'outils et de moyens d'escalade. La troisième colonne d'assaut (2 1/3 bataillons, 4 escadrons, général Degenschild) devait suivre la première ; la quatrième (3 bataillons, 4 escadrons, général Kaim) suivait la deuxième. La cinquième

____

(1) *Œst. mil. Zeits.* ; Historique du 3e hussards autrichien (*Die R. R.*).

(2 bataillons, 4 escadrons, colonel Lusignan) suivait la deuxième
colonne principale sur Neckarau.

La sixième, seule sur la rive droite du Neckar et confiée au F. M.
L. Quasdanovich, devait comprendre deux divisions : à droite, le
général Frehlich (2 bataillons, 10 escadrons) devait marcher sur

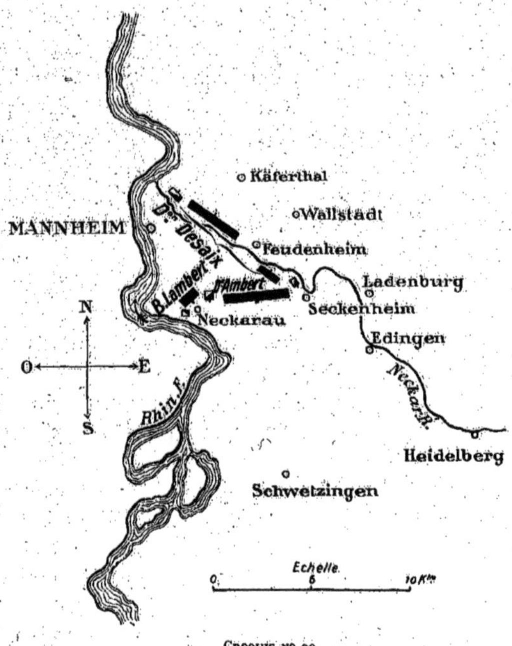

Croquis Nº 20

Kæferthal ; à gauche, le général Bajalich (2 bataillons, 12 escadrons) devait occuper Wallstadt et Feudenheim.

Comme le mouvement devait se faire de nuit, les avant-
gardes étaient constituées par de l'infanterie seule.

Ces dispositions compliquées et minutieuses furent modifiées
au dernier moment par l'incorporation à la première colonne
principale de la troisième colonne d'assaut, et à la deuxième, de
la quatrième.

Le 17, toutes les forces autrichiennes prirent leurs emplacements et, à 7 heures du soir, elles se mirent en route par une nuit très claire. A 2 heures du matin, les colonnes de la rive gauche du Mein atteignirent les avant-postes français et les bousculèrent, sans tirer un coup de fusil.

A l'aile gauche autrichienne, les colonnes d'Hotze attaquèrent, vers 4 heures du matin, la brigade Lambert, qui occupait Neckarau, et enlevèrent le village, après un violent combat dans lequel le 8e hussards français fut presque détruit (¹). Au centre, le général Devay enleva Seckenheim et marcha vers Mannheim, sa droite à la route, repoussant la droite de la division Ambert. Mais Davout, ralliant une partie de la brigade Lambert et la brigade Dusirat de la division Ambert, tint ferme entre les routes de Schwetzingen et de Seckenheim. Un brouillard très épais couvrait le terrain et le désordre s'était mis dans les colonnes autrichiennes. Devay dut s'arrêter et parer à un vigoureux retour offensif, dirigé contre sa gauche, en y appelant la colonne de Davidovich et deux escadrons des dragons Empereur, dont les vigoureuses charges détruisirent presque entièrement la 108e demi-brigade (²).

A ce moment, le brouillard s'étant un peu dissipé, Desaix fit avancer le 7e hussards et les 9e et 14e de cavalerie pour soutenir les troupes de Davout et de Dusirat. Ces régiments se déployèrent dans les prairies au sud-est de Mannheim, tandis qu'une partie du 7e hussards menaçait la gauche de la colonne Devay. Le général Wurmser, qui se trouvait là en personne, se porta à l'attaque avec deux escadrons du régiment de hussards dont il était propriétaire. Tournés par leur droite, ces escadrons furent bousculés et Wurmser faillit être pris (³). Mais à ce moment arrivaient deux escadrons de hussards Szekler, et sur leur droite quatre escadrons de Kinski-chevau-légers (⁴). Tandis qu'une partie de ces derniers dégageaient le général Devay, qui, lui aussi, avait failli

---

(¹) Ce régiment avait été surpris. Les débris furent ralliés par le chef d'escadrons Marulaz. Le 7e hussards, qui, ainsi qu'on l'a vu, était à sa gauche, eut le temps de monter à cheval.

(²) Elle perdit son drapeau, et le général Oudinot fut pris.

(³) Historique du 11e hussards (Szekler) et du 9e hulans, alors Kinski-chevau-légers (*Die R. R.*).

(⁴) Ces derniers sur deux lignes.

être enlevé par une charge impétueuse du 7ᵉ hussards, le reste fondait sur la grosse cavalerie française. Celle-ci, qui, d'après certains témoignages autrichiens (¹), aurait attendu l'attaque de pied ferme, fut rompue et repoussée jusqu'aux portes de Mannheim (²).

A l'aile droite autrichienne, les affaires avaient été moins brillantes. Le général Quasdanovich, avec la sixième colonne d'assaut, avait tout d'abord fait cerner le village de Fendenheim par les chevau-légers de Lobkovitz. Trompés par le brouillard, ceux-ci vinrent donner à l'improviste contre l'infanterie du général Cavrois, que des coups de feu intempestifs avaient alarmée. Fusillés à bout portant, les cavaliers autrichiens furent repoussés avec de fortes pertes (³). Néanmoins le village fut emporté et Cavrois, forcé de se faire jour à la baïonnette, se retira sur le Galgenberg. Il y repoussa victorieusement les charges des chevau-légers de Lobkovitz et des hussards d'Erdody, mais dut se retirer devant l'attaque de l'infanterie de Frœhlich. Vers 3 heures du soir, les Autrichiens ayant commencé à installer de l'artillerie sur le Galgenberg, Desaix les fit attaquer par la brigade Cavrois soutenue par le 1ᵉʳ carabiniers. Celui-ci bouscula les travailleurs, mais, menacé sur son flanc gauche par deux escadrons des hussards d'Erdody, il se replia vers Mannheim, entraînant Cavrois dans sa retraite. Une nouvelle attaque laissa enfin les Français maîtres du plateau.

Le combat avait été acharné et les pertes sérieuses : 37 officiers, 627 hommes et 434 chevaux pour les Autrichiens, 400 à 500 tués ou pris, 600 blessés pour les Français. La cavalerie française s'était énergiquement employée sur le champ de bataille. Mais ces échecs, et surtout son manque d'activité pendant les journées précédentes, montraient que, malgré d'incontestables progrès, elle n'avait pas encore égalé sa redoutable rivale.

(¹) Historique de Kinski.

(²) Les Szekler perdirent 32 hommes et 37 chevaux, les Kinski-chevau-légers, 23 hommes et 36 chevaux. Les pertes des Français paraissent avoir été d'environ 150 chevaux.

(³) 20 hommes et 73 chevaux tués, 52 hommes et 65 chevaux blessés (Historique du 8ᵉ hulans, alors Lobkovitz-chevau-légers).

CONCLUSION

En terminant le précédent volume, nous avions fait remarquer qu'avant juin 1794 il n'y avait pas eu parallélisme entre les mesures d'organisation et leurs résultats, que l'accroissement des effectifs, obtenu à force d'énergie et de persévérance par les pouvoirs publics, n'avait pas déterminé une amélioration, comme qualité, de la cavalerie française.

Dans la période que nous venons d'étudier, il semble que la même divergence ait subsisté, mais, cette fois, en sens contraire. Tandis que la France épuisée ne peut plus entretenir les formations créées, que le déficit en hommes et surtout en chevaux s'accroît constamment, l'arme de la cavalerie réalise dans ses cadres, son instruction, sa valeur en campagne, des progrès considérables.

Ce serait donc méconnaître les efforts persévérants accomplis par la Convention, jusqu'à la fin de son pouvoir, en matière d'organisation des troupes à cheval, que de se borner à constater que l'effectif des cavaliers tombe en un an de 100 000 à 75 000 et celui des combattants de 55 000 à 38 000, sur lesquels une certaine proportion est encore inutilisable.

Il y a en effet un monde entre la cavalerie de l'armée du Nord en 1793 et celle de l'armée de Sambre et Meuse en 1795.

On a vu que l'urgence des réformes avait été reconnue par certains esprits éclairés avant même que prît fin le régime de la Terreur. Le travail d'épuration et d'amélioration de la qualité accompli par la Convention, avant qu'elle se démît de ses pouvoirs, est des plus remarquables.

Malgré ses imperfections, la loi sur l'avancement, du 3 avril 1795, devait être appliquée de telle sorte qu'il devait se constituer une pépinière d'officiers distingués, grâce au développement très marqué de l'esprit militaire.

Toutefois, la formation des cadres ou leur refonte est, à toutes les époques, une opération si longue et si délicate, que la cavalerie française devait se ressentir, plus longtemps peut-être que les autres armes, d'un défaut grave : le manque absolu d'homogénéité de ses cadres. Pendant bien des années encore, on verra côte à côte, dans le même régiment, l'ancien et vieux sous-officier de l'armée royale et le jeune volontaire, qui a franchi rapidement les divers échelons, et qui, s'il a été servi par les circonstances, est très souvent le supérieur du vétéran de la guerre de Sept Ans.

Dans l'emploi de la cavalerie en campagne, il résulte de cet état de choses que le commandement, quand il prévoit une opération de cavalerie, n'a jamais à l'avance de garantie sur les qualités militaires de l'officier de troupe à qui il devra confier une mission ; et c'est ainsi qu'il prend l'habitude de toujours donner le commandement d'une reconnaissance, d'un parti, aux officiers d'état-major, au détriment des officiers des régiments.

Cette pratique, qui durera jusqu'à l'époque impériale, est véritablement caractéristique, à la fois du peu de valeur professionnelle de l'ensemble des officiers des troupes à cheval, et du mérite du corps si remarquable des adjudants généraux et de leurs adjoints, ainsi que des services qu'ils rendent dans les armées républicaines.

Il convient, toutefois, de remarquer qu'une proportion très considérable des officiers d'état-major provient des rangs de la cavalerie.

En ce qui concerne l'instruction de la troupe, Gouvion Saint-Cyr fait remarquer, dans ses *Mémoires*, qu'elle se fait véritablement en présence de l'ennemi. C'est, dit-il, le contact prolongé avec la cavalerie prussienne, pendant la période de ralentissement des hostilités précédant la paix de Bâle, qui a instruit les troupes à cheval des armées du Rhin et de la Moselle.

Les dépôts restent, en effet, au-dessous de leur tâche. Bien que souvent encombrés de chevaux et surtout d'hommes, ils ne parviennent pas à entretenir les effectifs. L'instruction des cavaliers et le dressage y sont à peu près nuls, faute d'instructeurs et de manèges. Quand on parvient à envoyer aux armées quelques détachements, ceux-ci sont généralement inutilisables. A l'armée du Rhin, comme il a été dit plus haut, on est réduit, un jour de bataille, à faire sortir du rang, sur 5 000 cavaliers, 1 500 recrues qui ne savent pas se tenir à cheval et dont les montures ne sont pas dressées.

Il y a dans ce fait un enseignement important. La forte constitution des dépôts est, en effet, une condition vitale pour une cavalerie en campagne, pour peu que les hostilités se prolongent. Or rien, ni dans la constitution de la cavalerie royale à la fin de l'ancien régime, ni dans les créations du début de la Révolution, ne répondait à ces nécessités, qu'en temps de paix on est toujours tenté d'oublier.

En ce qui concerne l'organisation des grandes unités de cavalerie en campagne, le principe, déjà reconnu pendant la Terreur, de mettre à la disposition du commandant en chef un important groupement de troupes à cheval, indépendant des divisions d'infanterie, reste appliqué, mais se généralise très lentement. L'endivisionnement persiste dans certaines armées et entraîne fatalement un emploi restreint de l'arme. D'ailleurs, la remarquable tentative entreprise par Dubois, à l'automne 1794, de faire jouer à une grosse force de cavalerie un véritable rôle stratégique ne réussit pas complètement. Ce sont surtout, comme on l'a vu, des raisons administratives qui paralysent cet essor. Mais on ne semble pas s'en rendre compte ; et, si l'on continue à avoir une « Réserve de cavalerie », on prend une certaine tendance à justifier cette appellation en maintenant cette force trop souvent en arrière de l'infanterie.

Sur toutes les armes à cheval pèse et pèsera longtemps encore le grave défaut qui résulte du manque d'armes à feu. Ainsi, la sûreté de l'armée reste encore confiée à l'infanterie, les corps à cheval, même de légère, restant cantonnés en arrière. Cette pratique, d'ailleurs, ne les sauve pas toujours des surprises, et la sécurité générale reste précaire. Les patrouilles et reconnaissances peuvent bien en effet prendre plus d'audace. Mais leur rayon d'action est étroitement limité par cette considération inéluctable qu'il faudra, pour tous les détachements, être rentrés dans les lignes avant la nuit, puisqu'ils ne peuvent se garder tout seuls.

De là provient aussi une caractéristique qui subsistera très longtemps dans l'emploi de la cavalerie en campagne.

Soit qu'ils n'en comprissent pas l'importance, soit plutôt qu'il leur parût impossible d'obtenir un tel résultat, la notion du contact permanent avec l'ennemi échappa complètement aux militaires français de cette époque. Ils ne demandèrent jamais à leur cavalerie autre chose que l'observation temporaire, la reconnaissance d'un point précis et pour un temps très limité, et cela par le procédé connu sous le nom de « coup de sonde », impliquant presque toujours l'emploi de la force.

Enlever un poste ennemi et tirer des renseignements des prisonniers, tel est presque toujours le rôle du détachement de troupes à cheval chargé d'une mission hors des lignes. Tout l'art est de s'approcher à couvert et de se retirer avant que la situation soit devenue trop dangereuse.

Si un tel emploi de la cavalerie tend à rendre l'arme essentiellement « mordante », il ne la rend pas adroite. Ruineux pour les forces des chevaux, le procédé est en outre tout à fait insuffisant pour renseigner le commandement.

Il ne le préserve même pas toujours de la surprise tactique, puisque, le jour de Kaiserslautern, les reconnaissances sont rentrées sans avoir rien vu, mais suivies pas à pas par l'ennemi.

De plus, la situation générale n'est en rien éclaircie, si l'ennemi se couvre par de faibles rideaux derrière lesquels il manœuvre, comme l'a pratiqué Clerfayt devant Jourdan.

Sous ce rapport, la supériorité de la cavalerie autrichienne est très marquée. Elle sait observer constamment, garder le contact, et c'est ainsi qu'elle fera connaître immédiatement la retraite de l'armée de Sambre et Meuse.

Mais c'est justement cette circonstance malheureuse qui donnera à la cavalerie française l'occasion de rendre les plus grands services qu'elle ait encore fournis. Rationnellement et énergiquement employée, toujours à l'arrière-garde, elle couvre effectivement la retraite, et, grâce au beau succès tactique remporté par d'Hautpoul, elle prend un ascendant et une confiance en elle-même qu'elle n'a pas encore eus.

ANNEXE I

TROUPES A CHEVAL

Renseignements parvenus au Comité de salut public

sur les officiers subalternes

en exécution de l'arrêté du Ier thermidor an II (¹)

(¹) Archives nationales, cartons AF₁₁ 391 à 394. Nous avons été aidés, pour l'établissement de ce tableau, par M. le lieutenant Peyronnet, du 26ᵉ bataillon de chasseurs.

Nºˢ DES CORPS	DATES des renseignements	EMPLACEMENTS des corps, des détachements et des dépôts	NOMBRE d'escadrons	1º NOMBRE, PAR GRADE, des officiers subalternes; 2º GRADE DES OFFICIERS au 14 juillet 1789	1º AGES EXTRÊMES ET AGE MOYEN par grade; 2º ORIGINE DES OFFICIERS	RÉSUMÉ DE LA VALEUR du corps d'officiers dans chaque régiment	OBSERVATIONS
				Carabiniers			
1ᵉʳ	22 fructidor.	Bivouac de Merle (armée du Nord, 1ʳᵉ division).	»	5 capit. { 1 maréch. des logis. / 2 maréch. d. log. ch. / 1 adjudant. / 1 porte-étendard. 5 lieut. { 1 garde national. / 1 brigadier. / 1 maréch. des logis. / 2 maréch. d. log. ch. 13 s.-lieut. { 1 volont. de Rouen. / 10 carabiniers. / 1 brigadier. / 1 maréch. des logis.	35-45 / 39 Sortent des rangs. 26-42 / 37 : 4 sortent des rangs. 1 nommé sous-lieutenant en 1792, ayant déjà servi 4 ans comme carabinier et 3 ans comme garde national non gradé. 25-66 / 37 : 12 sortent des rangs. 1 nommé sous-lieutenant en 1792, ayant servi comme volontaire de Rouen de 1789 à 1791 et comme garde national de 1791 à 1792.	Tous les officiers servent bien et ont toujours été fidèles et exacts à leurs devoirs. Tous, sauf 4 sous-lieutenants dont 1 ne sait pas assez lire et écrire et dont l'autre est complètement illettré, sont aptes au grade supérieur et même à des fonctions plus élevées. 1 sous-lieutenant est en outre apte aux fonctions de quartier-maître. 2 sous-lieutenants servent à titre provisoire.	2 adjudants-sous-lieutenants peuvent être nommés lieutenants et sont susceptibles de parvenir à des grades plus élevés.
2ᵉ	16 fructidor.	Bivouac de Castel (armée du Nord).	4	1 quart.-maître { Les dates de promotion aux différents grades ne sont pas indiquées. 8 capit. { 2 carabiniers. / 2 maréch. des logis. / 1 maréch. d. log. ch. / 1 adjudant. / 2 (grade non indiq.) 8 lieut. { Les dates de promotion aux différents grades ne sont pas indiquées. 16 s.-lieut. } Id.	33 Sort des rangs. 36-61 / 49 Sortent des rangs. 33-56 / 45 Sortent des rangs. 19-48 / 39 : 2 volontaires, 1791. Nommés sous-lieutenants, 1792. 5 gardes nationaux, 1789. Sous-lieutenants, 1792. 1 trompette en 1776, puis cavalier. Nommé sous-lieutenant par la Convention. 8 sortis des rangs, ayant passé par les différents grades.	Tous les officiers servent avec zèle et fidélité. Tous ont une bonne conduite et un grand nombre sont signalés comme excellents républicains. 2 capitaines, 5 lieutenants, 8 sous-lieutenants, sont susceptibles d'avancement. 2 capitaines ont une santé mauvaise, l'un d'eux peut à peine continuer à servir. 1 lieutenant est signalé comme ayant « peu de capacité »; 1 autre est instruit mais timide à l'excès, et sa santé commence à décliner; il a 50 ans; 1 troisième, « ancien militaire (56 ans), est honnête homme, il aurait fait un excellent carabinier, mais il est peu propre au grade qu'il occupe, il ne sait ni lire ni écrire ». 4 sous-lieutenants ont leur santé affaiblie, l'un d'eux « pour avoir été employé en recrue ». Parmi les 3 autres, deux seraient propres à l'administration. 2 sous-lieutenants ont « peu de talents militaires ». Parmi eux figure l'ancien trompette de 1776, nommé sous-lieutenant au choix de la Convention. Mais beaucoup de bonne volonté et de bravoure ainsi qu'une bonne conduite « justifient cet avancement ».	Situation dudit régiment à la même époque : Officiers { 27 présents, 9 absents. } 36 Sous-officiers et carabiniers { 15 prisonniers de guerre, 50 aux hôpitaux, 182 au dépôt, 570 sous les armes. } 817 Chevaux { à l'armée { 45 d'officiers, 614 de troupe. 19 hors d'état de servir. } 659 ; au dépôt { 9 d'officiers, 94 de troupe. } 103 } Total des chevaux. 762 Lieu du dépôt : Abbeville. 1 brigadier, Duval, cité pour action d'éclat, est proposé comme sous-lieutenant.
				Cavalerie			
1ᵉʳ	14 fructidor an II.	Bivouac de Lavineut (armée du Nord, 3ᵉ division).	»	1 quart.-maître capit. { Les dates de promotion aux différents grades ne sont pas indiquées. 8 capit. Id. 8 lieut. Id. 14 s.-lieut. { Id. / 2 non encore dans l'armée au 14 juillet 1789.	31 Sort des rangs. 34-80 / 46 Sortis des rangs. 30-57 / 39 Id. 21-54 / 38 : 12 sortis des rangs. 2 entrés au service comme sous-lieutenants en 1792.	Tous les officiers pour lesquels il existe des renseignements remplissent bien leurs devoirs professionnels. Plusieurs sont signalés comme servant avec courage et distinction. 3 sous-lieutenants ne savent ni lire ni écrire, 1 autre ne sait pas écrire. 1 capitaine ne sait lire et écrire qu'en allemand. 3 capitaines, 1 lieutenant demandent leur retraite (âge et infirmit.). 5 capitaines, 5 lieutenants, 10 sous-lieutenants sont susceptibles de passer immédiatement au grade supérieur. Parmi ces 10 s.-lieut. 6 peuvent monter plus haut. 1 lieutenant a refusé le grade de capitaine, ne se sentant pas l'aptitude nécessaire.	Situation du régiment au 14 fructidor an II : Officiers { 24 présents, 1 en congé, 8 au dépôt. } Sous-offic. et cavaliers { aux esc. de campagne { 516 présents, 74 aux hôp., 2 en prison } 592 ; au dépôt { 65 présents, 6 aux hôp., 2 en congé, 14 en réqⁿ } 87 } Total. 679 Chevaux { d'officiers { 35 présents, 4 au dépôt } 39 ; de troupe { 521 en campagne, 58 au dépôt } 574 } Total. 613
2ᵉ	19 fructidor an II.	Niderkeurik (armée du Rhin).	»	1 quart.-maître { Les dates de promotion aux différents grades ne sont pas indiquées. 1 off. de santé { Id. 1 capit. { Id. 4 lieut. { Id. 6 s.-lieut. } Id.	34 Sort des rangs. 28 Hôpital de Landau. 47 Sort des rangs. 31-44 / 40 Sortent des rangs. 32-46 / 39 Id.	« Cet état ne contient que les individus qui sont conservés au corps d'après les arrêtés du citoyen Duroy, représent du peuple, chargé de l'organisation des troupes à cheval de cette armée. « En général, on peut dire des officiers qui y sont dénommés que leur patriotisme ne s'est pas démenti un seul instant depuis la Révolution. » Ils sont tous déclarés aptes à remplir les fonctions de leur grade. 1 lieutenant est signalé, par ses connaissances militaires, apte à remplir les premiers emplois. Le capitaine ne sait ni lire ni écrire, 1 sous-lieutenant sait peu lire et écrire.	
3ᵉ	7 vendém. an III.	Détachem. cantonné à Réunion-sur-Oise (armée de Sambre et Meuse).	»	2 capit. { Les dates de promotion aux différents grades ne sont pas indiquées.	55 et 61 Sortis des rangs.	Ces 5 officiers ont une conduite irréprochable et se sont toujours montrés bons et braves militaires; ils sont en outre tous bons républicains.	

Cavalerie (suite)

Nᵒˢ des corps	Dates des renseignements	Emplacements des corps, des détachements et des dépôts	Nombre d'escadrons	1° Nombre, par grade, des officiers subalternes ; 2° grade des officiers au 14 juillet 1789	1° Ages extrêmes et âge moyen par grade ; 2° origine des officiers	Résumé de la valeur du corps d'officiers dans chaque régiment	Observations
3e				3 s.-lieut. — Id.	39-45 / 42 — Id.	Aucune mention n'est faite de leur aptitude à passer à des grades plus élevés.	
4e	10 fructidor.	Armée de Sambre et Meuse (divᵒⁿ Championnet).	»	1 qur-mtre trési (rang de ch. d'esc.) — Les dates de promotion aux différents grades ne sont pas indiquées. 8 capit. — Id. 8 lieut. — Id. 8 s.-lieut. — Id.	41 — Sort des rangs. 33-54 / 43 — Sortis des rangs. 26-49 / 37 — Id. 23-46 / 34 — 5 sortis des rangs. 3 nommés sous-lieutenants en 1792.	Tous les officiers remplissent bien leurs fonctions. 3 capitaines sont aptes aux grades supérieurs, l'un d'entre eux pourrait commander de suite un régiment. 2 lieutenants et 2 sous-lieutenants sont signalés, par leurs aptitudes et leurs connaissances générales et professionnelles, p. ur les grades supérieurs. 1 capitaine et 1 lieutenant savent seulement un peu lire et écrire. Tous les officiers présentent des garanties suffisantes de moralité, de civisme et de fidélité au devoir.	1 adjudant-sous-lieutenant et 17 sous-officiers, brigadiers ou cavaliers, sont susceptibles d'être nommés de suite sous-lieutenants et même de monter à des grades supérieurs.
6e	»	Armée de Sambre et Meuse.	»	6 capit. — 2 maréch. des logis. 1 maréch. d. log. ch. 1 adjudant. 1 porte-étendard. 1 grade non indiqué. 6 lieut. — 1 cavalier. 2 brigadiers. 3 maréch. des logis, dont 1 en congé. 5 s.-lieut. — 1 cavalier. 3 brigadiers. 1 non encore dans l'armée.	32-47 / 38 — Sortis des rangs. 24-43 / 39 — Id. 22-44 / 36 — 4 sortis des rangs. 1 nommé sous-lieutenant en 1792.	Tous les officiers sont signalés comme bons républicains et sont déclarés aptes à remplir les fonctions de leur grade. Tous les capitaines sont aptes au grade de chef d'escadrons, 5 d'entre eux peuvent occuper des grades supérieurs. Tous les lieutenants peuvent être nommés capitaines, l'un d'eux peut parvenir aux grades supérieurs. Parmi les sous-lieutenants, 2 ne savent ni lire ni écrire, 1 peut arriver aux grades supérieurs. Certaines appréciations trop élogieuses du conseil d'administration sont tempérées par le jugement du général Soland, commandant la cavalerie, qui a visé toutes les feuilles de notes. C'est ainsi que le capitaine Raendonck, qui d'après le conseil « paraît avoir assez de capacité pour parvenir à des grades supérieurs », reçoit du général la note suivante : « n'est pas assez ferme envers les cavaliers ». 2 sous-lieutenants, Lambert et Laudun, peuvent, d'après le général, le premier devenir lieutenant, le second rester sous-lieutenant « et rien de plus ».	3 sous-officiers aptes aux grades supérieurs, 1 susceptible d'être nommé sous-lieutenant ou lieutenant. 1 apte au levé des plans, a même l'usage de la boussole »; noté « excellent sujet » par le général commandant la cavalerie. 1 cavalier, jugé par le conseil apte à l'emploi de commissaire des guerres, est par le général déclaré « trop jeune pour cet emploi où on en a déjà trop placé qui servent mal la République, étant trop adonnés à leurs plaisirs ».
7e	17 fructidor. 2 vendém. an III.	Bivouac de Erère (armée de Sambre et Meuse). Dépôt à Beauvais.	» »	1 qr-mtre (lieut.) — Maréchal des logis. 8 capit. dont 1 au dépôt — 1 soldat d'inf. 1 porte-étendard. 6 (dates des différ. grades non indiq.) 7 lieut. — 1 cavalier. 1 maréch. d. log. ch. 1 n'était pas encore dans l'armée. 4 autres, dates des grades non donn. 7 s.-lieut. dont 1 au dép. — 1 cavalier. 1 brigadier. 5 autres, dates des grades non donn.	28 — Sort des rangs. 24-52 / 39 — Sortis des rangs. 21-53 / 37 — Id. 26-50 / 38 — Id.	Tous les officiers servent bien dans leur grade. Leur conduite est irréprochable. 4 capitaines sont jugés aptes aux grades supérieurs ; 2 sont susceptibles d'être nommés chefs d'escadrons ; 2 ne peuvent remplir d'autres fonctions. 5 lieutenants sont aptes au grade de capitaine, 2 ne savent ni lire ni écrire. 5 sous-lieutenants peuvent être nommés capitaines.	3 brigadiers sont jugés aptes, l'un à l'emploi de 2e maître commissaire des guerres, les 2 autres aux grades de maréchal des logis et de maréchal des logis chef.
8e	15 fructidor.	Bivouac de Whiom (armée de Sambre et Meuse).	»	1 qr-mtre (lieut.) — Maréch. d. log. ch. 8 capit. dont 1 au dépôt — 1 sergent, en congé. 3 maréch. des logis. 1 vét. mar. d. log. ch. 1 adjudant. 1 non encore dans l'armée. 8 lieut. — 2 cavaliers. 2 brigadiers. 2 maréch. d. log. ch. 2 maréch. des logis. 12 s.-lieut. dont 1 au dépôt — 3 cavaliers. 2 brigadiers. 4 maréch. des logis. 1 maréch. d. log. ch. 2 non encore dans l'armée.	48 — Sorti des rangs. 20-61 / 41 — 7 sortis des rangs. 1 entré au service comme sous-lieutenant de remplacement le 1er avril 1790. 20-49 / 35 — Sortis des rangs. 28-53 / 38 — 10 sortis des rangs. 2 nommés sous-lieutenants en 1792.	Tous les officiers ont une bonne conduite, sont excellents patriotes et remplissent bien leurs devoirs professionnels. 1 des capitaines a refusé le grade de chef d'escadrons (Didier ; âgé de 61 ans), 4 autres sont susceptibles d'avancement, 1 de ces derniers cependant sait faiblement lire et écrire, 1 autre lit, écrit et calcule passablement. 7 lieutenants sont susceptibles d'avancement, 2 d'entre eux cependant ne savent que lire, écrire et calculer faiblement. 7 sous-lieutenants sont susceptibles d'avancement, 1 sous-lieutenant est complètement illettré et 1 autre sait peu lire et écrire.	
9e	15 fructidor.	Beinheim (armée du Rhin).	»	1 qr-mtre (lieut.) — Maréch. des log. ch. 4 capit. — 2 maréch. des logis. 1 porte-étendard. 1 non encore dans l'armée.	41 — Sort des rangs. 22-48 / 40 — 3 sortis des rangs. 1 nommé sous-lieutenant en 1792.	Tous les officiers servent avec zèle et exactitude. Plusieurs d'entre eux ont cependant besoin d'acquérir les connaissances militaires ou générales qui leur manquent.	9 sous-officiers ou brigadiers, dont un cependant ne sait ni lire ni écrire, sont jugés susceptibles d'avancement. 1 maréchal des logis chef, âgé de 56 ans, est déclaré « plus sus-

Nos DES CORPS	DATES des renseignements	EMPLACEMENTS des corps, des détachements et des dépôts	NOMBRE d'escadrons	1° NOMBRE, PAR GRADE, des officiers subalternes; 2° GRADE DES OFFICIERS au 14 juillet 1789	1° AGES EXTRÊMES ET AGE MOYEN par grade; 2° ORIGINE DES OFFICIERS	RÉSUMÉ DE LA VALEUR du corps d'officiers dans chaque régiment	OBSERVATIONS
				Cavalerie (*suite*)			
9e				5 lieut. { 1 cavalier. / 1 brigadier. / 2 maréch. des logis. / 1 non encore dans l'armée.	30-48 / 42 { 4 sortis des rangs. / 1 nommé sous-lieutenant en 1792.	2 capitaines, 3 lieutenants, 4 sous-lieutenants sont susceptibles d'avancement; 1 des 3 lieutenants ne sait cependant « que difficilement lire et écrire », pourtant « peu de personnes seraient dans le cas de remplir mieux que lui la place de capitaine ». 1 autre lieutenant ne sait ni lire ni écrire, et 1 sous-lieutenant quoique servant bien « est sujet à ne pas se ménager sur la boisson »,	ceptible d'avoir sa retraite que d'éprouver de l'avancement, il manque d'ailleurs de fermeté et d'activité ». Un état nominatif donne comme officiers : 1 chef de brigade, 2 chefs d'escadrons, 1 quartier-maître trésorier, 4 capitaines, 5 lieutenants, 11 sous-lieutenants. — 24
				11 s.-lieut. { 1 cavalier. / 5 brigadiers. / 3 maréch. des logis. / 2 non encore dans l'armée.	21-51 / 35 { 9 sortis des rangs. / 2 nommés sous-lieutenants en 1792.		
10e	11 fructidor.	Bivouac de Villers-Lévêque (armée de Sambre et Meuse, division Morlot).	»	4 q.-m.tre Maréchal des logis.	36 Sort des rangs.	Tous les officiers ont comme note générale : « S'est toujours comporté en honnête homme et montré franc républicain. » Tous, sauf 1 capitaine, 1 lieutenant et 3 sous-lieutenants, sont proposés pour le grade immédiatement supérieur. 6 capitaines, 3 lieutenants, 4 s.-lieutenants sont susceptibles de remplir des fonctions plus élevées. Parmi les 6 capitaines qu'on vient de citer, 1 est signalé comme possédant « un peu seulement les éléments du calcul, mais il est très intelligent et travaille avec assiduité ». 1 capitaine, 1 lieutenant et 2 s.-lieutenants sont susceptibles d'obtenir leur retraite. 3 sous-lieutenants ne savent ni lire ni écrire, sont signalés cependant comme « bons militaires connaissant bien le métier de la guerre et les manœuvres ».	28 sous-officiers, brigadiers ou cavaliers, sont en outre déclarés susceptibles d'obtenir un prompt avancement. Quelques-uns sont jugés aptes aux grades supérieurs.
				8 capit. { 1 brigadier. / 2 maréch. des logis. / 1 maréch. expert. / 3 maréch. d. lég. ch. / 1 adjudant.	36-55 / 42 Tous sortent des rangs.		
				7 lieut. { 2 brigadiers. / 3 maréch. des logis. / 2 non encore dans l'armée.	20-52 / 37 { 5 sortent des rangs. / 2 sont entrés au service comme sous-lieutenants en 1791.		
				7 s.-lieut. { 2 cavaliers. / 3 brigadiers. / 2 maréch. des logis.	27-55 / 43 Tous sortent des rangs.		
11e	13 fructidor.	Bivouac près Roth (armée de la Moselle).	»	4 q.-m.tre (lieut.) Cavalier.	34 Sort des rangs.	Tous bons soldats et bons républicains. 2 capitaines aptes aux fonctions de chef d'escadrons, 1 aux grades supérieurs.	Situation du 11e rég. au 10 fructidor. Hommes { à l'armée . . . 370 / au dép. de Nancy et aux hôpit. 340 / Total . . . 710
				6 capit. { 3 maréch. des logis. / 1 maréch. d. log. ch. / 1 adjudant. / 1 sous-lieutenant.	40-64 / 52 Sortent tous des rangs.		
				7 lieut. { 1 trompette. / 1 soldat (nommé s.-lieut. en 1792). / 1 brigadier. / 2 maréch. des logis. / 2 non enc. d. l'arm.	20-65 / 35 { 5 sortent des rangs. / 2 entrés au service comme sous-lieutenants en 1791.	2 lieutenants aptes au grade de capitaine, 3 aux grades plus élevés. 5 sous-lieutenants peuvent être nommés lieutenants, 4 peuvent occuper des fonctions plus élevées. 1 sous-lieutenant (61 ans) est affaibli par l'âge et les services.	Chevaux { à l'armée . . . 388 / aux dépôts . . . 229 / Total . . . 617. Le chef de brigade, Signé : Boiteux. 6 sous-officiers ou brigadiers sont déclarés aptes à remplir parfaitement les fonctions de sous-lieutenant.
				12 s.-lieut. { 3 cavaliers. / 4 brigadiers. / 4 maréch. des logis. / 1 non enc. d. l'arm.	20-61 / 37 { 11 sortent des rangs. / 1 sous-lieutenant en 1792.		
12e	17 fructidor.	Cantonnement d'Otterstatt (armée du Rhin).	«	4 q.-m.tre trésr (1e) Maréchal des logis.	30 Sort des rangs.	Tous bons militaires, servant bien la cause de la liberté. Tous très aptes à continuer leur service, sauf 1 capitaine et 1 sous-lieutenant que l'âge (tous deux 58 ans) et les infirmités rendent impropres au service de guerre. 1 lieutenant et 2 sous-lieutenants ne savent ni lire ni écrire.	
				7 capit. { 1 brigadier. / 3 maréch. des logis. / 1 adjudant. / 1 porte-étendard. / 1 s.-lieut. de remplacement.	23-58 / 33 { 6 sortent des rangs. / 1 entré au service comme sous-lieutenant (ex-noble).		
				7 lieut. { 2 cavaliers. / 1 brigadier. / 3 maréch. des logis. / 1 non enc. d. l'arm.	29-45 / 34 { 6 sortent des rangs. / 1 entré au service comme sous-lieutenant en 1792.		
				6 s.-lieut. { 1 cavalier. / 2 brigadiers. / 1 maréch. des logis en congé. / 2 non enc. d. l'arm.	21-58 / 37 { 4 sortent des rangs. / 2 entrés au service comme sous-lieutenants en 1792, dont 1 ex-noble.		
13e	19 fructidor.	Camp de Bilsen (armée de Sambre et Meuse, division Duhesme).	»	1 quartier-maître (capitaine).	Au dépôt.	Tous servent bien dans leur grade. 3 capitaines, 5 lieutenants, 9 s.-lieutenants sont aptes aux fonctions du grade supérieur au leur; 1 capitaine et 1 lieutenant sont susceptibles de remplir des fonctions élevées. 1 capitaine, 2 lieutenants, 4 sous-lieutenants savent seulement « un peu lire et écrire » et le plus grand nombre connaît seulement « un peu les éléments du calcul ». Quelques-uns parmi ces derniers sont cependant déclarés aptes aux grades supérieurs.	
				8 capit. { 1 au dépôt. / 1 parti en pension. Le grade au 14 juill. 1789 n'est pas indiqué. / 2 servent à titre provisoire. / 1 non encore de l'armée à cette date.	22-64 / 39 { Tous sortent des rangs. / 1 est entré au service comme fusilier en 1792 et a été nommé sous-lieutenant la même année.		
				8 lieut. { 1 au dépôt. / 2 servent comme aides de camp. / 3 servent à titre provisoire. Le grade au 14 juill. 1789 n'est indiqué pour aucun.	20-51 / 41 { Pas de renseignements. / Sortent des rangs.		
				16 s.-lieut. { 2 au dépôt. / 1 à l'hôpital. / 2 servent à titre provisoire. Grade au 14 juillet 1789 non indiqué. / 2 non encore de l'armée à cette date.	20-48 / 40 { Pas de renseignements. / Sortent des rangs. / 2 entrés au service comme soldats, l'un en 1792, l'autre en 1791; nommés sous-lieutenants l'un en 1792, l'autre en 1793.		

Cavalerie (*suite*)

N°s des corps	Dates des renseignements	Emplacements des corps, des détachements et des dépôts	Nombre d'escadrons	1° Nombre, par grade, des officiers subalternes; 2° Grade des officiers au 14 juillet 1789	1° Âges extrêmes et âge moyen par grade; 2° Origine des officiers	Résumé de la valeur du corps d'officiers dans chaque régiment	Observations
14e	15 fructidor. 24 fructidor.	Au dépôt à Nancy. Manternach (arm. de Sambre et Meuse).	» »	1 qr-mtre (capit.) { Quart.-mtre trésor. 7 capit. (dont 2 au dépôt) { 1 maréch. d. log. ch. / 2 adjudants. / 1 porte-étendard. / 1 sous-lieutenant. / 2 lieutenants. 9 lieut. (dont 2 au dép. 1 serv. à titre d'adj.) { 1 brigadier. / 3 maréch. des logis. / 2 maréch. des logis chefs. / 3 non encore dans l'armée. 15 s.-lieut. (dont 4 au dép. 1 sert comme adjoint) { 3 cavaliers. / 4 brigadiers. / 4 maréch. des logis. / 1 capit. de la garde nationale. / 3 non encore dans l'armée.	41 Sort des rangs. 30-59 / 48 { 6 sortent des rangs. / 1 sort du corps des pages. 20-53 / 38 { 7 sortent des rangs. / 2 nommés sous-lieutenants en 1792. 22-48 / 34 { 13 sortent des rangs. / 2 nommés sous-lieutenants en 1792.	Tous servent bien dans leur grade et sont aptes à continuer le service, sauf 1 capitaine qui est infirme, atteint de la goutte. Tous ont donné des preuves de leur civisme, sauf 2 capitaines: l'un d'eux, sous-lieutenant avant la Révolution, est « d'un patriotisme un peu froid, parce qu'il n'est pas à la hauteur de la Révolution »; l'autre, « page chez le ci-devant Capet » et sous-lieutenant avant la Révolution, est « d'un patriotisme douteux ». Tous les officiers ont une bonne conduite et se sont toujours bien comportés. Le quartier-maître, 1 capitaine, 1 lieutenant, 2 s.-lieutenants peuvent parvenir aux emplois supérieurs de la hiérarchie; 1 capitaine, 3 lieutenants, 5 sous-lieutenants sont susceptibles d'être nommés au grade supérieur au leur. 1 lieutenant « ne sait ni lire ni écrire »; 1 sous-lieutenant « sait seulement un peu lire, écrire », il est cependant proposé pour l'avancement. 1 lieutenant et 1 s.-lieuten. sont aptes aux fonctions d'état-major.	2 adjudants, dont 1 a rang de sous-lieutenant, sont aptes à être nommés lieutenants. 4 maréchaux des logis chefs peuvent être nommés sous-lieutenants, de même 1 maréchal des logis et 1 brigadier fourrier. 2 cavaliers sont aptes à occuper des emplois dans les bureaux aux armées.
15e (Dépôt)	11 fructidor.	Vaucouleurs (arm. de Sambre et Meuse).	»	1 qr-mtre (lieut.) { Maréch. des logis de la maréchaussée. 2 capit. { La date de promotion aux différents grades n'est pas indiquée. 1 lieut. Id. 3 s.-lieut. Id.	31 Sort des rangs. 55-57 / 56 Sortent des rangs. 53 Sort des rangs. 30-36 / 34 Sortent des rangs.	Tous les officiers pour lesquels il existe des renseignements servent bien leur pays et la République. Ils ont tous une très bonne conduite. 1 capitaine, par son âge et ses infirmités provenant de nombreuses blessures, est susceptible d'obtenir sa retraite. L'autre capitaine, le lieutenant et les 3 sous-lieutenants, sont susceptibles d'avancement et peuvent occuper rapidement des fonctions plus élevées. Le lieutenant cependant sait seulement « lire et écrire et peu calculer ». Le capitaine hors d'état de continuer à servir, sait seulement « peu lire et écrire et pas calculer ».	
16e	15 fructidor.	Armée de Sambre et Meuse.	»	1 quart.-maître. { La date de promotion aux différents grades n'est pas indiquée. 8 capit. Id. 8 lieut. Id. 15 s.-lieut. Id.	36 Sort des rangs. 19-50 / 44 { 6 sortent des rangs. / 2 entrés au service, l'un comme volontaire en 1791, l'autre dans la garde nationale parisienne, non soldée; nommés ensuite officiers. 21-58 / 40 { 5 sortis des rangs. / 3 entrés au service, 2 dans la garde nationale, le 3e dans la garde royale; nommés ensuite officiers. 30-33 / 42 Sortis des rangs.	Se sont toujours montrés fidèles et exacts à leurs devoirs. Tous sont signalés comme bons soldats et la plus grande partie comme bons républicains. 3 capitaines, 2 lieutenants, 4 sous-lieutenants ont une santé mauvaise. Parmi eux, 1 sous-lieutenant est hors d'état de continuer le service. 3 capitaines, 5 lieutenants, 13 sous-lieutenants, sont susceptibles d'avancement. 1 sous-lieutenant ne sait ni lire ni écrire. 2 lieutenants et 1 sous-lieutenant savent « lire et écrire très peu ».	
18e	1er fructidor.	Musbach (armée du Rhin).	»	1 qr-mtre Brigadier. 5 capit. { 2 maréch. des logis. / 1 maréch. d. log. ch. / 1 adjudant vétéran breveté. / 1 porte-étendard. 8 lieut. { 1 cavalier. / 1 brigadier vétéran. / 1 mar. d. log. vétér. / 4 maréch. des logis. / 1 non encore dans l'armée. 13 s.-lieut. { 4 cavaliers. / 2 cavaliers vétérans. / 2 brigadiers. / 2 maréch. des logis. / 1 maréch. d. log. ch. / 2 non encore dans l'armée.	31 Sort des rangs. 26-53 / 49 Sortis des rangs. 20-34 / 42 { 7 sortis des rangs. / 1 cavalier volontaire en 1790, sous-lieutenant en 1791. 21-54 / 34 { 11 sortis des rangs. / 2 entrés dans l'armée l'un comme commissaire des guerres, 1794, l'autre comme volontaire, 1793; sous-lieutenants l'un en 1792, l'autre en 1793.	Tous les officiers servent bien, ont une bonne conduite et « se sont toujours comportés en braves militaires et bons républicains ». 2 sous-lieutenants cependant, ne sachant ni lire ni écrire, sont déclarés « inaptes à l'emploi qu'ils occupent par défaut de talents militaires ». 1 autre sous-lieutenant, sachant seulement « un peu lire », est pourtant jugé apte à l'emploi de lieutenant. 1 lieutenant « sait seulement lire et écrire en allemand ». 7 lieutenants, 11 s.-lieutenants, peuvent occuper immédiatement le grade supérieur. 2 capitaines sont aptes aux emplois supérieurs. 2 capitaines, 1 lieutenant, 2 sous-lieutenants, ont obtenu leur retraite pour leur ancienneté de services, leur incapacité physique ou intellectuelle.	Un état de situation des officiers à la date du 10 fructidor donne: Officiers présents . . 23 Détachés à l'ouest . . 6 Détaché au dépôt . . 1 Total . . . 30 3 maréchaux des logis chefs sont proposés pour les fonctions de sous-lieutenant.

Cavalerie (*suite*)

Nᵒˢ des corps	Dates des renseignements	Emplacements des corps, des détachements et des dépôts	Nombre d'escadrons	1° Nombre, par grade, des officiers subalternes; 2° Grade des officiers au 14 juillet 1789	1° Âges extrêmes et âge moyen par grade; 2° Origine des officiers	Résumé de la valeur du corps d'officiers dans chaque régiment	Observations
19e	»	Armée du Nord (4e division).	»	1 quart-maître — La date de promotion aux différents grades n'est pas indiquée. 8 capit. — Id. 8 lieut. — 1 cavalier, 1 maréch. d. log. ch. La date de promotion aux différents grades n'est pas indiquée pour les autres. 16 s.-lieut. — La date de promotion aux différents grades n'est pas indiquée.	25 — Sort des rangs. 24-60 / 46 — Sortis des rangs. 30-38 / 36 — 6 sortis des rangs. 2 entrés au service comme volontaires dans la garde nationale, faits sous-lieutenants en 1792. 24-52 / 38 — 15 sortis des rangs. 1 entré au service comme volontaire dans la garde nationale, fait sous-lieutenant en 1792.	Tous les officiers « se sont toujours montrés fidèles et exacts à leurs devoirs », sauf 1 s.-lieut. signalé comme « négligeant ses devoirs, très adonné à la boisson, ne sachant d'ailleurs ni lire ni écrire ». Tous ont « une bonne conduite et de bonnes mœurs », sauf 1 lieutenant et 1 s.-lieutenant qui « sont à surveiller » sous ce rapport. 3 capitaines et 1 sous-lieutenant sont peu aptes par leurs infirmités (blessures ou rhumatismes) à continuer le service. En outre, 3 sous-lieut. ont une « santé délicate ». 4 capit., 6 lieut., 9 s.-lieut. sont aptes au grade supérieur. 1 capitaine est « inapte à continuer le service par incapacité intellectuelle et professionnelle, il ne sait d'ailleurs ni lire ni écrire ». 1 autre capitaine et 4 sous-lieutenants sont également complètement illettrés; 3 sous-lieutenants ne savent que peu lire et écrire. 1 capit. et 2 s.-lieut. ont été mis en état d'arrestation le 26 brumaire et remis en liberté : le capit. par jugement du tribunal de Douay le 1er prairial, les 2 s.-lieut. par décision du représentant du peuple Lebon, le 7 messidor an II. 7 s.-l. servent comme adjoints. 1 lieut. et 1 s.-lieut. sont prisonniers de guerre. Les 4 s.-lieut. illettrés ont été nommés offic. à l'ancienneté de service.	2 maréchaux des logis, 3 brigadiers fourriers, 4 brigadiers, 15 cavaliers, sont cités pour des actions d'éclat.
20e	24 fructidor.	Gand.	»	1 brigadier, 2 maréch. des logis, 1 adjudant, 7 capit. La date de promot. aux différ. grades n'est pas indiquée pour les autres.	24-58 / 44 — 6 sortent des rangs. 1 dragon en 1787. Fait sous-lieutenant par brevet en 1791.	Tous les officiers servent bien; la plupart ont la mention « brave soldat et bon républicain ». 2 lieutenants sont cités pour actions d'éclat. Plusieurs autres officiers ont donné en maints endroits des preuves du plus grand courage.	
				7 lieut. — 2 cavaliers, 1 brigadier, 1 off. de la garde nat. Date de promot. aux différ. grades non indiq. pr les autres. 8 s.-lieut. — 2 cavaliers, 3 brigadiers, 1 non enc. de l'arm. Grade inconnu pour les 2 autres.	36-46 / 31 — 6 sortent des rangs. 1 nommé sous-lieutenant en 1792 étant déjà officier dans la garde nationale. 28-46 / 35 — 7 sortent des rangs. 1 nommé sous-lieutenant en 1792.	2 lieutenants sont susceptibles de parvenir aux plus hauts grades; 4 capitaines et 2 sous-lieutenants peuvent être nommés au grade supérieur. 1 lieutenant sait seulement « un peu lire et écrire »; 1 sous-lieutenant est complètement illettré.	
22e	26 fructidor.	Au bivouac près Hasselt (armée de Sambre et Meuse).	»	1 qu-mtre (capit.) — Grade au 14 juillet 1789 non indiqué. 1 chirurg. en chef — Aide-major. 8 capit. — 3 maréch. des logis, 2 maréch. d. log. ch., 1 adjudant, 2 porte-étendards. 7 lieut. — 1 brigadier, 6 maréch. des logis. 10 s.-lieut. — 3 cavaliers, 6 brigadiers, 1 maréch. des logis.	41 — Sort des rangs. 41 — Sort des hôpitaux. 36-54 / 46 — Sortent des rangs. 36-47 / 41 — Id. 24-45 / 38 — Id.	Tous les officiers « se sont toujours montrés fidèles à leurs devoirs et d'un civisme soutenu ». Ils ont tous une bonne conduite. Le quartier-maître trésorier est apte à l'emploi de commissaire des guerres. 1 lieutenant est susceptible de parvenir aux plus hauts grades; 5 capitaines, 3 lieutenants, 6 sous-lieutenants, peuvent être nommés de suite au grade supérieur. 1 capitaine et 1 sous-lieutenant sont hors d'état de continuer à servir à cause de leurs infirmités. 1 autre capitaine, également infirme, demande sa retraite; 1 troisième capitaine, 3 lieutenants et 1 sous-lieutenant ne sont plus aptes à faire campagne, mais pourraient continuer à servir dans une place de guerre.	
23e	15 fructidor.	Bivouac de Voltem.	»	1 chirurg.-major — Aide-major. 6 capit. — La date de promotion aux différents grades n'est pas indiquée. 5 lieut. — Id. 8 s.-lieut. — Id. 1 n'était pas encore dans l'armée.	32 — Sort des hôpitaux. 29-48 / 41 — Sortent des rangs. 21-29 / 26 — 3 sortent des rangs. 1 nommé sous-lieutenant en 1792 étant dans la gendarmerie. 1 entré dans la garde nationale en 1789. Sous-lieutenant en 1792. 20-50 / 32 — Sortent des rangs.	1 sous-lieutenant est signalé apte seulement « à la retraite n'ayant aucune intelligence, quoique bon républicain ». Il ne sait ni lire ni écrire. Tous les autres officiers remplissent bien les fonctions de leur grade, et un grand nombre servent avec distinction. 1 capitaine et 1 sous-lieutenant, dont celui mentionné plus haut, ont cependant des notes moins élogieuses. 1 capitaine est jugé susceptible de parvenir jusqu'aux plus hauts grades. 3 capitaines, tous les lieutenants et 2 sous-lieutenants, sont aptes au grade supérieur au leur.	2 adjudants dont 1 ayant rang de sous-lieutenant, 2 porte-étendards, 1 cavalier payeur aux escadrons de guerre, sont jugés aptes aux fonctions d'officier.

Nos DES CORPS	DATES des renseignements	EMPLACEMENTS des corps, des détachements et des dépôts	NOMBRE d'escadrons	1° NOMBRE, PAR GRADE, des officiers subalternes; 2° GRADE DES OFFICIERS au 14 juillet 1789	1° AGES EXTRÊMES ET AGE MOYEN par grade; 2° ORIGINE DES OFFICIERS	RÉSUMÉ DE LA VALEUR du corps d'officiers dans chaque régiment	OBSERVATIONS
				Cavalerie (*suite*)			
24e	1er vendém.	Caen (armée des Côtes de Cherbourg).	»	1 quart-maître { S.-lieut. de la garde nationale de Versailles. 5 capit. { 1 cavalier. 1 maréch. des logis. 1 garde national. 1 lieut. de garde nat. 1 commandant de garde nationale. 8 lieut. { 3 cavaliers. 1 brigadier. 1 maréch. des logis. 1 sergent-major de la compagnie de sous-officiers invalides. 2 servent dans la garde nationale; l'un d'eux est un ancien offic. d'infanterie. 13 s.-lieut. { 2 gardes nationaux. 1 soldat d'infant. 5 cavaliers. 4 cavaliers en congé. 1 sous-officier aux Invalides.	39 Sort des rangs. 33-67 / 42 { Sortent des rangs. (3 ont servi dans les dragons. 1 dans les gardes du corps. 1 dans l'infanterie.) 28-64 / 41 { Sortent tous des rangs. (1 a servi dans l'infanterie de 1781 à 1789, puis dans les dragons de 1789 à 1790. 1 a servi dans l'infanterie de 1745 à 1766, puis dans la cavalerie de 1766 à 1772. Officier dans cette arme de 1762 à 1763. Sert dans l'infanterie comme lieutenant de 1777 à 1785. Il est âgé de 64 ans.) 26-58 / 37 { Sortent tous des rangs. (2 ont fait la plus grande partie de leur service dans l'infanterie avant d'être officiers. 1 a fait tout son service dans cette arme.)	Tous les officiers « ont une conduite politique conforme aux principes de la Révolution ». Mais la « conduite morale » de 3 lieut. et de 5 s.-lieut. laisse beaucoup à désirer; 1 s.-lieut. entre autres « est rempli de vices ». 1 capit., 1 lieut. et 2 s.-lieut. sont susceptibles de parvenir aux plus hauts grades; 1 autre capitaine et 1 autre lieut. sont aptes au grade supérieur. En revanche, 2 lieut. et 4 sous-lieutenants ont à peine des talents militaires suffisants pour remplir les fonctions de leur grade. 1 capitaine et 1 lieutenant, âgés respectivement de 67 et 64 ans, sont très affaiblis et ne peuvent plus faire un service de guerre. 1 s.-lieut. ne sait ni lire ni écrire; 1 autre s.-lieut. sait peu lire et signe imparfaitement son nom; 1 lieut. ne sait même pas signer son nom. La caractéristique des officiers de ce régiment c'est qu'à quelques rares exceptions près et quoique tous sortis des rangs, aucun d'eux n'était parvenu au grade de sous-officier lorsqu'il a été fait officier. Presque tous avaient une interruption de services avant leur entrée dans la garde nationale ou leur engagement en 1792 comme volontaires nationaux à cheval.	« Renseignements exigés par l'arrêté du Comité de salut public du 30 germinal pour la nomination de tout emploi au service de l'armée. » Le dossier du régiment contient un long rapport sur la conduite politique et militaire, surtout politique, du cavalier Fosse, que ses camarades du détachement de Josselin signalent à la bienveillante attention du Comité de salut public. Il se trouve également au dossier une feuille de renseignements concernant le maréchal des logis Guéret jugé apte aux fonctions de sous-lieutenant.
25e	18 fructidor.	Bivouac de Juprelle.	»	3 capit. { Pas d'indication de grade au 14 juillet 1789. 2 lieut. Id. 6 s.-lieut. Id.	25-35 / 30 { Sortent tous des rangs. (1 a fait la plus grande partie de son service (8 ans) dans l'infanterie.) 25 et 28 { Sortent des rangs. (1 a fait presque tout son service dans l'infanterie, et c'est le meilleur des deux.) 24-42 / 33 { Sortent des rangs. (1 a fait tout son service dans l'infanterie ou la garde nationale; 1 autre n'a servi que dans la garde nationale depuis la Révolution.)	Ces officiers, ainsi d'ailleurs que ceux du 24e régiment, paraissent être inférieurs, aussi bien au point de vue moral qu'au point de vue intellectuel et professionnel, à la moyenne des officiers des autres corps de cavalerie. 1 seul était parvenu au grade de sous-officier pendant son temps de service dans l'ancienne armée (il était tambour-major, d'ailleurs complètement illettré). Tous sont cependant braves militaires et quelques-uns sont cités pour des actions d'éclat. Mais parmi les 3 capitaines, 1 ne sait que « peu calculer »; 1 autre a une « santé faible »; le troisième se conduit mal et sait juste signer son nom; aucun des trois n'est susceptible d'avancement. Des 2 lieutenants, 1 seul est « apte à l'emploi de capitaine »; l'autre a une « santé faible, il boite de la jambe gauche et n'est propre à servir que dans les bureaux ». Parmi les 6 sous-lieutenants, 1 est apte au grade de capitaine, 3 au grade de lieutenant. Les 2 autres ne savent ni lire ni écrire. Parmi ces derniers, 1 serait cependant susceptible d'avancement « s'il savait lire et écrire, étant doué d'ailleurs d'une intelligence achevée et connaissant parfaitement la tactique militaire ».	1 adjudant, 1 maréchal des logis chef, 1 maréchal des logis, 2 brigadiers sont jugés « susceptibles d'avancement ». 1 autre maréchal des logis chef, qui a servi 8 ans comme canonnier dans la marine, est jugé apte à occuper un emploi dans la marine. 1 maréchal des logis, quoique ayant fait tout son service dans l'infanterie, est jugé apte à l'avancement. 1 brigadier, qui a servi 10 ans dans l'artillerie comme canonnier, peut être placé comme canonnier dans l'artillerie légère; il ne sait que lire.
				Dragons			
1er	10 fructidor.	Bivouac près Liège (armée de Sambre et Meuse).	»	8 capit. { 1 maréch. des logis. 3 maréch. d. log. ch. 1 adjudant. 1 porte-guidon. 1 sous-lieutenant. 1 lieutenant surnuméraire. 8 lieut. { 1 brigadier. 3 maréch. des logis. 1 maréch. d. log. ch. 1 offic. dans la garde nationale. 2 non encore dans l'armée. 15 s.-lieut. { 7 dragons. 4 brigadiers. 2 maréch. des logis. 2 non encore dans l'armée.	33-57 / 44 { 7 sortis des rangs. 1 entré au service comme sous-lieutenant de remplacement en 1782. Sous-lieutenant en pied en 1789. Lieutenant en 1792. Capitaine la même année. 20-48 / 33 { 5 sortis des rangs. 2 entrés au service comme sous-lieutenants, 1792. 1 entré au service comme sous-lieutenant en Pologne, puis dragon, puis officier de la garde nationale. Nommé sous-lieutenant en 1792. 20-51 / 34 { 13 sortis des rangs. 1 entré au service comme sous-lieutenant, 1792. 1 volontaire en 1791. Caporal, 1793. Nommé sous-lieutenant la même année.	Tous les officiers ont d'excellentes notes. Tous ont une « bonne conduite, de bonnes mœurs, connaissent parfaitement leur métier et sont bons républicains ». 7 capit., tous les lieut., 11 s.-lieut., sont susceptibles d'avancement. Parmi eux, 3 capit., 2 lieut. et 2 s.-lieut. sont, par leurs aptitudes, et leurs connaissances spéciales, aptes au service d'état-major. Parmi les officiers non proposés pour l'avancement, le capitaine ne sait ni lire ni écrire. 3 des s.-lieut. sont : l'un, âgé (51 ans), à admettre à la retraite; un autre, infirme (hernie double); le 3e, malade (phtisique). Encore ce dernier est-il susceptible d'avancement si sa santé s'améliore. Le 4e sous-lieutenant non proposé a sa santé affaiblie par une blessure à la jambe qui ne s'est pas fermée. Mais, s'il vient à guérir, il est également très bon. En résumé, on peut dire que ce corps d'officiers est un des mieux composés.	Situation générale dudit régiment à l'époque du 12 fructidor an II : Hommes — aux escadrons en campagne .... 480; au dépôt général de Pont-à-Mousson .... 388; avec les chevaux éclopés à Roc libre .... 14; détachés à l'armée de la Moselle .... 35; aux hôpitaux .... 58; en prison .... 2; Total .... 972 Chevaux — aux escadrons en campagne .... 484; au dépôt de Pont-à-Mousson .... 214; éclopés à Roc libre .... 40; détachés à l'armée de la Moselle .... 35; Total .... 773 1 adjudant est jugé apte à être sous-lieutenant.

Nos DES CORPS	DATES des renseignements	EMPLACEMENTS des corps, des détachements et des dépôts	NOMBRE d'escadrons	1° NOMBRE, PAR GRADE, des officiers subalternes; 2° GRADE DES OFFICIERS au 14 juillet 1789	1° ÂGES EXTRÊMES ET ÂGE MOYEN par grade; 2° ORIGINE DES OFFICIERS	RÉSUMÉ DE LA VALEUR du corps d'officiers dans chaque régiment	OBSERVATIONS
				Dragons (*suite*)			
4e	14 fructidor.	Hasseloch (armée du Rhin, 2e division).	»	1 quart.-maître { Non encore dans l'armée au 14 juillet 1789. 7 capit. { 2 non encore dans l'armée. Dates de promotion aux différents grades non indiquées. 7 lieut. { Les dates de promotion aux différents grades ne sont pas indiquées. 11 s.-lieut. { Id. 2 non encore dans l'armée.	34 — Entré au service en 1793 comme quartier-maître, étant administrateur du district de Pont-à-Mousson. 22-46 / 34 — 5 sortis des rangs. 1 volontaire en 1791, fait sous-lieutenant en 1792. 1 fait sous-lieutenant en 1791, servait avant cette date dans la gendarmerie. 25-58 / 40 — Sortis des rangs. 24-48 / 34 — 10 sortis des rangs, dont 1 entré au service en 1791 comme dragon. 1 entré au service comme s.-lieutenant en 1791, aux volontaires (infanterie). Nommé sous-lieutenant au corps en 1792.	Tous les officiers servent bien dans leur grade, sauf 1 sous-lieutenant qui « n'a aucune connaissance des manœuvres; ne s'étant occupé que du métier de cordonnier, il a acquis ses grades à l'ancienneté. Il lit et écrit médiocrement »; il a une mauvaise santé et ne peut occuper aucun emploi militaire. » 1 capitaine, 1 lieutenant et 4 sous-lieutenants ont à se perfectionner dans la pratique des manœuvres. 1 autre capitaine est illettré. 3 capitaines, 5 lieutenants, 6 sous-lieutenants peuvent passer au grade supérieur. Quelques officiers peuvent parvenir à des grades plus élevés. Le quartier-maître « a toutes les dispositions nécessaires pour exercer un emploi dans les troupes à cheval ». 1 capitaine est apte aux fonctions de commissaire des guerres ou autres dans l'administration. 1 sous-lieutenant, détaché à la 1re division de l'armée et dont la feuille de notes est signée du général Desaix, « remplit ses devoirs d'une manière distinguée; il peut être employé utilement dans tout poste de troupes légères, et réussira à l'état-major ».	
5e	11 fructidor. 24 fructidor.	Commercy (dépôt). Cantonnement d'Aubange (escadrons de guerre) [armée de la Moselle, division du général Debrun].	2 2	1 quart.-maître (capit.) { Simple soldat. 9 capit. { Dates de promotion aux différents grades non indiquées sauf pour : 2 qui étaient maréch. des logis. 1 maréch. d. log.-ch. 1 porte-guidon. 6 lieut. { 1 brigadier. 1 maréch. des logis. Dates de promotion non indiquées pour les autres. 16 s.-lieut. { 4 dragons. 1 brigadier. 1 garde national. 1 Garde française. Dates de promotion non indiquées pour les autres.	34 — Nommé sous-lieutenant en 1792 ayant déjà servi plusieurs années comme soldat. 25-54 / 44 — 8 sortis des rangs. 1 entré au service en 1789. Officier dans la Légion belge, puis dans la Légion de Jemmapes. Incorporé en 1793. 21-45 / 36 — 6 sortis des rangs. 1 entré au service comme volontaire en 1791. Lieutenant dans la Légion de Jemmapes en 1793. Incorporé en 1793. 21-47 / 36 — 14 sortis des rangs. 1 garde national, nommé sous-lieutenant en 1790. 1 nommé sous-lieutenant en 1793, ayant servi 18 mois dans les Gardes françaises et 2 mois dans la Légion des Allobroges.	Tous les officiers servent très bien et se sont toujours montrés braves militaires et bons républicains. 4 capitaines, 3 lieutenants, 3 sous-lieutenants peuvent être promus rapidement à des grades supérieurs. En outre, 2 lieutenants et 6 sous-lieutenants peuvent être nommés de suite au grade immédiatement supérieur au leur. 4 sous-lieutenants ne savent que très peu lire et écrire, 1 autre est complètement illettré. Le quartier-maître sert avec zèle et intelligence. Il paraît propre aux fonctions d'inspecteur.	1 adjudant-sous-lieutenant est apte aux fonctions de lieutenant. 1 adjudant-sous-officier « possède le calcul, le dessin, ainsi que les autres parties des mathématiques, a des connaissances en géographie et topographie, sait ses manœuvres au point de les enseigner. Proposé pour sous-lieutenant et il paraît avoir assez de capacité pour être promu à des grades élevés et particulièrement dans le génie militaire ». 2 brigadiers et 1 dragon sont susceptibles, par leurs aptitudes et leur savoir, d'être promus sous-lieutenants et même plus. 1 dragon, quoique illettré, est proposé pour une récompense en raison de la bravoure et du courage exceptionnels qu'il a montrés en maintes circonstances.
6e	18 fructidor.	Au bivouac, en avant d'Hoogstraet. Dépôt à Noyon.	»	1 quart.-maître { Non encore dans l'armée. 6 capit. { Dates de promotion aux différents grades non indiquées. 9 lieut. { Id. 2 non encore dans l'armée. 18 s.-lieut. { Dates de promotion aux différents grades non indiquées.	25 — Sert depuis 1790. Dragon, fourrier, quartier-maître. 30-50 / 41 — Sortent des rangs. 24-56 / 38 — 7 sortis des rangs. 1 sous-lieutenant en 1793 aux dragons de la Manche, puis lieutenant. Incorporé avec ce grade. 1 Belge, au service de la France, de février 1793. 22-61 / 33 — 14 sortis des rangs. 2 entrés au service comme volontaires. Sous-lieutenants dans leurs bataillons en 1793. Incorporés avec ce grade. 1 d'abord garde national, puis en 1792 chasseur, fourrier, sous-lieutenant. Incorporé avec ce grade. 1 entré au service le 15 juillet 1793 au 1er bataillon d'Argentan comme fourrier, puis sergent-major, puis passé comme mar. d. log. ch. aux dragons de la Montagne où il est nommé s.-lieutenant par Garnier de Saintes. Incorporé avec ce dernier grade.	Tous sont « braves militaires et bons républicains ». 2 capitaines, 2 lieutenants et 7 sous-lieutenants sont susceptibles d'avancement immédiat. Parmi eux, 1 capitaine, 1 lieutenant et 4 sous-lieutenants sont, par leurs aptitudes, désignés pour occuper de plus hauts grades. Les autres officiers servent bien dans leur grade, sauf 2 lieutenants dont 1 âgé (56 ans) et ne sachant que lire est proposé pour la retraite, l'autre ne connaît rien aux manœuvres; 3 sous-lieutenants : 1 est d'une intempérance reconnue, ne sachant se respecter ni se faire respecter; les 2 autres sont proposés pour la retraite, l'un à cause de son grand âge (61 ans) et de ses infirmités, l'autre à cause de ses services (il sert depuis 1757); il ne sait d'ailleurs ni lire ni écrire, mais est cependant bon militaire et très brave ainsi que bon patriote. 1 capitaine, 4 lieutenants et 4 sous-lieutenants ont à perfectionner leur instruction professionnelle, qui est faible au point de vue manœuvres. 1 capitaine est signalé comme buvant; il est cependant bon officier, bon patriote et très brave.	Le sous-lieutenant Gauthier, entré au service le 15 juillet 1793 dans un bataillon de volontaires, puis passé comme maréchal des logis chef aux dragons de la Montagne où il est nommé sous-lieutenant et incorporé avec ce grade au régiment, doit être replacé dragon d'après l'arrêté du Comité de salut public. Le conseil d'administration éventuel du dépôt où se trouve cet officier demande qu'il soit maintenu dans ce grade; il sait lire et écrire, a de bonnes mœurs et est excellent républicain. 1 trompette-major, 1 brigadier et 1 dragon (les 2 premiers cités pour actions d'éclat) sont susceptibles d'être promus sous-lieutenants et sont même aptes à parvenir à de plus hauts grades.

Nos DES CORPS	DATES des renseignements	EMPLACEMENTS des corps, des détachements et des dépôts	NOMBRE d'escadrons	1° NOMBRE, PAR GRADE, des officiers subalternes; 2° GRADE DES OFFICIERS au 14 juillet 1789	1° AGES EXTRÊMES ET AGE MOYEN par grade; 2° ORIGINE DES OFFICIERS	RÉSUMÉ DE LA VALEUR du corps d'officiers dans chaque régiment	OBSERVATIONS
				Dragons (*suite*)			
7e	18 fructidor.	Bilzen (armée de Sambre et Meuse, avant-garde).	»	**8 capit.** { 1 canonnier dans la garde nationale. 1 garde national. 1 maréch. des logis. 1 porte-guidon. Dates des différents grades non indiquées pour les 4 autres. }	32-55 / 42 — 1 nommé capit. en 1792 aux chasseurs de Versailles, après avoir servi 12 ans au 5e rég. de chasseurs et ensuite comme canonnier dans la garde nationale. Incorporé avec son grade. 1 nommé capit. dans les mêmes conditions et également incorporé avec son grade. Les 6 autres sortis des rangs et passés par tous les grades.	Tous les officiers se sont montrés en toutes circonstances exacts et fidèles à leurs devoirs et ont donné des preuves de leur patriotisme. Seul, 1 sous-lieutenant a une conduite irrégulière; tous les autres officiers se conduisent bien. 2 capitaines et 1 lieutenant sont cités pour actions d'éclat. 7 capitaines sont aptes à l'avancement, 2 d'entre eux sont susceptibles de parvenir aux plus hauts grades. Le 8e capitaine ne sait ni lire ni écrire, mais il est brave et courageux et sert avec distinction. 6 lieutenants sont aptes au grade de capitaine, les 2 autres à des grades plus élevés. 12 sous-lieutenants sont susceptibles d'être nommés lieutenants. Parmi eux cependant 2 savent seulement « un peu lire et écrire », et 6 connaissent seulement « un peu les manœuvres ». Parmi ceux non proposés pour l'avancement, 1 ne sait ni lire ni écrire; 2 connaissent peu les manœuvres (vainqueur de la Bastille et garde national de Lyon). 1 a fait presque tout son service dans l'infanterie (volontaire du bataillon de la Drôme).	
				8 lieut. { 1 garde national. 1 volontaire à cheval. Les dates de promotion aux différents grades ne sont pas indiquées pour les autres. }	24-42 / 34 — 1 garde nat., 1789-1792. Passé aux chass. de Versailles et nommé lieut. Incorporé avec ce grade. 1 volont. à cheval, 1789, puis dans la garde nat. de Versailles, puis dans les chass. à cheval de Versailles et lieut. dans ce corps, sept. 1792. Incorporé avec ce grade. Les 6 autres sortis des rangs et passés par tous les grades.		
				16 s.-lieut. { Les dates de promotion aux différents grades ne sont pas indiquées pour les sous-lieutenants. }	23-59 / 35 — 1 volont. au bon de la Drôme, 1789. S.-lieut. au 25e d'inf., 1792. Passé aux chass. de Jemmapes, puis incorp. avec son grade au rég. 1 garde nat. à Versailles puis à Paris depuis 1789. Passé aux chass. de Versailles comme s.-lieut., 1792. Incorporé au rég. avec ce grade. 1 vainqueur de la Bastille, puis servant dans la cie de la Bastille. Nommé s.-lieut. au rég., 1792. 1 garde nat. de Lyon. Nommé s.-lieut. au régiment, 1792. 1 volont., 1789. Nommé s.-lieut. au 13e bon belge. Puis passé dans le 17e rég. de chass. Incorporé au rég. avec ce grade (avait servi 6 ans comme dragon avant 1789). Les 11 autres sortis des rangs et passés par tous les grades.		
8e	20 fructidor.	Hasseloch	4	**1 quart.-maître** { Dragon le 14 juillet 1789. }	29 — Sorti des rangs.	Dans leur ensemble, les officiers servent bien et se sont toujours bien comportés (tant au point de vue moral qu'au point de vue civique et professionnel). 5 capitaines, 2 lieutenants et 4 sous-lieutenants sont susceptibles d'avancement. Parmi ces officiers, 1 capitaine et 3 sous-lieutenants sont aptes à exercer des fonctions élevées. À admettre à la retraite : 2 capitaines, pour leur âge (56 et 55 ans) et leurs infirmités; 1 lieutenant, pour son incapacité intellectuelle et pour son grand âge (56 ans), ne sait ni lire ni écrire; 1 sous-lieutenant pour son âge et ses infirmités, il ne sait d'ailleurs ni lire ni écrire; 1 autre capitaine est épileptique, mais sert bien; 1 autre lieutenant est infirme et sert difficilement; 1 autre sous-lieutenant ne sait ni lire ni écrire.	2 adjudants sous-lieutenants sont aptes aux fonctions de lieutenant. 1 maréchal des logis chef, cité pour action d'éclat, instruit, bon soldat et bon républicain, ferait également un bon officier.
				7 capit. { 1 brigadier. 2 maréch. des logis. 1 maréch. d. log. ch. 1 adjudant. 1 porte-guidon. 1 sous-lieutenant. }	33-56 / 46 — Sortis des rangs.		
				5 lieut. { 1 brigadier. 3 maréch. des logis. 1 anc. sergent, instructeur des cannoniers garde-côtes. }	37-56 / 47 — Id.		
				14 s.-lieut. { 5 dragons. 5 brigadiers. 1 maréch. des logis. 2 gardes nationaux. 1 non encore dans l'armée. }	20-50 / 34 — 11 sortis des rangs. 2 entrés au service comme gardes nationaux en 1789. Nommés sous-lieutenants en 1792. 1 garde national en 1790. Sous-lieutenant en 1792.		
10e	10 fructidor. 12 fructidor.	Bivouac de Sorine-s-Dinant (armée de Sambre et Meuse). Commercy, Armée de Sambre et Meuse.	3e esc. Dépôt. Le reste du rég.	Godard (J.-B.), chef d'esc. { Maréch. des logis chef. }	33 — Sort des rangs.	Tous les officiers servent la République avec dévouement et se sont toujours et partout bien comportés. Le chef d'escadrons, 4 capit., tous les lieutenants, 12 sous-lieutenants sont aptes au grade immédiatement supérieur. Parmi eux, 1 capitaine, 1 lieutenant, 4 sous-lieutenants sont susceptibles de parvenir à des grades plus élevés. Parmi ces 5 derniers sous-lieutenants, 2 sont aptes aux fonctions d'instructeur en chef dans un rassemblement de cavalerie. 4 capitaines, usés par les longs services et les infirmités, sont susceptibles d'obtenir leur retraite. Un troisième capitaine, quoique déjà âgé (56 ans) et fort affaibli par ses longs services, pourrait encore être utile à la République comme commandant de place, avec un grade supérieur. 1 sous-lieutenant ne sait ni lire ni écrire.	Les 5e et 6e escadrons ne sont pas formés. 2 adjudants, 5 maréchaux des logis chefs, 5 maréchaux des logis, 10 brigadiers ou brigadiers fourriers, 17 dragons sont susceptibles d'avancement et, parmi eux, 1 adjudant et 4 maréchaux des logis chefs sont aptes à remplir des emplois élevés. La répartition des officiers, d'après les feuilles de notes, paraît être la suivante : Le chef d'escadrons à l'armée; Capitaines : 3 au dépôt, 5 à l'armée dont 2 au 3e escadron; Lieutenants : 3 au dépôt, 7 à l'armée dont 2 au 3e escadron; Sous-lieutenants : 3 au dépôt, 11 à l'armée dont 4 au 3e escadron.
				8 capit. { 1 volontaire. 2 maréch. des logis. 2 maréch. d. log. ch. 2 porte-guidons. 1 brigadier. }	44-64 / 51 — 7 sortis des rangs. 1 volont., 1789, puis garde nat., puis chasseur à cheval, puis dragon, puis capit. dans les hussards de Jemmapes. Incorporé avec ce grade au régiment.		
				8 lieut. { 1 garde de la Connétable. 1 volontaire à pied. 1 volontaire à cheval, garde nation. 1 non encore dans l'armée. 4 maréch. des logis. }	33-43 / 51 — 4 sortis des rangs. 1 dragon, 1791. S.-lieut. 1792. 1 dragon, puis garde de la Connétable, 1770-1792. Lieut. dans les hussards de Jemmapes, puis incorporé au rég. avec ce grade. 2 volont., 1789. S.-lieut. 1792.		
				14 s.-lieut. { 2 gardes nationaux. 2 dragons. 4 brigadiers. 3 maréch. des logis. 1 non encore dans l'armée. 2 gradé non indiqué. }	21-50 / 33 — 11 sortis des rangs. 1 dragon, 1790. S.-lieut. 1792. 1 garde nat., 1789-1791. Dragon, 1791-1792. S.-lieut. 1793. 1 volont. à pied, puis garde nat., puis volont. au 1er rég. de chasseurs. S.-lieut. dans une franche de dragons. Incorporé avec ce grade aux hussards de Jemmapes, puis au rég. pour l'organisation des 5e et 6e esc. non formés. Sert comme adjoint.		

Nos DES CORPS	DATES des renseignements	EMPLACEMENTS des corps, des détachements et des dépôts	NOMBRE d'escadrons	1° NOMBRE, PAR GRADE, des officiers subalternes ; 2° GRADE DES OFFICIERS au 14 juillet 1789	1° AGES EXTRÊMES ET AGE MOYEN par grade ; 2° ORIGINE DES OFFICIERS	RÉSUMÉ DE LA VALEUR du corps d'officiers dans chaque régiment	OBSERVATIONS
				Dragons (suite)			
11e	13 fructidor.	Bivouac de Hans, près Liège (armée de Samb. et Meuse, avant-garde).	»	1 quart.-maître (lieut.) — Dates de promotion aux différents grades non indiquées. 8 capit. — Id. 8 lieut. — Id. 16 s.-lieut. — Id. { 4 non encore dans l'armée. 1 dragon en congé par libération.	31 — Sort des rangs. 34-55 / 47 — 7 sortis des rangs. 1 a servi dans la Légion royale de 1774 à 1792. Nommé sous-lieutenant à cette date. 29-53 / 40 — Sortis des rangs. 29-48 / 33 — 4 nommés sous-lieutenants comme citoyens actifs en 1792. 1 nommé sous-lieutenant en 1792, ayant déjà servi au régiment comme dragon avant la Révolution. Les 11 autres sortis des rangs.	Tous les officiers servent bien dans leur grade et ont toujours fait preuve d'une bonne conduite morale et civique. Le quartier-maître, tous les capitaines, 6 lieutenants, 8 sous-lieutenants sont susceptibles d'avancement. Parmi les autres officiers, 1 lieutenant sert à titre d'adjoint à l'état-major de l'armée du Rhin ; 5 sous-lieutenants servent comme officiers d'ordonnance ou sont employés dans les états-majors ; 1 sous-lieutenant est susceptible d'occuper un emploi dans l'administration militaire, ayant déjà rempli les fonctions de quartier-maître ; 1 lieutenant et 2 sous-lieutenants savent « peu lire et écrire », 1 de ces derniers est cependant proposé pour le grade supérieur ; 1 autre sous-lieutenant est estropié de la jambe gauche, mais peut encore servir.	2 adjudants-sous-lieutenants peuvent faire de bons officiers ; 1 maréchal des logis chef, 1 brigadier et 1 dragon sont susceptibles d'avancement et ont à leur actif des actions d'éclat. 1 autre dragon, également cité pour action d'éclat mais ne sachant ni lire ni écrire, est proposé pour une récompense nationale.
12e	19 fructidor.	Bivouac de Paive, près de Liège.	»	1 quart.-maître (capit.) — Dates de promotion aux différents grades non indiquées. 10 capit. — Id. 9 lieut. — Id. { 1 était capit. dans la garde nationale. 1 pr lequel il n'existe aucun renseignement. Id. 1 adjudant-major de garde nationale. 21 s.-lieut. — 1 lieutenant dans la garde nationale. 1 sergent d'inf. 2 non enc. d. l'arm. 6 à l'hôpital ou détachés pr lesquels il n'est donné aucun renseignement.	47 — Sort des rangs. 24-54 / 42 — Sortis des rangs. 25-42 / 31 — 8 sortis des rangs. 1 entré au service comme capitaine dans la garde nationale en 1789, puis chasseur, puis dragon de la Manche, Lieutenant dans ce corps. Puis incorporé avec ce grade au 12e régiment de dragons. 11 sortis des rangs. 1 chasseur, 1790. Sous-lieutenant, 1792. 1 adjudant-major de la garde nationale, 1789-1793. Puis dragon de la Manche. Sous-lieutenant dans ce corps et incorporé avec ce grade. 21-38 / 29 — 1 volontaire, 1792. Nommé sous-lieutenant la même année. 1 lieutenant dans la garde nationale, puis dragon. Nommé sous-lieutenant, 1792.	Les renseignements manquent complètement pour 1 lieutenant, 6 sous-lieutenants détachés et 1 autre lieutenant à l'hôpital. Pour les autres officiers, les notes manquent de précision ; ils paraissent cependant presque tous bien servir si l'on en juge par la mention « connaît son état » ou « connaît les manœuvres » que la plupart ont en face de leur nom. 2 capitaines et 2 sous-lieutenants savent seulement « un peu lire et écrire » ; 1 des sous-lieutenants cependant sert très bien et serait susceptible d'avancement sans cette insuffisance d'instruction. 1 capitaine est incapable de monter à cheval à la suite d'une blessure et pourrait occuper un emploi sédentaire ; 2 autres capitaines ont obtenu leur retraite (56 et 51 ans de services, campagnes comprises). 3 lieutenants servent comme adjoints ou aides de camp dans les états-majors. 2 sous-lieutenants sont cités pour actions d'éclat.	Le dragon Géry est cité pour action d'éclat. N'étant pas susceptible d'occuper un grade, il est proposé pour une récompense nationale.
13e	13 brumaire.	Compiègne (dépôt). Armée du Nord (escadrons de guerre).	»	Bénazé, chef d'esc. — Lieut., 1788 ; remis sous-lieutenant en 1791. Durand, id. — Lieutenant surnuméraire, 1788 ; remis sous-lieutenant en 1791. Fouque, id. — Adjudant-sous-lieutenant. à quart.-maîtres, rang de capit. (dont 1 adjoint) — 1 maréch. des logis. 1 sergent-maj. dans la garde nationale. 13 capit. (dont 2 provis. et 2 adjoints) — 1 garde national. 1 soldat d'inf. 1 adjudant d'inf. 2 dragons. 3 maréch. des logis. 2 maréch. d. log. ch. 1 porte-guidon. 1 capitaine dans une compagnie franche. 1 capitaine au régiment belge de Hainaut.	28 — Sort des rangs. 57 — Id. 44 — Id. 35 et 43 — 1 sort des rangs. 1 (l'adj.) entré au service comme serg.-maj. dans la garde nat. en 1789. Quart.-mtre d'inf. belge, 1792 ; qmre au 17e rég. de chasseurs à cheval, 1792 ; qmre adj. au 13e drag., 19 germinal an II. 29-55 / 41 — 1 garde nat., 1789. Lieut. à la Légion des Ardennes, 1792. Capit. dans les chass. à cheval belges, 1793. Incorporé au 13e drag. avec ce grade. 1 soldat au 82e d'inf. en 1789. Lieut. dans la garde nat., 1791. S.-lieut. au 18e drag., 1792. 1 soldat, 1782. Dragon, 1789. Capit. au bon de l'Eure, 1791. Incorporé au 13e drag. avec ce grade. 1 capit. dans une cie franche de cav. en 1789. Entré avec ce grade aux drag. de la Manche, 1793. Incorporé au 13e drag. avec son grade. 1 capit. dans le rég. belge de Hainaut, 1789. Drag. volont. Capit. dans les hussards de Jemmapes, 1793. Incorporé au 13e drag. avec ce grade. Les 8 autres sortis des rangs et passés par tous les grades.	Tous les officiers ont toujours bien servi leur pays et la République et ont donné en maints endroits des preuves de leur courage et de leur civisme. 2 chefs d'escadrons, Bénazé et Durand, sont susceptibles de monter aux grades supérieurs ; le 1er, suspendu par suite des arrêtés de Duquesnoy contre les ex-nobles, a été réintégré provisoirement dans ses fonctions par arrêté du représentant Laurent sur la demande des officiers, sous-officiers et cavaliers du 13e régiment de dragons. 9 capitaines, 7 lieutenants, 13 sous-lieutenants sont susceptibles d'avancement et, parmi eux, 3 capitaines, 2 lieutenants, 2 sous-lieutenants sont particulièrement désignés pour un avancement rapide. 2 sous-lieutenants, vieux et usés par le service et les infirmités, sont susceptibles d'obtenir leur retraite. 1 sous-lieutenant ne sait ni lire ni écrire, 2 autres savent seulement « un peu lire et écrire ». 1 lieutenant sait seulement signer son nom. 1 sous-lieutenant, nommé à la suite d'une action d'éclat par le Conseil exécutif, a été suspendu par Duquesnoy et réintégré par le Comité de salut public sur la demande du régiment.	3 adjudants sont déclarés aptes à l'avancement, 2 d'entre eux sont même appelés à un avancement rapide. Répartition des officiers entre le dépôt à Compiègne et les escadrons en campagne à l'armée du Nord : Au dépôt à Compiègne : Chef de brigade, 1 ; Quartiers-maîtres trésoriers, 2 ; Capitaines, 2 ; Lieutenants, 2 ; S.-Lieutenants, 4 — 9. Aux escadrons en campagne : Chefs d'esc., 3 ; Capitaines, 11 ; Lieutenants, 10 ; S.-Lieutenants, 16 — 40. Total général, 49.

Nos des corps	Dates des renseignements	Emplacements des corps, des détachements et des dépôts	Nombre d'escadrons	1° Nombre, par grade, des officiers subalternes; 2° Grade des officiers au 14 juillet 1789	1° Ages extrêmes et âge moyen par grade; 2° Origine des officiers	Résumé de la valeur du corps d'officiers dans chaque régiment	Observations
13e				**Dragons** (*suite*) 10 lieut. (dont 2 à titre provis.) { 3 gardes nationaux. 1 brigadier. 2 maréch. des logis. 1 maréch. des logis chef. 3 non encore dans l'armée. — 20-42 / 31 20 s.-lieut. (dont 5 à titre provis.) { 2 gardes nationaux. 8 dragons. 1 carabinier. 4 brigadiers. 3 maréch. des logis. 2 non encore dans l'armée. — 21-53 / 36	1 garde nat., 1789, S.-lieut. en 1792. 1 chasseur à cheval, 1780. Garde nat., 1789, S.-lieut., 1792. 1 carabinier, 1777, Dragon, 1787. Garde nat., 1789, S.-lieut., 1792. 1 dragon de la Manche, 1793. Lieut. provisoire dans ce corps, 1793. Lieut. en pied au 13e drag. par incorporation. 1 s.-lieut. au bon de l'Yonne, S.-lieut. au 13e drag., 1792. 1 s.-lieut. aux huss. de Jemmapes, 1773, puis lieut. dans ce corps. Incorporé au 13e drag. avec ce dernier grade. Les 4 autres sortis des rangs et passés par tous les grades. 1 garde nat., 1789, Dragon, 1792, S.-lieut., 1793. 1 garde nat., 1789, S.-lieut., 1793. 1 maréch. d. log. aux huss. de Jemmapes, 1793, S.-lieut. au même corps, 1793, Incorp. au 13e drag. 1 dragon de la Manche, 1793. Maréch. d. log. ch. par incorporat. des huss. de Jemmapes, 1793. Incorp. au 13e drag. avec ce grade. S.-l. de ce dernier corps. 1 dragon, 1788. S.-lieut., 1793. Les 15 autres sortis des rangs et passés par tous les grades.		
14e	»			1 quart.-maître (Dates de promotion aux différents grades non indiquées). — 32 8 capit. { Id. 1 garde national. — 31-53 / 39 9 lieut. { 1 trompette-major. 1 volontaire. 7 (dates de promotion aux différents grades non indiquées). — 23-44 / 38 13 s.-lieut. (Dates de promotion aux différents grades non indiquées). — 25-43 / 32	32 Sort des rangs. 31-53/39 { 7 sortis des rangs. 1 garde national, 1789. Fait sous-lieut. par brevet, 1792. 23-44/38 { 1 sert depuis l'âge de 16 ans comme musicien, puis trompette-major. Fait sous-lieut. à l'ancienneté. 1 volontaire, 1789. Fait sous-lieutenant, 1792. Les 7 autres sortis des rangs. 25-43/32 Sortis des rangs.	Tous les officiers ont « toujours été fidèles et exacts à leurs devoirs ». Un grand nombre ont montré le plus grand courage dans les affaires où ils se sont trouvés avec le régiment. Plusieurs ont des blessures de guerre; 1 capitaine et 1 sous-lieutenant sont cités pour actions d'éclat. Le quartier-maître pourrait occuper un emploi de commissaire des guerres dans une place. Tous les capitaines sauf 1; tous les lieutenants sauf 1 et tous les sous-lieutenants sont aptes au grade immédiatement supérieur; 1 capitaine est même susceptible de remplir de suite les fonctions de chef de brigade. Cependant la moyenne d'instruction professionnelle ne paraît pas très élevée, surtout parmi les sous-lieutenants; 9 d'entre eux ont seulement « quelques connaissances en manœuvres. » Le capitaine non proposé pour l'avancement « sait peu lire et a peu de connaissances sur les manœuvres »; le lieutenant « sait seulement lire et écrire en allemand » et demande sa retraite (c'est l'ancien musicien); 4 sous-lieutenants « savent seulement un peu lire et écrire ».	1 adjudant-sous-lieutenant est susceptible d'être nommé lieutenant; 8 maréchaux des logis chefs et 1 maréchal des logis peuvent être nommés sous-lieutenants.
15e	20 vendém. an III. 25 fructidor an II. 25 vendém. an III.	Elne (portion princ.) [armée des Pyrénées orientales]. 5e escadron (détaché à la division de Montlouis). Castres (dépôt).	» 1 »	1 quart.-maître Brigadier. — 28 15 capit. { 2 gardes nationaux. 1 soldat d'inf. 1 dragon en congé. 1 gendarme en congé. 1 appointé dragon en congé. 1 brigadier dragon. 2 maréch. des logis. 1 vét. mar. d. log. ch. 1 maréch. d. log. ch. 1 lieut. surnumér. 3 non encore dans l'armée. — 20-54 / 38	28 Sort des rangs. 9 sortis des rangs de l'ancienne armée; dans ce nombre 2 n'avaient aucun grade à la Révolution, ils les ont acquis l'un dans la garde nationale, l'autre dans les dragons allobroges. 1 entré au service dans la Légion allobroge, 1792; sergent, sous-lieutenant et lieutenant la même année, 1792. 1 garde national, 1789. Lieutenant et capitaine dans l'escadron de Montauban, 1793. Incorporé avec ce corps. 1 sous-lieutenant dans la compagnie franche toulousaine, 1792. Lieutenant dans le 4e bataillon des Deux-Sèvres, 1793. Capitaine dans l'escadron des dragons de la Montagne. Incorporé avec ce corps. 1 aux dragons de Penthièvre, 1780-1788. Sous-lieutenant, 1792. 1 nommé sous-lieutenant, 1793, ayant servi 7 ans comme cavalier et gendarme. 1 aux dragons allobroges, 1792, y est nommé maréch. des log. chef puis capitaine la même année. Incorporé avec ce corps.	Tous les officiers servent bien en général et sont presque tous « bons militaires, faisant leur service avec exactitude, de bonnes mœurs et bons républicains ». 7 capitaines, 5 lieutenants, 16 sous-lieutenants sont immédiatement aptes à l'avancement. Dans ce nombre, 5 capitaines, 4 lieutenants, 3 sous-lieutenants sont aptes à occuper des fonctions élevées. Ainsi qu'on peut le voir ci-contre, un grand nombre d'officiers dans chaque grade ont fait la plus grande partie de leur carrière dans les corps francs (dragons allobroges, dragons du Tarn, etc.). On remarque, d'autre part, à l'inspection des notes, que ce ne sont pas les meilleurs; ils servent d'ailleurs presque tous comme adjoints et sont la plupart au dépôt à Castres ou au 5e escadron, détaché à la division de Montlouis. C'est ainsi que parmi les lieutenants et sous-lieutenants il ne s'en trouve pas un seul de cette catégorie qui soit susceptible de parvenir à des grades supérieurs. Le quartier-maître « est mieux fait pour porter les armes que pour être à la place qu'il occupe ».	3 adjudants, 3 maréchaux des logis chefs, 7 maréchaux des logis, 4 brigadiers, 1 dragon sont signalés comme pouvant faire de bons officiers. Les officiers sont répartis entre le dépôt et les escadrons en campagne de la façon suivante : Au dépôt { 2 capitaines, 4 lieutenants, 5 sous-lieutenants. } 11 A Elne (portion princ.) { Le chef de brigade. 11 capitaines, 8 lieutenants, 16 sous-lieutenants. } 36 Au 5e escadr. { 2 capitaines, 2 lieutenants, 3 sous-lieutenants. } 7

N°s des corps	DATES des renseignements	EMPLACEMENTS des corps, des détachements et des dépôts	NOMBRE d'escadrons	1° NOMBRE, PAR GRADE, des officiers subalternes ; 2° GRADE DES OFFICIERS au 14 juillet 1789	1° ÂGES EXTRÊMES ET ÂGE MOYEN par grade ; 2° ORIGINE DES OFFICIERS	RÉSUMÉ DE LA VALEUR du corps d'officiers dans chaque régiment	OBSERVATIONS
15e				**14 lieut.** { 3 gardes nationaux. 1 capit. de la garde nationale. 2 dragons. 1 brigadier. 1 volontaire d'inf. 1 appointé dragon. 1 maréch. des logis. 2 maréch. d. log. ch. 1 vét. mar. d. log. ch. 1 non encore dans l'armée. **35 s.-lieut.** { 1 appointé dragon. 1 maréch. des logis. 3 gardes nationaux. 4 non encore dans l'armée. … 2 soldats d'inf. 7 dragons. 4 brigadiers.	*Dragons (suite)* **22-53 / 36** — 6 sortis des rangs (passés par tous les grades). 1 dragon, 1774-1777. Capit. dans la garde nat., 1789. Dragon nat. et maréch. des log. Capit. au 1er bon du Tarn. Dragon dans l'esc. du Tarn. Lieut. dans cet esc. et incorporé avec lui. Adjoint. 1 garde nat., 1789. Dragon, brig. et lieut. aux dragons du Tarn. Incorp. avec son grade. Adjoint. 1 dragon, 1779-1784. S.-lieut., 1791. 1 garde nat. puis volontaire au 2e bon du Tarn. Nommé s.-lieut. aux dragons du Tarn, 1793. Incorporé avec ce grade. Adjoint. 1 garde nat., 1789-1792. À la Légion allobroge, 1792. S.-lieut. dans ce corps, 1792, puis lieut., 1793. Incorporé avec ce grade. 1 aux dragons allobroges comme maréch. des logis, 1792, après avoir servi 7 ans comme cav. au Royal-Champagne et 17 mois au 1er bon du Gard comme sergent. S.-lieut., 1792, et lieut., 1793. Incorporé avec ce grade. 1 nommé sous-lieutenant, 1791. 1 drag., 1784-1791, puis garde nat., 1791-1793. S.-lieut. aux drag. du Tarn, 1793. Incorp. avec ce corps. 18 sortis des rangs (passés par tous les grades). Dans ce nombre 2 n'avaient aucun grade à la Révolution, quoique servant déjà depuis plusieurs années ; ils les ont acquis tous deux dans les dragons allobroges. 1 garde nat., 1789-1792. Caporal au 4e bon du Gard. Quart.-mtre au 2e bon des gardes nat. du Gard. S.-lieut. à l'esc. de Marsillargues. Incorp. au rég. avec ce corps, 17 ventôse an II. 1 sert 7 ans au 2e drag. avant la Révolution. Garde nat. 1789-1793. **19-44 / 31** — aux drag. du Tarn, 1793. S.-lieut. dans ce corps et incorporé avec lui au régiment. 1 garde nat., 1789-1792. Dragon du Tarn, 1792. S.-lieut. dans ce dern. corps, 1793. Incorp. avec lui au rég. Adjoint. 1 aux drag. de Penthièvre, 1788-1792. Maréch. des log. ch. aux drag. allobr. S.-lieut., 1793. Inc. 1 dragon à l'esc. de Montauban, 1789. S.-lieut., 1793. Incorp. avec ce dernier corps au rég. Adjoint. 1 chasseur au 12e rég., 1790. S.-lieut. au 15e dragons, 1793. 1 nommé sous-lieut., 1792, comme citoyen actif.	4 capitaines, 2 lieutenants, 1 sous-lieutenant sont hors d'état, vu leur âge ou leurs infirmités, de continuer le service ; 1 autre sous-lieutenant demande à se retirer ; il est veuf et chargé de famille. 1 capitaine est signalé pour incapacité professionnelle ; 1 lieutenant est également signalé comme n'entendant rien aux manœuvres. 1 sous-lieutenant est signalé comme connaissant mieux les manœuvres de l'artillerie que celles de la cavalerie ; il a servi 10 ans comme sergent des canonniers instructeurs. 1 autre sous-lieutenant ne sait ni lire ni écrire.	
16e	30 fructidor an II.	Vannes (armée des Côtes de Brest).	Détachem¹ (1re Cie du 4e esc.).	Carlier, capit. { Adjudant. Gazon, lieut. { Non enc. dans l'armée. Chion, s.-lieut. { Maréchal des logis.	40 — Sort des rangs. 22 — Nommé sous-lieutenant, 1792. 42 — Sort des rangs.	Le capitaine et le sous-lieutenant ont tous deux d'excellentes notes : le premier, « remplirait bien dès ce moment l'emploi de chef de brigade ; le second, celui de capitaine et même de chef d'escadrons ; il paraît avoir d'ailleurs assez de capacité pour être rapidement promu à des grades supérieurs ». Le lieutenant « ne peut remplir aucun emploi, il ne connaît pas la manœuvre, il a quelques connaissances en dessin ».	1 maréchal des logis est signalé comme pouvant faire un officier.
17e	»	»	»	**7 capit.** { 2 brigadiers. 2 maréch. des logis. 1 maréch. expert. 2 maréch. des logis chefs. **7 lieut.** { 2 dragons. 1 brigadier. 3 maréch. des logis. 1 non encore dans l'armée. **16 s.-lieut.** { 6 dragons. 3 brigadiers. 3 maréch. des logis. 1 ancien sous-lieutenant de gendarmerie, sert dans la garde nationale. 1 sergent-major de volontaires. 2 non encore dans l'armée.	**36-58 / 46** — Sortis des rangs. **20-48 / 36** — 5 sortis des rangs. 1 entré au service comme sous-lieutenant, 1792. 1 dragon volontaire, 1789. Nommé sous-lieutenant, 1791. **20-56 / 34** — 12 sortis des rangs. 2 nommés sous-lieutenants, 1792. 1 sous-lieutenant de gendarmerie de 1787 à 1788 ; sert dans la garde nationale, 1789-1792. Nommé sous-lieutenant, 1792, au régiment. 1 sergent-major dans le 1er bataillon des Deux-Sèvres, 1789-1793. Nommé sous-lieutenant, 1793, au régiment.	En général, tous les officiers servent bien, sont attachés à leurs devoirs, font preuve d'une bonne conduite morale et civique. Cependant, 1 lieutenant, qui sait d'ailleurs peu lire et écrire, montre peu d'activité ; sa conduite avant la Révolution n'a pas été exemplaire et depuis la Révolution il dissimule son caractère ; 2 sous-lieutenants montrent également peu de zèle et d'activité. 2 capitaines, 5 lieutenants, 8 sous-lieutenants sont susceptibles d'avancement. Parmi eux, 3 lieutenants, 4 sous-lieutenants sont signalés par leurs aptitudes pour occuper des grades supérieurs. 1 capit., ancien maréchal expert, ferait un excellent vétérinaire. 1 lieutenant, exemple, « a toujours eu, à l'armée, la conduite	2 adjudants-sous-lieutenants sont susceptibles d'avancement, l'un d'eux a rempli les fonctions d'aide de camp, il est actuellement adjoint aux adjudants généraux à l'armée de Sambre et Meuse.

Dragons (*suite*)

Nos DES CORPS	DATES des renseignements	EMPLACEMENTS des corps, des détachements et des dépôts	NOMBRE d'escadrons	1º NOMBRE, PAR GRADE, des officiers subalternes; 2º GRADE DES OFFICIERS au 14 juillet 1789	1º AGES EXTRÊMES ET AGE MOYEN par grade; 2º ORIGINE DES OFFICIERS	RÉSUMÉ DE LA VALEUR du corps d'officiers dans chaque régiment	OBSERVATIONS
17e						d'un bon républicain; il n'a jamais paru attaché à ses anciens titres ». 1 autre lieutenant, qui ne sait ni lire ni écrire, « serait déjà parvenu au grade de capitaine si la loi ne l'en avait exclu; c'est un excellent instructeur, bon militaire, bon républicain ». 2 sous-lieutenants sont complètement illettrés, il en est de même d'un capitaine. 3 capitaines, 1 lieutenant, 5 sous-lieutenants savent seulement « un peu lire et écrire, quelques-uns même ne savent qu'un peu lire ».	
18e	30 fructidor	Hernani . . . . . . NOTA. — Le conseil d'administration du 18e dragons ayant été successivement à Hernani, à Chauvin-Dragons et à Monta-dour, un certain nombre de feuilles de notes sont datées de ces différents emplacements, mais la plus grande partie est datée d'Hernani, 30 fructidor.	»	1 quart.-maître — Dates de promotion aux différents grades non indiquées. 12 capit. — Id. 10 lieut. — Id. 2 non encore dans l'armée. 25 s.-lieut. — 1 capitaine de grenadiers d'un b** de la Drôme. 1 maréch. des logis. 2 non encore dans l'armée. Pour les 21 autres, les dates de promotion aux différents grades ne sont pas indiquées.	30 — Sorti des rangs. 24-51 / 38 — Sortis des rangs. 23-48 / 34 — 8 sortis des rangs. 2 nommés sous-lieutenants en 1792. 28-57 / 32 — 2 entrés au service comme sous-lieutenants, 1792. 1 garde national, 1789. Capitaine de grenadiers dans un bataillon de la Drôme. Sous-lieutenant au régiment en 1792. Les 22 autres sortis des rangs.	1 capitaine « n'a pas les talents et les connaissances propres à son emploi »; 1 autre « n'a aucune instruction ». 1 lieutenant « manque de dignité et est fort brusque avec les dragons »; 3 autres sont signalés militaires; 1 quatrième a besoin de travailler, mais il est intelligent et a beaucoup de bonne volonté. 5 sous-lieutenants sont presque dépourvus d'instruction professionnelle et plusieurs d'entre eux n'ont que très peu de moyens pour acquérir les connaissances qui leur manquent; 1 autre « met de la brutalité dans la manière de faire faire le service; sa conduite politique n'a pas été très loyale au commencement de la Révolution; il s'est montré entièrement dévoué aux chefs et aristocrates qui commandaient alors le régiment. Depuis six mois qu'il est détaché à Rodez, Lyon et à l'armée d'Italie, le commandant de son détachement est content de lui ». Ces restrictions faites, tous les autres officiers ont toujours servi avec courage et fidélité et se sont toujours conduits en hommes honnêtes et bons citoyens. Mais ils sont loin d'avoir tous le même degré d'instruction : 1 lieutenant et 4 sous-lieutenants ne savent ni lire ni écrire; 1 autre sous-lieutenant sait seulement un peu lire. Le quartier-maître est susceptible d'un avancement rapide; il en est de même pour 2 capitaines et 1 lieutenant. En outre, 3 lieutenants et 11 sous-lieutenants peuvent devenir susceptibles d'acquérir d'autres grades en travaillant surtout la partie militaire. 2 sous-lieutenants sont signalés comme sachant particulièrement se faire aimer et estimer des hommes sous leurs ordres. 1 lieutenant et 2 sous-lieutenants sont propres à l'administration.	1 adjudant-sous-lieutenant a des aptitudes pour l'administration. 2 autres adjudants-sous-lieutenants sont susceptibles d'arriver au grade de capitaine et même plus haut. 1 porte-guidon et 1 maréchal des logis chef pourraient faire de bons sous-lieutenants. 1 autre maréchal des logis chef, président de la commission municipale établie à Tolosa, est intelligent mais plus occupé d'affaires politiques que de choses militaires. 2 maréchaux des logis, 4 brigadiers, 7 dragons sont signalés comme pouvant faire de bons officiers.
20e	10 fructidor	Bivouac d'Étreux.	»	1 officier de santé — Chirurgien-maj. en Belgique. 7 capit. — { 2 volontaires pendant la révolution belge. 2 s.-lieut. dans les troupes belges. 1 garde national. 1 aux dragons du Hainaut. 1 dans les troupes autrichiennes. } 10 lieut. — { 1 gendarme. 1 dragon. 1 brigadier. Grade inconnu pour les 7 autres. }	61 — A servi en qualité de chirurgien 9 ans dans les troupes autrichiennes, puis dans les troupes belges. 20-42 / 29 — 4 ont servi dans les troupes belges pendant la révolution du Brabant. S.-lieut. au service de la France en 1791 et 1792. Incorporés avec leurs grades au rég. 1 a servi tour à tour dans les troupes françaises et autrichiennes depuis 1773. Nommé capitaine aux hussards de Jemmapes, 1793. Incorporé. 1 dragon du Hainaut, 1789-1791. Volontaire, puis serg.-major et lieut. aux chass. belges. Incorp. 1 au serv. de l'Autriche, 1772-1787. Maréch. des logis aux drag. du Hainaut, puis garde national à Maubeuge, 1789. Nommé capit. au régiment le 28 février 1793. 24-43 / 30 — 7 volont. aux drag. du Hainaut ou autres corps pendant la révolution de ce pays. Passés au service de la France avec les troupes belges dont ils faisaient partie ou nommés directement officiers au régiment. 1 dragon au 5e rég., 1786-1793. Nommé s.-lieut., 1793. 2 sortis des rangs et passés par tous les grades.	Le niveau moral et professionnel de ce corps d'officiers paraît être inférieur à celui de la moyenne des autres corps. Presque aucun des officiers n'a, en effet, ces longs et beaux états de services qui constituent le plus grand mérite des militaires de cette époque. Si encore ils avaient compensé par de réels talents militaires et une solide instruction le désavantage de leur inexpérience, mais 4 capitaines sur 7, 3 lieutenants sur 10, 7 sous-lieutenants sur 19, se font remarquer par la faiblesse ou même par la nullité de leurs moyens et ne font que de médiocres ou même de très mauvais officiers. Parmi les autres, 1 capitaine et 1 lieutenant sont d'un caractère emporté et se montrent durs et brusques avec les hommes. 1 autre lieutenant est « violent dans le vin et n'est bon officier que lorsqu'il est à jeun ». 1 sous-lieutenant « est bon soldat, mais sans mœurs ni conduite »; 1 autre est également « sans conduite et tout au plus bon à être employé dans un atelier ».	1 maréchal des logis est apte au grade d'officier; 1 autre est susceptible d'un avancement rapide. 1 dragon est apte au service des bureaux.

Nᵒˢ des corps	DATES des renseignements	EMPLACEMENTS des corps, des détachements et des dépôts	NOMBRE d'escadrons	1ᵒ NOMBRE, PAR GRADE, des officiers subalternes; 2ᵒ GRADE DES OFFICIERS au 14 juillet 1789	1ᵒ AGES EXTRÊMES ET AGE MOYEN par grade; 2ᵒ ORIGINE DES OFFICIERS	RÉSUMÉ DE LA VALEUR du corps d'officiers dans chaque régiment	OBSERVATIONS
				Dragons (*suite*)			
20e				19 s.-lieut. { Grade non indiqué à la date du 14 juillet 1789..	19-48 / 27 — 1 sorti des rangs, passé par tous les grades. / 11 volont. dans les troupes belges pend. la Révolution du Hainaut. Passés au service de la France et incorp. avec le grade de s.-lieut. qu'ils avaient déjà dans leurs anciens corps ou nommés directement à ce grade, 1793. / 1 dragon au Royal-Dragons, 1776-1780. Dragon du Hainaut, 1790-1791. S.-lieut. au rég., 1793. / 1 soldat d'inf., 1786-1789. Cavalier nat. de Paris, 1789-1793. S.-lieut. au rég., 1793. / 1 sert dans l'infanterie, 1787-1793. Maréch. des logis chef et s.-lieut. au rég., 1793. / 1 dragon au rég., le 22 févr. 1793. Nommé s.-lieut. au rég. le 1er mars 1793. / 1 sert au rég. de Bourgogne, 1772-1776. Au 25e d'inf., 1792. S.-lieut. au rég., 1793. / 1 garde nat., puis volontaire aux dragons de la Manche. Quartier-maît. dans ce corps et incorporé. / 1 chasseur volont. depuis le commencement de la Révolution. Nommé s.-lieut. au rég., 1793.	Seuls, 3 lieutenants et 8 sous-lieutenants sont susceptibles d'avancement.	
				Chasseurs			
1er	»	»	2	8 capit. { 7 sous-officiers. / 1 a servi depuis le 13 sept. 1765 aux Gardes françaises, au rég. Royal-Navarre et incorporé successivement au 4e cheval-légers et au 1er chasseurs. Officier en 1791.	30-53 / 40 } Tous sortis des rangs.	Tous les officiers servent bien et ont toujours fait preuve d'une bonne conduite morale et civique. / Seul 1 sous-lieutenant ne sait guère ni écrire, mais il connaît bien les devoirs de son état; 1 autre sous-lieutenant pourra perfectionner son instruction. / 4 capitaines, 1 lieutenant, 12 sous-lieutenants sont susceptibles d'avancement, et parmi les sous-lieutenants 8 sont aptes à remplir des fonctions élevées; l'un d'eux, fort instruit, ayant des connaissances en géographie et en mathématiques, pourrait être employé à l'état-major de l'armée.	
				3 lieut. { Les dates des grades successifs ne sont pas indiquées.	27-39 / 32 } Sortis des rangs.		
				20 s.-lieut. { Id., pour 1a s.-lieut. / 1 lieut. de garde nat. / 1 volontaire au 2e bataillon de Saône-et-Loire. / 2 sous-officiers. / 4 non encore dans l'armée.	20-47 / 30 — 17 sortis des rangs (passés par tous les grades). Dans ce nombre 3 sont entrés au service seulement en 1791. / 1 entré au service comme lieut. de garde nat., 1789. S.-lieut., 1792. / 1 entré au service comme lieut. au 1er bón de la Meurthe en 1791. S.-lieut. au rég. par brevet, 1793. / 1 volontaire au 2e bón de Saône-et-Loire. S.-lieut. au rég., 1792.		
2e	21 brumaire an III,	Cantonnement d'Hechstheim.	»	Tardif-Bordesoul, sous-lieutenant, entré chasseur au régiment le 27 avril 1789. Brigadier en 1792, maréchal des logis en 1793. Sous-lieutenant, 1794; âgé de 23 ans.		Le dossier du 2e régiment ne comprend que les feuilles de notes: 1ᵒ d'un sous-lieutenant signalé ci-contre, que le conseil d'administration juge, d'après ses connaissances militaires, son intrépidité, ses mœurs et son patriotisme, capable d'occuper un grade plus élevé; 2ᵒ d'un adjudant sous-lieutenant, d'un maréchal des logis et d'un ancien trompette-major, jugés tous trois susceptibles de faire de bons officiers. / Les notes données par le conseil d'administration sont suivies de l'appréciation du général de brigade Forest, libellée de la façon suivante: « Les dénommés au dit état méritent à tous égards les places que l'on demande pour eux et j'atteste que lorsque je servais dans le corps, ils m'ont paru tels qu'on les désigne. / « Le citoyen Bordesoul surtout peut, par ses connaissances, être employé utilement à la tête d'un corps. »	
3e	30 fructidor an II. 9 vendém. an III.	Oberresen (armée de Sambre et Meuse). Dépôt à Braine.	»	1 qᵉ-mᵉtre trés., rang de capit. { Les dates des grades successifs ne sont pas données.	29 Sort des rangs.	Il n'existe aucun renseignement pour les officiers qui sont au dépôt ou ceux qui sont prisonniers de guerre. / 2 capitaines sont, par leur âge et leurs infirmités, impropres au service actif et susceptibles d'obtenir leur retraite. / 2 lieutenants sont également impropres au service de guerre mais rendraient de bons services, employés à l'instruction, dans les dépôts généraux. Un troisième lieutenant, atteint d'une hernie double	(1) Dont 8 prisonniers de guerre, 1 au dépôt, pour lesquels il n'existe pas de renseignements.
				1 qᵉ-mᵉtre trés., rang de lieut. { Id.	23 Id.		
				13 capit. (1) { 1 garde national. / 1 dragon. / 1 porte-guidon. / 1 porte-étendard. / Pas de renseignements pour les 9 autres.	28-66 / 48 — 1 dragon depuis 1783. Nommé sous-lieutenant à la Révolution. / 1 garde national, 1789. Nommé sous-lieutenant, 1792. / 7 sortis des rangs. / Pas de renseignements pour les 4 autres.		

N°s des corps	DATES des renseignements	EMPLACEMENTS des corps, des détachements et des dépôts	NOMBRE d'escadrons	1° NOMBRE, PAR GRADE, des officiers subalternes ; 2° GRADE DES OFFICIERS au 14 juillet 1789	1° ÂGES EXTRÊMES ET ÂGE MOYEN par grade ; 2° ORIGINE DES OFFICIERS	RÉSUMÉ DE LA VALEUR du corps d'officiers dans chaque régiment	OBSERVATIONS
				Chasseurs (suite)			
3e				13 lieut. (2) : 1 canonn. en congé. / 2 maréch. des logis. / Pas de renseignements pour les 10 autres.	35-58 / 45 : 1 artilleur de marine, 1780-1788. Nommé sous-lieutenant en 1792. / 9 sortis des rangs. / Pas de renseignements pour les 3 autres.	pourrait être employé à la surveillance des ateliers d'un dépôt. Tous les autres officiers sont signalés comme servant avec zèle et exactitude et s'étant toujours conduits avec honneur et courage dans toutes les affaires auxquelles ils ont pris part. Ils ont tous donné des preuves d'une bonne conduite morale et civique. 1 lieutenant sait seulement lire, 2 autres sont complètement illettrés, mais connaissent bien leur métier.	(2) Dont 2 au dépôt et 1 prisonnier de guerre pour lequel il n'y a pas de renseignements. (3) Dont 1 au dépôt et 1 prisonnier de guerre.
				20 s.-lieut. (3) : 1 non encore dans l'armée. / Pas de renseignements pour les 19 autres.	29-60 / 39 : 1 entré au service comme sous-lieutenant en 1792. / 17 sortis des rangs. / Pas de renseignements pour les 2 autres.		
4e	»			1 q(uartier)-m(aît)re (lieut.) : Mar. des log. fourr.	35 : Sorti des rangs.	1 sous-lieutenant (Ruffieu, dit Compagnon), ex-noble, est signalé comme n'étant « nullement propre à l'état qu'il exerce ». Il a été fait sous-lieutenant en 1792 et est âgé de 22 ans. Tous les autres officiers connaissent bien leur métier et servent avec exactitude et fidélité. 1 capitaine cependant est atteint de la goutte et ne peut monter à cheval. 1 capitaine, 2 lieutenants, 5 sous-lieutenants sont susceptibles de parvenir aux plus hauts grades. En outre, le quartier-maître, 4 capitaines, 2 lieutenants, 5 sous-lieutenants sont aptes à remplir de suite les fonctions du grade immédiatement supérieur au leur. Les officiers non sortis des rangs ne sont pas précisément les meilleurs : sur 2 capitaines, 1 seul est susceptible d'avancement. Sur 2 lieutenants 1 seul est également proposé pour le grade supérieur. Enfin sur 4 sous-lieutenants 1 seul est susceptible d'être nommé lieutenant. Aucun officier de cette catégorie n'est signalé pour occuper des fonctions élevées. Le conseil d'administration paraît s'être montré particulièrement sévère pour les officiers qui ne sont pas passés par tous les grades ; il leur reproche de ne pas connaître suffisamment leur métier et de manquer d'expérience.	6 maréchaux des logis chefs, 13 maréchaux des logis et 1 brigadier-fourrier peuvent faire de bons sous-lieutenants ; 17 brigadiers sont en outre susceptibles d'avancement ; un certain nombre de chasseurs peuvent faire des brigadiers ou même de bons sous-officiers, l'un d'eux a des aptitudes pour faire un quartier-maître, 1 autre rendrait des services dans une administration civile.
				8 capit. : 2 dragons. / 1 maréch. des logis. / 3 maréch. d. log. ch. / 1 chasseur. / 1 non encore dans l'armée.	20-52 / 35 : 6 sortis des rangs. / 1 chasseur, 1787-1791. Nommé sous-lieutenant, 1791. / 1 nommé sous-lieutenant, 1792.		
				5 lieut. : 1 chasseur. / 1 brigadier. / 3 non encore dans l'armée.	24-31 / 28 : 3 sortis des rangs. / 1 nommé sous-lieutenant, 1791. / 1 nommé sous-lieutenant, 1792. / Ces deux derniers aides de camp du général Pichegru.		
				15 s.-lieut. : 8 chasseurs. / 3 brigadiers. / 4 non encore dans l'armée.	23-57 / 33 : 11 sortis des rangs. / 2 nommés sous-lieutenants, 1792. / 2 nommés sous-lieutenants, 1793.		
5e	17 vendém.	Camp de Bois-le-Duc en Hollande (armée du Nord, 1re division).	»	12 capit. : 2 brigadiers. / 4 maréch. des logis. / 2 maréch. d. log. ch. / 4 dont les dates des différents grades ne sont pas indiquées.	31-50 / 39 : Sortis des rangs.	Tous les officiers, sans exception, servent bien et ont donné des preuves du patriotisme le plus pur et de l'attachement le plus inviolable au maintien et aux succès de la République. Ils se sont toujours conduits avec honneur et probité et ont toujours montré la plus grande exactitude et la plus grande fidélité au devoir. 4 capitaines sont aptes aux grades de chef d'escadrons et de chef de brigade, 5 peuvent être nommés chefs d'escadrons. Tous les lieutenants, sauf 1, sont aptes au grade de capitaine, l'un d'eux est susceptible d'être nommé rapidement aux grades plus élevés. Celui non jugé apte à l'avancement sait seulement lire et écrire un peu, mais il sert très bien. 17 sous-lieutenants sont susceptibles d'avancement ; deux d'entre eux sont susceptibles de s'élever aux grades supérieurs ; 2 autres ont des aptitudes pour l'administration ; 2 ont des notions de dessin, 1 autre des notions d'algèbre et de géométrie. Parmi ceux proposés pour l'avancement, 2 savent seulement un peu calculer, 1 autre sait seulement lire et écrire un peu. Parmi ceux non proposés, 2 ne savent ni lire ni écrire, 1 autre a la vue faible.	2 adjudants-sous-lieutenants peuvent faire de bons lieutenants. 1 maréchal des logis, 1 brigadier et 1 chasseur sont proposés pour le grade de sous-lieutenant. 1 autre chasseur (Hardouin) qui s'est distingué par une action d'éclat, mais qui ne sait ni lire ni écrire, a été nommé sous-lieutenant par la Convention au 1er chasseurs. 2 chasseurs demandent, en raison de leurs aptitudes particulières, leur admission, l'un à l'École des ponts et chaussées, l'autre à l'École du génie.
				12 lieut. : 1 garde national. / 2 dragons. / 1 chasseur. / 1 brigadier. / 2 maréch. des logis. / 1 non encore dans l'armée. / 4 pas d'indication.	23-43 / 34 : 11 sortis des rangs. / 1 nommé sous-lieutenant, 1791.		
				22 s.-lieut. : 3 dragons. / 3 chasseurs. / 6 brigadiers. / 2 non encore dans l'armée. / 8 dont les dates des différents grades ne sont pas indiquées.	25-54 / 33 : 21 sortis des rangs. / 1 nommé sous-lieutenant, 1790.		
6e	15 fructidor an II. 4e sansculottide an II.	Escadrons en campagne à l'armée de Sambre et Meuse. Soissons (dépôt).	» »	1 q(uartier)-m(aît)re (dépôt) : 21 juillet 1781 (1). 10 capit. dont 3 au dépôt : D. { 1er mai 1759. / 21 août 1761. / 12 avril 1762. } / 7 G. { Sans indicat.	Sans indication. Sans indication. 21-50 / 37 : 6 sortis des rangs. / 1 nommé sous-lieutenant, 1792.	1 des capitaines et 1 des sous-lieutenants qui sont au dépôt ont été mis à la retraite par les représentants du peuple à cause de leurs blessures. Les 2 autres capitaines du dépôt et 2 sous-lieuten. sont également susceptibles d'obtenir leur retraite.	(1) Les feuilles de notes ne portent que la date de l'entrée au service pour les officiers du dépôt. Les dates des grades successifs ne sont indiquées ni pour les officiers du dépôt ni pour les officiers des escadrons de guerre. L'origine des officiers et leur âge ne sont indiqués que pour ceux des escadrons de guerre.

Nᵒˢ DES CORPS	DATES des renseignements	EMPLACEMENTS des corps, des détachements et des dépôts	NOMBRE d'escadrons	1ᵒ NOMBRE, PAR GRADE, des officiers subalternes ; 2ᵒ GRADE DES OFFICIERS au 14 juillet 1789	1ᵒ AGES EXTRÊMES ET AGE MOYEN par grade ; 2ᵒ ORIGINE DES OFFICIERS	RÉSUMÉ DE LA VALEUR du corps d'officiers dans chaque régiment	OBSERVATIONS
				Chasseurs (*suite*)			
6ᵉ				10 lieut. dont 3 au dépôt { 3 D. {29 mai 1767, 15 avril 1776, 20 janvier 1789.} 7 G. } Sans indicat. 17 s.-lieut. dont 5 au dépôt { 5 D. {17 juin 1764, 14 mai 1767, 5 juin 1767, 30 nov. 1783, 28 août 1791.} 7 G. } Sans indicat.	Sans indication. 35-51 / 38 { 5 sortis des rangs. 1 nommé sous-lieutenant, 1793. 1 nommé sous-lieutenant, 1792, après 30 mois de service comme cavalier.} Sans indication. 20-31 / 46 { 9 sortis des rangs, dont 1 entré au service seulement, en 1791. 1 nommé sous-lieutenant, 1792. 1 nommé sous-lieutenant, 1792, après avoir servi 1 an comme volontaire. 1 nommé sous-lieutenant au ci-devant Chamborant, 1785. Incorporé le 1er mars 1792.}	à cause de leur âge, de leurs services ou de leurs infirmités. 1 lieutenant du dépôt est malade et ne peut continuer son service. Comme officiers ayant quelque valeur il ne reste donc au dépôt sur un total de 12 que ! le quartier-maître trésorier qui, par sa manière de servir, par sa bonne conduite morale et civique, est susceptible d'avancement ; 2 lieutenants également susceptibles d'avancement, et 2 sous-lieutenants. Tous les officiers des escadrons de guerre servent bien et ont donné des preuves de leur attachement à la République. 4 capitaines sur 7, 6 lieutenants sur 7 et 11 sous-lieutenants sur 12 sont susceptibles d'avancement. 1 capitaine pourra atteindre les grades supérieurs ; 2 lieutenants sont signalés comme très bons instructeurs.	
7ᵉ	21 fructidor an II. - 30 fructidor an II.	Vannes. . . . . . . Fontenay-le-Comte (détachement).	» »	Qr-mtre trésor., rang de ch. d'esc. } Sans indic. 6 capit. { 1 dragon en congé, 2 lieutenants, 3, pas d'indication pour les dates des différents grades.} 8 lieut. { 1 garde national, 2 cavaliers volont., 1 cavalier, 1 maréch. d. log. ch., 3, pas d'indication pour les dates des différents grades.} 20 s.-lieut. { 1 dragon, 1 soldat d'infanterie, 1 cavalier, 1 garde national, 1 lieut. de garde nat., 1 non encore dans l'armée, 14 sans indication de dates pour les différents grades.}	50 Sorti des rangs. 30-56 / 44 { 3 sortis des rangs. 1 nommé capit. aux chasseurs de la Vendée, après avoir servi 1 an comme dragon et 1 an comme volontaire. 1 soldat d'inf., 1764-1776. Cadet dans Mestre de Camp dragons, sous-lieutenant, 1779. 1 dragon dans la Légion royale, 1767, Sous-Lieutenant, 1770.} 24-54 / 40 { 1 nommé s.-lieut., 1791, après avoir servi comme cav. dans les gardes de la Porte, 1785, et comme garde national, 1790. 1 nommé sous-lieutenant, 1792, étant garde nat. depuis 1789. 2 cavaliers volontaires, 1789, nommés sous-lieutenants. 4 sortis des rangs.} 28-55 / 37 { 1 dragon, 1789-1792. S.-lieut., 1793. 1 soldat d'inf., 1788. S.-lieut. (?) 1 cavalier, 1784. S.-lieut. (?) 1 garde nat., 1789. S.-lieut., 1792. 1 lieut. de garde nat., 1789. Puis maréch. d. log. dans cie franche de la Mayenne, s.-lieut., 1793. 1 garde nat., 1790. S.-lieut., 1791. 14 sortis des rangs et passés par tous les grades.}	Tous les officiers servent avec zèle et exactitude et ont une bonne conduite morale et civique. 4 capitaines, 7 lieutenants, 17 sous-lieutenants sont susceptibles de passer immédiatement au grade supérieur. Parmi eux, 2 capitaines, 4 lieutenants, 8 sous-lieutenants peuvent atteindre des grades plus élevés. Parmi les officiers non jugés susceptibles d'avancement, 1 lieutenant et 2 sous-lieutenants sont complètement illettrés. Parmi les sous-lieutenants susceptibles d'être nommés lieutenants, 3 ne savent qu'un peu lire et écrire. Par contre 1 autre sous-lieutenant, qui fait les fonctions de quartier-maître, connaît le dessin et le levé des plans, ainsi que les manœuvres.	1 adjudant, 8 maréchaux des logis chefs, 5 maréchaux des logis, 5 brigadiers fourriers sont susceptibles d'être nommés sous-lieutenants. 4 chasseurs pourraient faire également de bons officiers. 3 brigadiers, et 5 chasseurs peuvent faire de bons sous-officiers ou brigadiers.
8ᵉ	6 fructidor.	Schifferstatt (armée du Rhin).	»	1 qr-mtre (capit.) Brigadier. 9 capit. { 1 maréch. des logis, 2 maréch. d. log. ch., 4 non encore dans l'armée, 2 Sans indication.} 9 lieut. { 4 chasseurs, 2 brigadiers, 3 non encore dans l'armée.} 16 s.-lieut. { 6 chasseurs, 4 brigadiers, 1 maréch. des logis, 3 non encore dans l'armée, 2 Sans indication.}	29 Sort des rangs. 21-51 / 34 { 5 sortis des rangs. 4 nommés sous-lieutenants en 1791, comme citoyens actifs.} 23-50 / 33 { 6 sortis des rangs, dont 1 entré au service seulement en 1792. 2 nommés sous-lieutenants en 1791. 1 nommé sous-lieutenant, 1792, ayant déjà servi de 1786 à 1790, comme chasseur.} 18-47 / 31 { 13 sortis des rangs. 1 nommé sous-lieutenant, 1792. 1 volontaire, 1791. Sous-lieutenant, 1792. 1 volontaire, 1792. Sous-lieutenant, 1793.}	Tous les officiers servent avec exactitude et fidélité ; ils connaissent bien leur métier et ont fait preuve du plus grand dévouement à la République. Tous les capitaines, sauf 1, sont susceptibles d'avancement immédiatement ; 3 méritent d'être élevés rapidement aux grades supérieurs. 7 lieutenants sur 9, et tous les sous-lieutenants sont immédiatement aptes au grade supérieur. Parmi eux, 8 lieutenants et 6 sous-lieutenants peuvent s'élever jusqu'aux plus hauts grades. 1 capitaine, 2 lieutenants et 1 sous-lieutenant lisent et écrivent le français et l'allemand. 2 capitaines, 2 lieutenants et 1 sous-lieutenant ont des notions de dessin et de topographie. 1 capitaine, 2 lieutenants et 3 sous-lieutenants sont cités pour actions d'éclat. 1 lieutenant ne sait ni lire ni écrire et c'est l'unique raison pour laquelle il n'est pas proposé pour l'avancement car il sert très bien. 2 sous-lieutenants savent seulement un peu lire et écrire.	
9ᵉ	20 fructidor.	Houtain-Saint-Simon (armée de Sambre et Meuse).	»	1 qr-mtre (capit.) Maréchal des logis. 12 capit. { 1 dragon, 6 maréch. des logis, 1 adjudant, 2 porte-étendard, 2 non encore dans l'armée.}	52 Sort des rangs. 20-50 / 36 { 10 sortis des rangs. 1 nommé sous-lieutenant, 1791. 1 nommé sous-lieutenant, 1792.}	La plus grande partie des officiers servent bien, tous ont une bonne conduite morale et civique. 8 capitaines, 10 lieutenants, 10 sous-lieutenants sont jugés, par le conseil, susceptibles d'avancement. Parmi les autres officiers, 3 capitaines et 4 sous-lieutenants ne savent ni lire ni écrire. Sur ces 4 sous-lieutenants, 3 sont en outre signalés pour leur ignorance au	

N° DES CORPS	DATES des renseignements	EMPLACEMENTS des corps, des détachements et des dépôts	NOMBRE d'escadrons	1° NOMBRE PAR GRADE, des officiers subalternes ; 2° GRADE DES OFFICIERS au 14 juillet 1789	1° AGES EXTRÊMES ET AGE MOYEN par grade	2° ORIGINE DES OFFICIERS	RÉSUMÉ DE LA VALEUR du corps d'officiers dans chaque régiment	OBSERVATIONS
— **Chasseurs** (*suite*)								
9e				13 lieut. { 1 cavalier. 2 chasseurs. 4 brigadiers. 3 maréch. des logis. 1 maréch. d. log. ch. 1 non encore dans l'armée.	24-49 / 35	11 sortis des rangs. 1 chasseur, 1791. Sous-lieutenant, 1793. 1 volontaire de la marine de 1787 à 1788. Cavalier, 1789-1791. Sous-lieutenant, 1791 (ex-noble).	point de vue professionnel. 5 autres sous-lieutenants et 2 lieutenants sont également ignorants des choses de leur métier. L'un de ces 2 derniers lieutenants qui a, du conseil d'administration, la note : talents médiocres, très intelligent », est apprécié par le chef de brigade de la façon suivante : « Je ne suis pas de l'avis des membres du conseil ; je pense au contraire que le citoyen Leberter dit Hippolyte, a tous les talents requis pour faire un bon militaire et je l'ai détaché auprès du général Jourdan, comme officier d'ordonnance, étant un de ceux qui réunit (*sic*) les qualités nécessaires pour s'acquitter honorablement de sa mission ».	
				22 s.-lieut. { 10 chasseurs. 8 brigadiers. 2 non encore dans l'armée. 2 Sans indication.	18-48 / 37	19 sortis des rangs, dont 1 entré seulement au service en 1790. 1 nommé sous-lieutenant, 1793, sortant de l'École militaire. 2 Sans indication.		
10e	25 fructidor.	Neuhoffen (armée du Rhin).	»	1 qr-mtre (capit.) } Sans indication.	27	Sort des rangs.	Tous les officiers ont toujours servi avec courage et distinction. Depuis la Révolution ils ont montré le plus grand dévouement à la cause de la Liberté. Le quart-maître est apte à l'emploi de commissaire des guerres. 8 capitaines sur 9, 4 lieutenants sur 6, 12 sous-lieutenants sur 15 sont susceptibles d'un avancement immédiat et parmi eux, 1 capitaine, 1 lieutenant, 8 sous-lieutenants peuvent s'élever rapidement aux emplois supérieurs. Une insuffisance ou un manque complet d'instruction générale pour certains, une incapacité physique pour d'autres, sont seules les raisons pour lesquelles tous les officiers ne sont pas jugés susceptibles d'avancement ; car tous, sans exception, « ont toujours combattu avec valeur et distinction ». C'est ainsi que le capitaine non proposé pour un grade supérieur a eu pour actions d'éclat, mais il sait seulement un peu lire ; des 2 lieutenants, l'un est illettré et très âgé (60 ans) et a contracté des infirmités dans le service, qui le rendent inapte à faire campagne ; l'autre sait seulement un peu lire, quoique nommé sous-lieutenant en 1792, n'ayant jamais servi que comme dragon ; parmi les 3 sous-lieutenants non proposés, figure l'ex-prêtre ; un autre est infirme à la suite de blessures contractées au service.	La feuille de notes d'un capitaine est datée de L'Aubenheim, 10 frimaire an III. 3 adjudants-sous-lieutenants sont susceptibles de passer lieutenants, l'un d'eux mérite un avancement supérieur et rapide. 4 maréchaux des logis chefs, 4 maréchaux des logis, 2 chasseurs, 1 brigadier pourraient être nommés sous-lieutenants, et, parmi eux, 3 maréchaux des logis chefs, 1 maréchal des logis, le brigadier et les 2 chasseurs sont susceptibles d'un avancement rapide.
				9 capit. Sans indication.	29-46 / 39	Sortent des rangs.		
				6 lieut. { 1 dragon. 1 non encore dans l'armée. 4 Sans indication.	22-60 / 35	4 sortis des rangs. 1 nommé sous-lieutenant, 1792. 1 dragon, 1788-1791. Sous-lieutenant de volontaires, 1791. Sous-lieutenant au régiment, 1792.		
				15 s.-lieut. { 1 non encore dans l'armée. 14 (dates des différents grades non indiquées).	25-51 / 35	14 sortis des rangs. 1 nommé sous-lieutenant en 1792. (Aide de camp du général Argould, à l'armée de la Moselle) [ex-prêtre].		
11e	»	Escadrons de guerre	»	7 capit. { 1 maréch. des logis. 3 maréch. d. log. ch. 1 sous-lieutenant. 2 non encore dans l'armée.	19-48 / 33	4 sortis des rangs. 2 nommés sous-lieutenants, 1791. 1 hussard volontaire, 1779. Sous-lieutenant, 1779.	2 lieutenants rendraient de bons services, l'un dans les remontes, l'autre dans la comptabilité militaire ; 1 sous-lieutenant (ancien sergent de garde nationale) a des aptitudes particulières pour l'administration civile. Tous les autres officiers servent bien dans leurs grades respectifs. Tous ont d'ailleurs toujours combattu avec courage dans les occasions où ils se sont trouvés avec le régiment ; ils ont tous une bonne conduite et sont excellents patriotes. 6 capitaines sur 7, 2 lieutenants et 5 sous-lieutenants sont susceptibles d'avancement, et parmi eux, 3 capitaines peuvent être élevés aux grades supérieurs. 1 de ces derniers est l'ancien sous-lieutenant de 1779, il connaît le dessin géométrique et le levé des plans, il lit et écrit en français et en allemand et connaît les manœuvres. 1 sous-lieutenant sait seulement un peu lire, 1 autre sait seulement un peu calculer.	2 maréchaux des logis chefs feraient de bons sous-lieutenants et même plus. 1 brigadier et 1 chasseur pourraient rendre des services dans un état-major.
				6 lieut. { 2 chasseurs. 1 brigadier. 1 brigad.-trompette. 1 maréch. des logis. 1 vétéran maréchal des logis.	27-48 / 40	Sortis des rangs.		
				14 s.-lieut. { 4 chasseurs. 6 brigadiers. 2 maréch. des logis. 1 sergent de garde nationale. 1 non encore dans l'armée.	20-48 / 34	12 sortis des rangs. 1 sergent de garde nationale, 1789-1793. Sous-lieutenant, 1793. 1 volontaire, 1790. Sous-lieutenant de volontaires, 1792. Sous-lieutenant au régiment, 1792.		
12e	11 fructidor.	Herch-Saint-Lambert (armée de Sambre et Meuse, 3e division).	»	1 qr-mtre (capit.) [au dépôt] } Quartier-maître.	44	Sort des rangs.	Tous les officiers servent avec zèle et exactitude et ont donné des preuves de leur attachement aux principes de la Révolution. Le quartier-maître, par ses qualités d'administrateur et par ses aptitudes militaires peut aussi bien être nommé chef d'escadrons	
	4e sans-culottide an II.	Villers-Cotterets (dépôt).	»					

N⁰ˢ DES CORPS	DATES des renseignements	EMPLACEMENTS des corps, des détachements et des dépôts	NOMBRE d'escadrons	1° NOMBRE, PAR GRADE, des officiers subalternes; 2° GRADE DES OFFICIERS au 14 juillet 1789	1° AGES EXTRÊMES ET AGE MOYEN par grade	2° ORIGINE DES OFFICIERS	RÉSUMÉ DE LA VALEUR du corps d'officiers dans chaque régiment	OBSERVATIONS
					Chasseurs (*suite*)			
12e				11 capit. dont 2 au dépôt { 1 dragon. / 1 lieutenant de grenadiers. / 9, pour lesquels les dates de promotion aux différents grades ne sont pas indiquées. 9 lieut. dont 2 au dépôt { 1 garde national. / 2 brigadiers. / 6 sans indication. 24 s.-lieut. dont 3 au dépôt { 1 chasseur. / 2 brigadiers. / 21 sans indication.	26-52 / 39 24-51 / 34 24-50 / 33	9 sortis des rangs. / 1 sert dans la Légion Royale de 1773 à 1781. Citoyen actif et lieutenant de grenadiers. Sous-lieutenant au régiment, 1792. / 1 soldat d'infanterie, 1783-1786. Dragon, puis garde national, 1787-1792. Lieutenant au régiment, 1793. 7 sortis des rangs. / 1 volontaire à Saint-Domingue, 1775-1783. Garde national, puis capitaine de canonniers de la garde nationale, 1789-1792. Sous-lieutenant, 1792. / 1 sans indication. 23 sortis des rangs. / 1 sans indication.	que commissaire ordonnateur des guerres. / 7 capitaines, 7 lieutenants et 15 sous-lieutenants sont susceptibles d'être nommés de suite au grade immédiatement supérieur. / Parmi eux, 1 capitaine et 5 sous-lieutenants sont aptes, les uns avec le temps, à suite, les autres avec le temps, à occuper des échelons élevés dans la hiérarchie. Le capitaine Valat avait été nommé chef de brigade par Bollet, au 17e chasseurs. Ce régiment ayant été licencié, il est resté capitaine dans le 1er rég. / 1 capitaine a sa santé altérée par les longs services et demande sa retraite. / 1 lieutenant ne peut continuer à servir (âge et infirmités). / 1 sous-lieutenant est également impropre au service de guerre pour les mêmes causes. 1 autre est malade et ne peut plus servir. / 5 sous-lieutenants savent seulement un peu lire.	
13e	30 fructidor.	Armée du Nord (brigade du général Desenfans) [13e division].	»	11 capit. { 5 gardes nationaux. / 1 chevau-léger en congé. / 1 officier de la garde nationale. / 1 officier hollandais. / 1 ancien volontaire en Amérique. / 2 sans indication. 8 lieut. { 2 gardes nationaux. / 1 cavalier. / 1 soldat au service de la Hollande. / 1 capit. de la garde nationale. / 1 appointé. / 1 non enc. d⁵ l'arm. / 1 sans indication. 10 s.-lieut. { 1 enfant de troupe. / 8 gardes nationaux. / 2 soldats d'inf. / 1 musicien. / 1 ancien soldat en congé. / 1 chasseur à cheval. / 1 dragon. / 4 non encore dans l'armée.	24-52 / 34 35-71 / 45 17-48 / 26	3 sortis des rangs (1). / 1 garde national, 1789-1791. Sous-lieutenant, 1791. / 1 garde nat. Lieut. dans les Hussards américains. Incorp. / 1 garde nat. S.-lieut. dans les Hussards des Ardennes. Incorp. / 1 chevau-léger, 1780-1787. Nommé capitaine au régiment, 1792. / 1 volont. en Amérique. Nommé lieut. à la formation du corps. / 1 volont. de Soubise. Garde nat. S.-lieut. à la formation du corps. / 1 ancien off. hollandais. Incorp. avec la Légion franche étrang. / 1 off. de garde nat. S.-lieut., 1793. 4 sortis des rangs (1). / 1 a servi 2 ans au rég. d'Auvergne. 3 ans dans les Gardes françaises. Capit. dans la garde nat. S.-lieut., sept. 1789, dans la Légion des Américains. Incorporé. / 1 au serv. de la Hollande, 1788. Offic. d⁵ Lég. des Améric. Incorp. / 1 garde nat., après 8 ans chasseur. Nommé vaguemestre général (armée du Nord). / 1 cav., 1789-1793. S.-lieut., 1793. 11 sortis des rangs (1). / 1 garde nat., 1789. Lieut. dans les dragons de la Manche. S.-lieut. au régiment à l'incorporation. / 1 garde nat., 1789. S.-lieut. à la formation du régiment. / 1 garde national, puis volontaire. Sous-lieutenant à la formation. / 1 musicien, tromp. brig. dans la 31e d⁵⁵ de gendarmerie. S.-lieut. au rég. en 1793. / 1 garde nat. S.-lieut. Destitué puis réintég. par le Com. de sal. publ. / 1 garde nat., puis soldat et caporal. S.-lieut. au rég., 1792. / 1 sold. d'inf., 1787-1790. Garde nat., serg. de vol⁵⁵, S.-l⁵ au rég., 1793. / 1 nommé sous-lieutenant, 1792.	Quoique beaucoup d'officiers n'aient servi que depuis la Révolution et que le plus grand nombre n'aient pas passé par tous les grades, ils servent tous bien en général et quelques-uns même avec distinction. Ils ont tous une bonne conduite morale et civique. / 5 capitaines, 6 lieutenants, 15 sous-lieutenants sont susceptibles d'avancement, mais à des degrés différents : c'est ainsi que, parmi eux, 8 capitaines, 3 lieutenants et 8 sous-lieutenants peuvent être élevés rapidement aux grades supérieurs, tandis que 3 sous-lieutenants ne peuvent prétendre qu'à l'avancement que leur donne leur ancienneté. 1 capitaine n'a aucun talent militaire, mais c'est un brave homme; 3 lieutenants ne servent plus bien à cause de leur âge (51 et 71 ans), ou de leurs infirmités, ne peuvent plus continuer le service actif, mais ils pourraient encore être utiles dans un poste tranquille. / 1 sous-lieutenant est peu propre à l'état militaire, un autre pourrait être utilement chargé d'un travail de bureau.	Un contrôle nominatif établi à la date du 30 fructidor an II, donne : / Target, chef de brigade ; / Antoine, chef d'escadrons ; / Barré, chef d'escadrons ; / Bissardon, chef d'escadrons ; / De Roock, ch. d'escadrons batave, adjoint par l'incorporation ; / Lamollière, quartier-maître ; / 17 capitaines dont : 5 bataves adjoints et 2 détachés dans des états-majors ; / 19 lieutenants dont : 4 incorporés et 4 détachés ; / 26 sous-lieutenants dont : 3 détachés. / Total 68 officiers dont : 1 ch. d'escadrons / 5 capitaines / 4 lieutenants } bataves, adjoints par l'incorporation et : / 2 capitaines / 4 lieutenants } détachés dans des états-majors. (1) Parmi les capitaines sortis des rangs, c'est-à-dire passés par tous les grades, 1 n'avait pas servi avant la Révolution. / Parmi les lieutenants, 1, et parmi les sous-lieutenants, 7, n'avaient également fait aucun service avant la Révolution.
13e bis	29 frimaire.	Lille (armée du Nord).	»	4 capit. { 1 hussard. / 2 non encore dans l'armée. / 1 sans indication. 8 lieut. { 4 gardes nationaux. / 4 sans indication.	25-36 / 32 22-50 / 33	1 sert 8 ans 1/2 dans l'inf., 2 ans dans les hussards américains où il est fait cap. Incorp. / 1 cap. dans c⁵ franche à cheval, 1793. Incorporé. / 1 capitaine, hussards américains. Incorporé. / 1 hussard, 1789. Lieut. dans les hussards américains, 1792, puis cap. Incorp. 2 gardes nat. Lieut. dans c⁵ˢ franches, 1793. Incorp. / 1 lieutenant, hussards américains. Incorporé. / 1 sert 14 ans comme soldat avant la Révolution. Maréch. des log., puis lieut. dans hussards américains. Incorp. / 1 soldat d'infanterie, 1792-1793. Sous-lieutenant, 1793. / 1 garde nat., après 20 ans de service, s.-lieut. dans c⁵ franche. Incorporé. / 1 sous-lieutenant, hussards américains, 1792. Incorporé. / 1 garde national, 1789-1792. Passé par tous les grades dans hussards américains.	Le dossier de ce régiment paraît être très incomplet. / La plupart des officiers n'avaient que peu ou pas de services avant la Révolution. 1 seul était sous-officier quand il a été nommé officier. Presque tous ont servi dans les hussards américains ou dans les compagnies franches de cavalerie, corps qui ont formé le 13e bis hussards. / 1 capitaine est complètement illettré, 1 autre sait seulement signer son nom, un troisième connaît peu son métier; 2 lieutenants sont peu propres à remplir leur emploi, vu leur peu de connaissances et leur manque de fermeté dans le commandement. Mais tous les officiers sont amis de la Révolution. Aucun n'est susceptible d'avancement. / En résumé, on peut dire, d'après les feuilles de notes qui forment ce dossier, que ce corps d'officiers était inférieur, aussi bien au point de vue moral et intellectuel qu'au point de vue professionnel, à la moyenne des autres corps.	

N° des corps	Dates des renseignements	Emplacements des corps, des détachements et des dépôts	Nombre d'escadrons	1° Nombre, par grade, des officiers subalternes; 2° Grade des officiers au 14 juillet 1789	1° Ages extrêmes et âge moyen par grade; 2° Origine des officiers	Résumé de la valeur du corps d'officiers dans chaque régiment	Observations
				Chasseurs (suite)			
14e	22 fructidor	Clayra (armée des Pyrénées orientales). Rennes (détachement).	»	6 capit. dont 2 au détachement de Rennes { 4 anc. soldats d'infanterie. / 2 sans indication. — (22-32, 28) 6 lieut. dont 2 à Rennes { 2 soldats d'infanterie. / 4 non encore dans l'armée. — (22-30, 29) 11 s.-lieut. dont 3 à Rennes { 6 soldats ou anciens soldats d'infanterie. / 1 artilleur. / 4 sans indication. — (23-39, 29)	1 garde nat., puis volont., après 1 an de service dans l'inf. S.-lieut. aux hussards de l'Égalité, 1793. Incorporé. 1 soldat d'inf. Commandant dans la garde nat., puis gendarme. Sous-lieutenant, 1793. 1 soldat d'inf., puis chasseur du Calvados. S.-lieut., 1793, aux hussards de l'Égalité. 1 grenadier dans l'inf., 1779-1790. Sous-lieutenant aux hussards de la Mort, 1792. 2 sortis des rangs (tous les grades). 1 soldat d'inf., 1787-1789. Garde nat., 1789-1792. Volont., 1792-1793. S.-lieut. aux hussards de l'Égalité. 1 soldat d'infanterie. Officier depuis la Révolution. 1 soldat d'infanterie, 1772-1792. Sous-lieutenant, 1792. 3 sortis des rangs (passés par tous les grades). 6 sortis des rangs. 1 soldat d'inf., 11 ans. S.-lieut. après la Révolution aux hussards de la Mort. Incorp. 1 soldat d'inf., 5 ans. Garde-nat. S.-lieut. aux hussards de la Mort. 1 soldat d'inf., 3 ans. Garde nat., 2 ans. Volont., 1 an. S.-lieut. aux hussards de l'Égalité. Incorp. 1 soldat d'inf., 8 ans. Carabinier, 8 ans. S.-lieut. aux hussards de l'Égalité. 1 soldat d'inf., 1782-1790. S.-lieut. aux hussards de la Mort. Incorp.	La plupart de ces officiers sont d'anciens soldats d'infanterie. Quelques-uns ont seulement commencé à servir à la Révolution dans la garde nationale ou dans les bataillons de volontaires. Il seulement sur 24 étaient sous-officiers quand ils furent nommés sous-lieutenants. Et encore la plupart furent faits officiers dans les hussards de l'Égalité ou les hussards de la Mort à la formation de ces corps francs. Tous servent cependant avec exactitude et fidélité et se montrent très attachés aux principes de la Révolution. 3 capitaines sont proposés pour des grades supérieurs, 1 quatrième est susceptible d'être nommé seulement chef d'escadrons. Tous les lieutenants et tous les sous-lieutenants sont également susceptibles d'avancement.	2 adjudants, dont 1 compte au détachement de Rennes, sont susceptibles de parvenir au grade de capitaine.
15e	15 fructidor an II.	Verest (armée de l'Ouest).	»	1 quart.-maître { Sous-lieutenant en congé, des canonniers de marine. — (48) 12 capit. { 4 gardes nationaux. / 2 commandants de garde nationale de province. / 1 soldat d'infanterie. / 1 dragon. / 1 sous-lieutenant de gardes-côtes. / 1 non encore dans l'armée. / 2 sans indication. — (24-51, 32) 10 lieut. { 2 gardes nationaux. / 1 capitaine dans la garde nationale. / 1 marin. / 1 commis de marine. / 1 sergent d'infanterie. / 1 dragon. / 3 non encore dans l'armée. — (19-44, 27) 20 s.-lieut. { 8 gardes nationaux. / 2 soldats d'infanterie. / 1 dragon. / 3 capitaines de garde nationale. / 5 non encore dans l'armée. / 1 sans indication. — (18-38, 25)	Sorti des rangs. 3 sortis des rangs (1 sert depuis 1789). 2 command. de garde nat. des départ. Cap. dans cies franches de la Haute-Vienne. Incorp. 2 gardes nat. Cap. dans cies franches de la Haute-Vienne. Incorp. comme adjoints. 1 garde nat. S.-lieut., 1791. 1 s.-lieut. de gardes-côtes, puis garde nat., puis ch. de bon dans la garde nat. Nommé cap. au rég. 1 nommé s.-lieut. au rég., 1791. 2 sans indication. 2 sortis des rangs. 1 garde nat. Volont., 1789-1791, S.-lieut., 1793. 1 marin, 1784-1790. Dragon, 1790-1793. S.-lieut., 1793. 1 commis de marine, 1782-1792. Garde national, 1792-1793. Sous-lieutenant, 1793. 1 volont., 1792. S.-lieut., 1793. 1 sous-lieutenant d'infanterie, 1792. Lieutenant de chasseurs, 1793. 2 cap. de garde nat., 1792. Lieut. dans cies franches, 1793. Incorporés comme adjoints. 1 garde nat. Volont. Lieut. dans cie franche de la Haute-Vienne. Incorp. comme adjoint. 3 sortis des rangs (ne servent que depuis 1789). 2 nommés sous-lieutenants, 1793. 3 off. de garde nat., 1789. S.-lieut. dans cies franches de cav. Incorp. comme adjoints. 1 s.-lieut. de volont., 1791. S.-lieut. de cavalerie, 1792. 1 maréchal des logis, 1793. Sous-lieutenant, 1793. 1 garde nat., 1789. Cav. dans cie franche. S.-lieut. au rég., 1793. 1 dragon, puis chasseur, 1783-1793. Sous-lieutenant, 1793. 5 gardes nationaux ou volontaires, 1789. Sous-lieutenants, 1793. 1 garde national, 1789. Sous-lieutenant dans cie franche. Incorp. 1 soldat d'inf., 1786. Cap. de volont. S.-lieut. de chasseurs, 1793. 1 sans indication.	La plupart des officiers ne servent que depuis le commencement de la Révolution, comme volontaires ou gardes nationaux. Un certain nombre ont été nommés officiers soit dans les bataillons de volontaires, soit dans la garde nationale, et sont passés ensuite dans les compagnies franches à cheval pour être incorporés avec elles dans le régiment où ils servent comme adjoints. D'autres ont été nommés directement sous-lieutenants ou lieutenants au corps. 8 officiers, non compris le quartier-maître, sur 42, ont passé par tous les grades, et sur ce nombre 4 seulement servaient avant la Révolution. A quelques rares exceptions près, ce ne sont d'ailleurs pas les meilleurs. En général, tous les officiers ont beaucoup à apprendre au point de vue professionnel, ayant été pendant longtemps détachés dans la Vendée; mais un grand nombre sont susceptibles, par leur intelligence et leur volonté, d'acquérir les connaissances qui leur manquent. 1 capitaine, 3 lieutenants, 8 sous-lieutenants sont susceptibles d'avancement, et, parmi eux, le capit. et 1 lieutenant peuvent être élevés rapidement aux grades supérieurs. Le quartier-maître est intelligent, mais il néglige son service au point de ne tenir aucun registre en règle, ayant la plus grande insouciance pour tout ». 1 capitaine (Brue) est député à la Convention. 1 autre capitaine « n'a jamais été fidèle à ses devoirs et est impropre à l'emploi qu'il occupe ». 1 lieutenant ferait un excellent quartier-maître; 1 autre n'est propre à aucun emploi (estropié, suites de blessures). 1 sous-lieutenant est infirme et demande sa retraite. 1 autre « n'est propre à rien » n'ayant aucun moyen intellectuel ou professionnel.	

Nos DES CORPS	DATES des renseignements	EMPLACEMENTS des corps, des détachements et des dépôts	NOMBRE d'escadrons	1° NOMBRE, PAR GRADE, des officiers subalternes; 2° GRADE DES OFFICIERS au 14 juillet 1789	1° ÂGES EXTRÊMES ET ÂGE MOYEN par grade; 2° ORIGINE DES OFFICIERS	RÉSUMÉ DE LA VALEUR du corps d'officiers dans chaque régiment	OBSERVATIONS
19e	21 vendém. an III.	Armée des Pyrénées orientales (2e escadron). Les autres escadrons sont à l'armée de Sambre et Meuse.	»	**Chasseurs (suite)** 8 capit. (dont 2 à l'armée des Pyrén. orient.): 1 garde national. 1 lieutenant de garde nationale. 1 capitaine de garde nationale. 5 sans indication. 11 lieut. (dont 4 à l'armée des Pyrén. orient.): 2 cavaliers. 1 soldat d'infanterie. 2 gardes nat. 1 capit. de garde nat. } n'avaient pas servi. 1 soldat d'inf. 2 sans indication. 9 s.-lieut. (dont 3 à l'armée des Pyrén. orient.): 1 gendarme. 2 gardes nationaux. 1 soldat d'infanterie. 1 dragon. 1 volontaire. 1 non encore dans l'armée. 2 sans indication.	**Capitaines (28-64 / 41):** 1 soldat d'inf., 1766-1769. Cap. de garde nat., 1789-1793. Volont., 1793. Cap. de la Légion Rosenthal. Incorp. — 1 command. aux hussards de la Mort, après avoir fait 6 campagnes en Allemagne. Cap. au rég. (dragons), puis grenadier volont. Capit. aux drag. de la République. — 1 dragon, 1785-1789. Grenadier, puis garde nat., puis officier. — 1 lieut. de garde nat., 1789. Grenadier et adjud. au b^on de la Haute-Vienne. S.-lieut., 1793. — 3 sans indication. **Lieutenants (18-44 / 30):** 1 cav., 1781-1792. S.-lieut. aux dragons de la République. Incorp. — 1 chasseur avant la Révolution 4 ans. Lieut. de volont. Lieut. au rég., 1793. — 1 cap. de la garde nat., 1789-1791. Lieut. aux volont. de la Manche, 1792. Lieut. au rég. — 2 gardes nat., 1789. S.-lieut. 1793. — 1 volont. Lieut. de garde nat. Lieut. au rég. — 1 soldat d'inf., 1782-1792. Garde nat., 1792. Gendarme, puis secrétaire d'état-major, 1793. Fourrier et s.-lieut. au rég., 1793. — 1 cav., puis lieut. de volont., 1792. Lieut. au rég., 1793. — 1 lieut. de la Légion Rosenthal. Incorp. avec ce grade. — 2 sans indication. **Sous-lieutenants (21-59 / 35):** 4 sortis des rangs (dont 1 volontaire seulement en 1791). — 1 soldat d'inf., 6 ans, puis garde nat., puis gendarme. S.-lieut. dans Légion Rosenthal. Incorp. — 1 dragon, 8 ans (avant la Révolution). Garde nat., 1789-1791. S.-lieut., 1793. — 1 volont., 1789-1792. S.-lieut., 1792. — 1 sans indication.	Sur la totalité des officiers, 4 sous-lieutenants seulement ont passé par tous les grades. Mais aucun n'était sous-officier lorsque la Révolution éclata. Un certain nombre ont été nommés officiers dans la garde nationale ou les bataillons de volontaires. Parmi eux, quelques-uns avaient déjà servi comme soldats ou cavaliers avant la Révolution. D'autres ont acquis leurs grades dans certains corps francs (légion de Rosenthal, hussards de la Mort, dragons de la République) et ont été incorporés au régiment. 1 capitaine, en raison de son âge (63 ans), ne peut plus rendre de bons services à l'armée de campagne, mais il est susceptible de remplir avec fruit les fonctions d'inspecteur aux dépôts de cavalerie. 1 sous-lieutenant, ancien gendarme, arrivé à l'ancienneté (54 ans), ne connaît pas les manœuvres et a une mauvaise santé. 1 autre sous-lieutenant est bon soldat, mais ne possède aucun talent militaire. Tous les autres officiers servent bien; 1 capitaine, 3 lieutenants, 1 sous-lieutenant sont susceptibles d'avancement. 1 lieutenant pourrait rendre des services dans un état-major; 1 autre est polyglotte (4 langues). Tous sont animés de l'esprit républicain et ont fait preuve en maintes circonstances de leur entier dévouement à la cause de la Liberté.	Situation du 2e escadron au 21 vendémiaire an III: Officiers { présents .... 7 / absents .... 3. Hommes { prisonnier de guerre .... 1 / sur les derrières .... 1 / en congé .... 1 / aux hôpitaux .... 66 / détachés .... 22 / au dépôt .... 35 / présents sous les armes .... 102 Effectif .... 228 Chevaux { d'officiers .... 20 / de troupe .... 111 } 131 « Cet escadron est parti de Paris sitôt après sa formation et a été toujours isolé à l'armée des Pyrénées orientales. Son corps se trouve maintenant rassemblé à l'armée de la Moselle. Il conviendrait peut-être d'après la loi, pour la régularité de la comptabilité et pour l'intérêt même de la République, que cet escadron soit joint à son corps pour ne faire qu'une seule et même administration. »
20e	»	»	»	1 quart-maître: Brigadier. 9 capit.: 1 dragon. 1 carabinier. 1 exempt de maréchaussée. 1 lieutenant à la Légion de Luckner. 5 sans indication. 9 lieut.: 1 garde suisse. 1 dragon. 1 non encore dans l'armée. 6 sans indication. (ont tous servi avant la Révolution). 21 s.-lieut.: 3 non encore dans l'armée. 1 soldat d'infanterie. (Pas de renseignements pour les autres, mais tous ont servi avant la Révolution, quelques-uns sont même de vieux militaires servant depuis 1759 et même avant.)	**Quart-maître:** 3. Sorti des rangs. **Capitaines (20-61 / 34):** 4 sortis des rangs. — 1 sous-lieutenant au régiment de Soissonnais, 1782-1785. Lieutenant à la Légion Luckner, actuellement au 20e chasseurs (ex-noble). — 4 sans indication. **Lieutenants (24-38 / 28):** 1 sous-lieutenant, 1793. — 1 garde suisse, 1787-1789. Officier dans un bataillon de volontaires, 1789-1792. Lieutenant à la Légion du Centre, 1792. — 1 dragon, 1784-1792. Gendarme, 1792-1793. Sous-lieutenant aux hussards de Jemmapes, 1793. Incorporé. — 6 sans indication. **Sous-lieutenants (19-59 / 34):** 1 soldat d'infanterie, 1786-1789. Sous-lieutenant à la Légion du Centre, 1792. Lieutenant d'infanterie de cette légion. Sous-lieutenant au régiment, 1793. — 1 sort de l'École militaire. — 1 nommé sous-lieutenant par la Convention, 1794 (servait depuis 1784). — 3 volontaires en 1792. — 15 sans indication.	Le cadre des capitaines, lieutenants et sous-lieutenants de ce régiment paraît être inférieur à la moyenne des autres corps, tant au point de vue moral qu'au point de vue intellectuel et professionnel. C'est ainsi que 3 capitaines, dont 1 ne sait ni lire ni écrire, sont mûrs pour la retraite. 1 lieutenant, ancien garde suisse « n'a aucun talent, s'est toujours mal conduit et n'a jamais fait son métier »; il n'est propre qu'à l'emploi qu'il occupe « et rien de plus c'est déjà trop ». 1 autre lieutenant « ne sait ni lire ni écrire »; 2 autres « connaissent peu les manœuvres » et l'un d'eux est « adonné un peu à la boisson ». 7 sous-lieutenants sont susceptibles d'obtenir leur retraite, ils ont de 47 à 59 ans, et 3 d'entre eux sont signalés comme s'adonnant à la boisson; ils sont d'ailleurs tous les 7 sans « aucun talent militaire » et 2 sont complètement illettrés. 2 autres sous-lieutenants sont également illettrés et 4 autres ne connaissent pas les manœuvres. Les autres officiers servent bien. Le quartier-maître est susceptible d'occuper un emploi de commissaire des guerres; 3 capitaines méritent d'être avancés et l'un d'eux peut occuper une place dans l'état-major; 1 autre capitaine, officier avant la Révolution et ex-noble, est « actif et mérite de garder sa place ». 5 lieutenants et 7 sous-lieutenants sont susceptibles d'avancement, et 2 sous-lieutenants sont aptes aux fonctions de quartier-maître.	État demandé par lettre de la Commission de l'organisation et du mouvement des armées de terre du 2 fructidor an II, concernant l'origine du corps: N° du corps: 20; Espèce de l'arme: chasseurs à cheval; Date de la lettre ministérielle qui autorise le corps à prendre le n° qu'il porte: 20 août 1793; Nom que portait le corps avant qu'il eût un n°: légion du Centre; Époque de la formation avant le n°: 6 juin 1793; Date de la loi, décret ou arrêté qui autorise la levée du corps: 31 mai 1792; Si le corps est organisé et complété conformément à la loi du 21 nivôse: il est organisé, mais il n'est pas complet (1 escadron est au siège de Maëstricht); Nom des corps qui ont été incorporés: aucun; Époque de la nouvelle organisation et par qui elle a été faite: le 6 juin 1793 par les représentants près l'armée des Ardennes, Hentz et Mathieu. Observations { Force du régiment au 30 fructidor: / 1130 hommes; / 882 chevaux.
21e	»	»	»	Schweighæusser, sous-lieutenant: Soldat.	22. Sorti des rangs.	Le dossier de ce régiment ne renferme que les feuilles de notes: 1° D'un sous-lieutenant bon patriote, bon militaire, servant bien dans l'emploi qu'il occupe. 2° D'un maréchal des logis, de 2 brigadiers et de 7 chasseurs, servant tous très bien. Le maréchal des logis, 1 brigadier et 4 chasseurs sont cependant complètement illettrés.	

Nos DES CORPS	DATES des renseignements	EMPLACEMENTS des corps, des détachements et des dépôts	NOMBRE d'escadrons	1° NOMBRE, PAR GRADE, des officiers subalternes; 2° GRADE DES OFFICIERS au 14 juillet 1789	1° AGES EXTRÊMES ET AGE MOYEN par grade; 2° ORIGINE DES OFFICIERS	RÉSUMÉ DE LA VALEUR du corps d'officiers dans chaque régiment	OBSERVATIONS
				Chasseurs (*suite*)			
22e	20 vendém. an III.	Ortofa (armée des Pyrénées orientales).	»	»			Le dossier de ce régiment ne renferme que les notes relatives aux sous-officiers. 1 maréchal des logis chef y est jugé apte « à aller immédiatement planter des choux chez lui ». 9 autres mar. d. log. ch. et 14 maréchaux des logis ordinaires sont susceptibles d'être nommés sous-lieutenants.
23e	»	»	»	Quart.-maître. Sans indicat. — 34 — Sort des rangs. 6 capit. { 1 chef de division d'artillerie. / 1 lieutenant surnuméraire. / 4 non encore dans l'armée. } 25-46 / 31 7 lieut. { 3 gardes nationaux. / 1 dragon. / 1 hussard. / 2 non encore dans l'armée. } 21-39 / 28 14 s.-lieut. { 2 soldats d'infanterie. / 1 chasseur en congé. / 1 cavalier. / 1 dragon. / 1 sergent de garde nationale. / 1 officier en retraite. / 3 gardes nationaux. / 1 volontaire. / 1 marin. / 1 non encore dans l'armée. / 1 sans indication servait avant la Révolution (8 ans). } 18-57 / 29	Sort des rangs. 3 sortis des rangs. / 1 soldat d'art., 1789. S.-lieut. dans une c⁵ franche, 1792, puis au 71e d'inf. Nommé cap. au rég. 1793. / 1 sert depuis la Révolution. / 1 nommé s.-lieut. de grenadiers en 1791. Lieut. au rég., 1792. / 1 ex-piqueur d'écurie de la reine Marie-Antoinette. 2 gardes nat., 1789. S.-lieut., 1793. / 1 garde nat., 1789-1791. Volont., 1791. S.-lieut., 1792. / 1 canonnier volontaire, 1791. S.-lieutenant, 1792. / 1 s.-lieut. de volont., 1791. S.-lieut. au rég., 1794. / 1 dragon, 1789-1793. S.-lieut., 1793, aux hussards des Ardennes, aujourd'hui 28e rég. de chasseurs. / 1 hussard, 1775. Maréch. des log., 1793. Nommé lieut. par la Convention, 1794. 6 sortis des rangs. / 1 avait servi 8 ans avant la Révolution. / 2 gardes nat., 1789. S.-lieut., 1793. / 1 marin, 1788-1790. Volontaire, 1790-1791. Garde nat. S.-lieut., 1794. / 1 garde nat., 1789-1791. Canon[nier]… / pier volont., 1791-1792. S.-lieut., 1792. / 1 soldat d'infanterie, 1784-1792. Sous-lieutenant, 1792. / 1 volont., 1789-1792. Gendarme, 1792-1793. S.-lieut., aux hussards des Ardennes, 1793. / 1 hussard, 1791. S.-lieut. pour acte de bravoure, par ordre du pouvoir exécutif.	Tous les officiers servent bien au point de vue professionnel et ils ont toujours fait preuve d'une bonne conduite morale et civique. 1 des capitaines, destitué par le Comité de salut public, le 15 messidor an II, « pour avoir appartenu à la femme Capet en qualité de piqueur d'écurie », a été réintégré le 21 thermidor an II par le Comité. Il se conduit en bon militaire et bon républicain. Le quartier-maître, 2 capitaines, 4 lieutenants, 7 sous-lieutenants sont susceptibles d'être nommés au grade immédiatement supérieur; 1 sous-lieutenant peut parvenir aux grades supérieurs; 1 lieutenant, par ses connaissances spéciales en mathématiques, dessin et levé des plans, pourrait rendre des services excellents dans le génie; 1 autre lieutenant est signalé comme connaissant le dessin et plusieurs langues étrangères. 1 sous-lieutenant est illettré, 1 autre (57 ans) est susceptible d'obtenir sa retraite.	1 adjudant sous-lieutenant est apte au grade de lieutenant. 2 adjudants sous-officiers et 3 maréchaux des logis chefs peuvent être nommés de suite sous-lieutenants, 1 des maréchaux des logis chefs paraît avoir des aptitudes suffisantes pour des fonctions plus élevées.
				Hussards			
1er	1er brumaire an III. 28 vendém. an III.	Cantonnement de Palau (armée des Pyrénées orientales, division Dugua). Marseille (détachement).	6 »	Blessy, chef d'esc. (à l'armée des Pyrénées orient.). — Porte-étendard. — 53 — Sort des rangs. Elret (Jean), id. (à l'armée des Pyrénées orientales). — Id. — 51 — Id. Gourgonier, id. (au dépôt de Carcassonne). — Sans ind. — Sans indication. Bougon-Duclos, id. (on ne sait ce qu'il est devenu depuis le 16 thermidor). — Id. — Id. Bourdel, chir.-maj. (on ne sait ce qu'il est devenu). — Id. — Id. Malraison, id. (à l'armée d'Italie). — Id. — 39 — Id. 1 qⁱᵉʳ (lt) [au dépôt de Marseille]. — Maréch. des logis. — 38 — Sort des rangs. 15 capitaines, dont: / 7 à l'armée des Pyrénées orient., / 2 à l'armée d'Italie, / 5 au dépôt de Carcassonne, / 2 au dépôt de Marseille. / 1 absent sans motif. { 2 gardes nat. / 1 lieuten. de garde nat. / 1 soldat d'infanterie. / 1 dragon. / 4 maréch. d. logis. / 1 mar. d. l. c. / 1 s.-lieut. / 4 sans indic. } 24-82 / 40	Sort des rangs. Id. Sans indication. Id. Id. Id. Sort des rangs. 6 sortis des rangs. / 1 grenadier dans la garde nat. Cav., puis lieut., puis cap. dans la cav. du Calvados. Incorp. / 1 lieut. de la garde nat., 1789. Lieut. de grenadiers, 1791. Lieut. de guides, 1792. Cap. de hussards, nommé par Dampierre. / 1 cap. aux Houlans flanqueurs. / 1 dragon, 1789-1790. Sert l'Autriche comme cadet, 1790. Garde nat., 1791. Cap. de grenadiers, 1791. Nommé par Dampierre, 1793. / 1 soldat d'inf., 1782. Garde nat., 1790. Lieut. aux dragons de la République, 1792. Cap. dans la cav. du Calvados, 1793. / 1 garde nat., 1789. S.-lieut., 1792. / 3 sans indication.	Un esprit d'indiscipline grave paraît régner dans ce corps d'officiers: 1 chef d'escadrons, 1 chirurgien-major, 1 capitaine, 4 lieutenants et 4 sous-lieutenants sont absents sans motifs, « on ne sait ce qu'ils sont devenus ». A titre d'exemple: « Le chef d'escadrons Bougon-Duclos a pris un billet pour entrer à l'hôpital, ne s'y est pas présenté; s'est rendu à Carcassonne où il a pris le commandement du dépôt quelques jours; en est parti ensuite pour Toulouse; est revenu à Carcassonne. Est parti de ce lieu sans qu'on sache ce qu'il est devenu. N'a pas paru à l'armée depuis le 16 thermidor. » L'instruction générale et professionnelle paraît également laisser à désirer: 2 capitaines, 1 lieutenant et 4 sous-lieutenants ne savent lire et écrire qu'en allemand; 1 lieutenant et 7 sous-lieutenants savent seulement signer leur nom; en outre, 1 capitaine, 1 lieutenant et 4 sous-lieutenants ne connaissent que très peu les manœuvres. Les bons instructeurs d'équitation ne sont cependant pas rares dans ce régiment, c'est ainsi que 1 chef d'escadrons, 2 capitaines, 2 lieutenants et 2 sous-lieutenants sont signalés pour leurs aptitudes particulières sous ce rapport. Il n'est fait aucune proposition pour l'avancement, mais certains officiers sont signalés pour leur excellente manière de servir; de ce nombre sont: 2 chefs d'esca-	Situation du régiment au 30 vendémiaire an III (Palau): Escadrons en campagne: 6; Emplacement: Palau; Nom du chef de corps: Glad. Officiers { présents … 32 / absents … 42 } Hommes { effectif … 1 784 / en congé … 13 / hôpitaux … 589 / détachés … 372 / au dépôt … 253 / présents sous les armes … 557 } Chevaux { d'officiers … 133 / de troupe … 1 209 / en état de service … 1 210 } Total … 1 342 État numérique des officiers par grade, au 30 vendémiaire an III (l'état est nominatif dans le dossier): Chef de brig. 1 Chefs d'escadrons 3 { dont 1 incorp. avec la cav. du Calvados. } Capitaines 9 { dont 2 incorp. avec la cav. du Calvados. } Lieutenants 8 { dont 4 incorp. avec la cav. du Calvados. } Qⁱᵉʳ (lieut.) 1. Sous-lieutenants 22 { dont 6 incorp. avec la cav. du Calvados. } 44

Hussards (*suite*)

Nᵒˢ des corps	Dates des renseignements	Emplacements des corps, des détachements et des dépôts	Nombre d'escadrons	1° Nombre, par grade, des officiers subalternes; 2° Grade des officiers au 14 juillet 1789	1° Âges extrêmes et âge moyen par grade; 2° Origine des officiers	Résumé de la valeur du corps d'officiers dans chaque régiment	Observations
1er				**12 lieutenants,** dont: 4 à l'armée des Pyrénées orient., 1 adjoint à l'état-major de l'armée de la Moselle, 2 au dépôt de Carcassonne, 1 au dépôt de Marseille, 4 absents sans motif. {3 brigadiers, 9 sans indic.} — 24-32 / 28. **39 sous-lieut.,** dont: 23 à l'armée des Pyrénées orient., 4 à l'armée d'Italie, 5 au dépôt de Carcassonne, 1 au dépôt de Marseille, 1 à l'hôpital, 1 à l'arm. des Alpes (aide de camp), 4 absents sans motif. {1 enseigne de marine, 9 gardes nationaux, 2 cavaliers, 2 dragons, 11 hussards, 2 brigadiers, 2 non encore dans l'armée, 10 sans ind.} — 19-56 / 31.	3 sortis des rangs. 1 cav. à Colonel-Général, 1788. Garde nat., 1790. S.-lieut. d'inf. Lieut. au rég., nommé par Dampierre. 1 cav. au Royal-Allemand, 1781. S.-lieut. au rég., 1792. 7 sans indication. 16 sortis des rangs. 8 gardes nat., 1789. Off. de garde nat. ou de volont. en 1791-1792. Nommés s.-lieut. au rég. par le général Dampierre, 1793. 1 garde nat., 1789. Carabinier, 1792. S.-lieut., nommé par Dampierre en 1793. 1 volont. nat., 1792. Cav., 1792. S.-lieut., nommé par Dampierre en 1793. 1 enseigne de marine, 1788. Lieut. de marine. Chasseur à cheval, 1791. S.-lieut. (Dampierre), 1793. 1 dragon, 1785. Brigadier, 1792. S.-lieut. (Dampierre), 1793. 1 dragon, 1785. Garde nat., 1790. Volont., 1792. S.-lieut. dans la cav. du Calvados, 1793. Incorp. 2 viennent des dragons de la Montagne. 2 viennent des Houlans flanqueurs. 1 vient de la Légion du Calvados. 5 sans indication.	...drons (l'un d'eux est cependant estropié d'une main), 4 capitaines, 3 lieutenants, 2 sous-lieutenants. 1 capitaine, quoique âgé de 82 ans, monte encore très bien à cheval; il n'a jamais voulu quitter les étendards.	Officiers à la suite du régiment nommés par le général Dampierre en avril 1793: Capitaines . . . 4 Lieutenants . . . 2 Sous-lieutenants . . . 13 — 19 Officiers incorporés de la Légion des Pyrénées, connue sous le nom de Houlans flanqueurs: Capitaine . . . 1 Lieutenants . . . 2 Sous-lieutenants . . . 2 — 5 Officiers incorporés des dragons légers de la Légion de la Montagne, fille des sociétés populaires: Chef d'escadrons . . . 1 Capitaine . . . 1 Sous-lieutenants . . . 2 — 4 Total général: 72 (plus 2 chirurgiens-majors, dont 1 à l'armée d'Italie).
2e	6 fructidor an II.	Berg	»	**7 capit.** {1 sous-lieutenant, 6 (les dates des différents grades ne sont pas indiquées).} — 24-58 / 39. **9 lieut.** {2 gardes nationaux, 1 fourrier, 6 (dates des différ. grades non indiq.)} — 25-44 / 34. **9 s.-lieut.** {1 garde national, 2 non encore dans l'armée, 6 sans indication.} — 21-48 / 33.	6 sortis des rangs. 1 volontaire dans Nassau-Hussards, 1767. Au 2e hussards, 1776. Sous-lieutenant en 1781. 2 gardes nationaux, 1789. Sous-lieutenants, 1792. 7 sortis des rangs. 1 garde national, 1789. Sous-lieutenant en 1793. 2 volontaires en 1791. Sous-lieutenants en 1793. 6 sortis des rangs.	Tous les officiers ont toujours combattu avec courage et fait preuve de la plus grande fidélité et de la plus grande exactitude à remplir leurs devoirs. Tous ont une conduite morale et civique irréprochable. 5 capitaines, 5 lieutenants et 5 sous-lieutenants sont aptes au grade supérieur, les uns de suite, les autres dans quelque temps. 1 capitaine est susceptible de parvenir aux fonctions les plus élevées. 2 lieutenants et 2 sous-lieutenants ont encore besoin de s'instruire, surtout au point de vue professionnel. 1 capitaine, 1 lieutenant, 5 sous-lieutenants savent lire et écrire en allemand seulement. Parmi ces derniers officiers, 4 sous-lieutenants sont cependant proposés pour le grade de lieutenant. 1 autre sous-lieutenant est presque sourd. 1 des lieutenants fait fonctions de quartier-maître, il est apte à l'emploi, mais il figure aussi parmi ceux proposés pour le grade supérieur.	
3e	6 mai (v. s.).	Miollois	»	**13 capit.** {1 maréch. des logis, 12 sans indication.} — 26-54 / 40. **12 lieut.** {1 garde national, 1 hussard, 1 non encore militaire, 9 sans indication.} — 20-58 / 35. **19 s.-lieut.** {1 s.-lieut. d'infanterie, 1787. 3 non encore dans l'armée. 15 pour lesquels les dates de promotion aux différents grades ne sont pas indiquées.} — 23-60 / 40.	Tous sortis des rangs. 9 sortis des rangs. 1 garde nat. en 1789. S.-lieut. aux hussards braconniers. Incorp. 1793. 1 hussard, 1787. Sous-lieutenant à la Révolution. 1 cap. de volont., 1791. S.-lieut. au rég. et actuellement aide de camp du général Ollivier. 15 sortis des rangs. 1 hussard braconnier, 1792. Incorp. comme maréch. des log. en 1793. S.-lieut. provisoire, 1793. 1 volontaire, 1790. Sous-lieutenant au régiment, 1792. 1 serg.-major de volont., 1791. S.-lieut. au rég., 1792. 1 s.-lieut. d'inf., 1787. S.-lieut. au rég., 1792.	Tous les officiers ont toujours servi avec honneur et fidélité. Ils sont animés du plus pur patriotisme. 11 capitaines, 10 lieutenants et 18 sous-lieutenants sont aptes au grade immédiatement supérieur au leur. Parmi eux, 1 capitaine et 1 lieutenant se signalent par des aptitudes spéciales et méritent d'être élevés rapidement aux grades supérieurs. Les 2 capitaines, les 2 lieutenants et le sous-lieutenant non proposés pour l'avancement sont susceptibles d'obtenir leur retraite pour blessures, infirmités ou ancienneté de services. 2 capitaines et 1 sous-lieutenant savent seulement un peu lire et écrire. 4 sous-lieutenants savent seulement lire et écrire en allemand. 1 capitaine et 1 sous-lieutenant ont quelques connaissances en dessin.	
4e	4 vendém. an II.	Escadrons de guerre. Laon (dépôt)	»	**7 capit.** {(Les dates de promotion aux différents grades ne sont pas indiquées.} — 31-49 / 37.	Tous sortis des rangs.	Tous les officiers servent bien et ont monté la plus grande bravoure et le plus grand courage dans toutes les affaires auxquelles ils ont pris part avec le régiment. Ils remplissent leurs devoirs professionnels avec exactitude.	Situation du dépôt à Laon, le 4 vendémiaire an III: Officiers {1 quart.-maître, prés. 2 lieutenants, prés. 5 sous-lieut., prés.} 8

N^os des corps	Dates des renseignements	Emplacements des corps, des détachements et des dépôts	Nombre d'escadrons	1° Nombre, par grade, des officiers subalternes; 2° Grade des officiers au 14 juillet 1789	1° Ages extrêmes et âge moyen par grade; 2° Origine des officiers	Résumé de la valeur du corps d'officiers dans chaque régiment	Observations
				Hussards (*suite*)			
4e				11 lieut. { 1 dragon. / 2 non encore dans l'armée. / 8 sans indication. } — 25-50 / 35	8 sortis des rangs. / 1 dragon, 1786-1791. Lieutenant dans la Légion de la Nièvre. Incorporé, 1793. / 1 s.-lieut. dans garde nat., 1792. Passé dans la Légion de la Nièvre et incorp. comme lieut. / 1 nommé directement sous-lieutenant, 1792.	Tous les capitaines, 8 lieutenants, 12 sous-lieutenants sont susceptibles de passer au grade supérieur. / 2 capitaines pourraient rendre de bons services dans les remontes qu'ils connaissent parfaitement. 1 sous-lieutenant occuperait avec succès une place de commissaire des guerres. / 1 lieutenant et 9 sous-lieutenants ne savent lire et écrire qu'en allemand. La plupart d'entre eux sont cependant proposés pour l'avancement. / 1 sous-lieutenant (54 ans) est susceptible d'obtenir sa retraite à cause de ses infirmités contractées au service; 1 autre a une santé médiocre.	Hommes { présents, 366 / aux hôpitaux: du lieu, 32 / externes, 49 / détachés, 39 / Total, 486 } Chevaux { d'officiers, 15 / de troupe: présents, 232 / détachés, 39 / Total, 271 }
				21 s.-lieut. { 1 chasseur libéré. / 1 hussard. / 2 brigadiers. / 2 non encore dans l'armée. / 15 sans indication. } — 20-54 / 34	18 sortis des rangs. / 1 chasseur, 1787-1788. Garde nat. 1790-1793. S.-lieut. dans la cav. de la Nièvre et incorp., 1793. / 1 hussard, 1792. S.-lieut., 1793. / 1 lieut. de volont., 1790-1792. S.-lieut. au rég., 1792.		
5e	»		»	1 q^m^tre (lieut.) Garde national. — 38 / Sort des rangs.		La moyenne d'instruction générale de ce corps d'officiers est très faible. / 2 capitaines sont complètement illettrés, 2 autres savent seulement un peu lire. 1 lieutenant ne sait lire et écrire qu'en allemand. / 7 sous-lieutenants ne savent ni lire ni écrire; 1 autre sait seulement un peu lire et écrire; 1 autre enfin ne sait qu'un peu écrire en allemand. / Aussitôt ceux qui ont quelques vagues notions de lecture et d'écriture sont-ils proposés pour l'avancement, un avancement modéré d'ailleurs, des grades successifs et avec un temps plus ou moins long. / Mais, s'ils sont ignorants, ces officiers n'en sont pas moins fidèles et exacts à leurs devoirs et ne se conduisent pas, en toutes circonstances, avec moins de courage et de dévouement.	7 maréchaux des logis chefs, 3 maréchaux des logis, 7 brigadiers fourriers, 2 brigadiers sont susceptibles de s'élever, successivement, et avec le temps, aux différents grades.
				8 capit. { Les dates de promotion aux différents grades ne sont pas indiquées. } — 21-51 / 37	Tous sortis des rangs.		
				3 lieut. { 1 garde national. / 1 non encore dans l'armée. / 1 sans indication. } — 19-28 / 22	1 sorti des rangs. / 1 garde national, 1789. Sous-lieutenant (sans indication). / 1 gendarme, 1790. Sous-lieutenant, 1790.		
				14 s.-lieut. { 1 garde national. / Les dates de promotion aux différents grades ne sont pas indiquées pour les autres. } — 22-38 / 31	1 garde national, puis capitaine dans la garde nation. de Colmar. Nommé s.-lieut. (sans indicat.). / 14 sortis des rangs.		

N^os des corps	Dates des renseignements	Emplacements des corps, des détachements et des dépôts	Nombre d'escadrons	1° Nombre, par grade, des officiers subalternes; 2° Grade des officiers au 14 juillet 1789	1° Ages extrêmes et âge moyen par grade; 2° Origine des officiers	Résumé de la valeur du corps d'officiers dans chaque régiment	Observations
7e	2 fructidor an II.	A la Rehute.	»	Cuoq (Louis), chef d'escadrons. — Brigadier.	Age (inconnu) / A servi 8 ans comme chasseur et brigadier. S.-lieut., 1793.	La note ci-contre, placée en tête du dossier du régiment par le conseil d'administration, résume parfaitement l'opinion que l'on peut se faire sur la valeur de ce corps d'officiers d'après les notes individuelles. / Peu d'officiers, en effet, joignent aux vrais sentiments du patriotisme dont ils sont animés «des talents ou des dispositions peu ordinaires». / Aussi, si un grand nombre sont reconnus comme bons soldats, bons patriotes, d'une loyauté et d'une honnêteté absolues, servant parfaitement dans leurs grades respectifs, aucun n'est jugé apte à remplir des fonctions plus élevées. / Les 2 chefs d'escadrons Cuoq et Bernardel ont «tous les talents requis pour leur place» et méritent tous deux la considération et l'estime générales. Le 3e chef d'escadrons, Chipaut, a été au contraire «reconnu dans tous les temps pour un intrigant». / 1 capitaine est accusé par ses hommes «de battre en retraite le premier». Le conseil reproche à 1 autre de «calomnier ses camarades et d'avoir cherché dans tous les temps à diviser le régiment». Un 3e capitaine «est accusé d'être venu, étant prisonnier de guerre, deux fois en parlementaire avec des officiers prussiens. Le conseil demande son remplacement». 1 autre est illettré, 1 autre s'adonne à la boisson. / 1 lieutenant a fait preuve de peu de délicatesse dans une question d'argent. 1 autre est un «calomniateur, peu sociable, ancien garde du Roy». Un 3e est illettré. / 3 sous-lieutenants sont signalés comme incapables, 1 autre est «indigne de servir comme officier tant par son peu de conduite que par incapacité professionnelle».	Note. — «Le régiment étant un des nouveaux créés, il ne s'y trouve point de sujets qu'exige le texte du présent état; nous prions les représentants composant le Comité de salut public de nous donner, pour occuper les emplois vacants, des militaires, qui joignent à des talents ou des dispositions peu ordinaires, les vrais sentiments du patriotisme.»
				Bernardel, id. — Fourrier.	Id. / Sort des rangs.		
				Chipaut, id. (à l'armée de l'Ouest). — N'était pas encore dans l'armée.	Id. / Nommé sous-lieutenant, 1793.		
				Dartès, chirurgien (à l'armée de l'Ouest). — sans indic.	Sans indication.		
				1 quartier-maître (lieutenant). — Dragon.	26 / Sort des rangs.		
				11 capit., dont: 1 au dépôt de Schlestadt, 1 à l'armée de l'Ouest. { 1 chasseur. / 1 cavalier. / 1 dragon. / 1 garde franç. / 1 brigadier. / 1 fourrier. / 5 sans indicat. } — 24-38 / 32	4 sortis des rangs. / 1 soldat d'infanterie, 1775-1776. Garde française, 1776-1789. Gendarme, 1789-1792. Lieutenant au régiment, 1792. / 1 dragon, 1759-1792. Grenadier volontaire, sergent et capitaine au bataillon de Penthièvre. Capitaine au régiment, 1792. / 1 chasseur, 1787-1793. Capitaine dans le corps de partisans. Incorporé. / 4 sans indication.		
				12 lieut., dont 3 à l'armée de l'Ouest. { 2 soldats d'inf. / 1 brigadier. / 3 dragons. / 6 sans indicat. } — 22-34 / 30	6 sortis des rangs. / 1 soldat d'infanterie, 1786-1792. Lieutenant de volontaires. Sous-lieutenant au régiment, 1792. / 1 dragon, 1780-1788. Sous-lieutenant au régiment, 1792. / 4 sans indication.		
				19 s.-lieut., dont 4 à l'armée de l'Ouest. { 1 soldat d'inf. / 1 hussard. / 1 dragon. / 1 brigadier-fourrier. / 1 non encore dans l'armée. / 14 sans indicat. } — 24-51 / 34	10 sortis des rangs. / 9 sans indication.		

N°s des corps	DATES des renseignements	EMPLACEMENTS des corps, des détachements et des dépôts	NOMBRE d'escadrons	1° NOMBRE, PAR GRADE, des officiers subalternes; 2° GRADE DES OFFICIERS au 14 juillet 1789.	1° AGES EXTRÊMES ET AGE MOYEN par grade; 2° ORIGINE DES OFFICIERS.	RÉSUMÉ DE LA VALEUR du corps d'officiers dans chaque régiment.	OBSERVATIONS
				Hussards (*suite*)			

9e	12 fructidor an II.	Des bruyères d'Hyndmeer (armée du Nord).	»	1 qⁱᵉ (capit.) Maréchal des logis.
				12 capit. {
				6 sans indication.
				3 gardes nationaux.
				1 cuirassier.
				1 cavalier au 3e cavalerie.
				1 lieutenant d'un corps de chasseurs volontaires.
				}
				14 lieut. {
				2 sans indication.
				6 gardes nationaux.
				1 fusilier.
				3 dragons.
				1 cavalier.
				1 non encore au service.
				}
				23 s.-lieut. {
				3 sans indication.
				13 gardes nationaux.
				1 grenadier dans la garde nationale.
				2 cavaliers.
				2 chasseur à cheval.
				1 non encore au service.
				}
					25 — Sort des rangs, cavalier écrivain au 19e cavalerie en 1785.
					23-59 / 34 :
					1 enfant de troupe.
					1 fusilier au rég. de Lyonnais.
					1 fusilier au 22e d'infanterie.
					1 cuirassier.
					2 gardes nationaux.
					1 gendarme de Lunéville.
					1 fusilier au Royal-Roussillon.
					1 gendarme de la garde.
					1 entré jeune au service, sans autre indication.
					1 n'a jamais remis ses états de service.
					24-46 / 31 :
					2 sans indication.
					5 gardes nationaux.
					1 fusilier au régiment de Salis-Salm, de 1783 à 1790.
					1 dragon, de 1781 à 1791.
					1 dragon au régiment Mestre-de-Camp, de 1773 à 1781.
					1 dragon au régiment Royal, de 1773 à 1791.
					1 sorti des rangs du régiment.
					1 cavalier au 17e cavalerie, de 1782 à 1790.
					1 dragon au régiment de Jarnac en 1779.
					20-46 / 28 :
					2 sans indication.
					13 gardes nationaux.
					1 fusilier au rég. Dauphin en 1785.
					1 cavalier au 5e cavalerie en 1778.
					1 fusilier au régiment de La Fère en 1775.
					1 dragon au 5e régiment, de 1780 à 1788.
					1 cavalier au régiment Commissaire-Général.
					1 chasseur au 5e chasseurs, de 1789 à 1792.
					1 cavalier au 9e régiment en 1788.
					1 entré comme hussard au corps des hussards de la Liberté (plus tard le 9e hussards), 1er décembre 1792.
						Le quartier-maître, 1 capitaine, 6 lieutenants et 10 sous-lieutenants sont proposés pour le grade supérieur. 1 capitaine est désigné comme apte aux fonctions d'adjudant général.
						1 capitaine, 3 lieutenants, 2 sous-lieutenants savent seulement signer leur nom; 1 sous-lieutenant lit et écrit avec difficulté.
						En envoyant ces renseignements au Comité de salut public, le conseil d'administration réclame lui-même l'épuration du 9e hussards : « Que, pour aujourd'hui, avec connaissance de cause, chacun soit par vous récompensé ainsi qu'il le mérite ou puni suivant sa faute ».
						Il signale 4 capitaines, 4 lieutenants et 7 sous-lieutenants incapables de remplir leurs fonctions. Des 4 capitaines, 2 sont notés comme ne connaissant aucunes manœuvres, 2 sont en détention, l'un prévenu de voies de fait contre les autorités constituées; l'autre coupable du vol d'un cheval. 1 lieutenant fait des dettes et s'enivre; 1 autre est en détention comme contre-révolutionnaire et est aussi noté comme ivrogne; les 2 derniers ne connaissent pas les manœuvres.
						Parmi les 7 sous-lieutenants :
						1 n'est pas ferme au feu et ne connaît pas les manœuvres.
						1 fait des dettes crapuleuses, s'enivre, n'a pas idée des manœuvres.
						1 a fait beaucoup de dettes, ne connaît rien, sans moyens.
						1 en arrestation, n'a aucuns moyens militaires.
						1 s'enivre, ne connaît pas les manœuvres, ne sait nullement monter à cheval.
						1, quoique brave au feu, est de mauvaise conduite, adonné à la boisson.
						1 en état d'arrestation, est un mauvais sujet, ivrogne, désorganisateur.	

12e	20 fructidor an II et 7 vendém. an III.	1er et 2e escadrons, Nive-Franche.
		5e escadron, Bayonne (armée des Pyrénées occidentales).
			»
			»
				L'état du 5e escadron ne mentionne ni l'âge ni les services des officiers. Une simple mention est consacrée aux 2 capitaines, 2 lieutenants, 3 sous-lieutenants de cet escadron, qui sont tous bien notés.
				Les renseignements sont plus complets pour les officiers des 1er et 2e escadrons. Ils portent sur :
				4 capit. {
				1 sans indication.
				1 soldat.
				1 garde national.
				1 non encore dans l'armée.
				}
				6 lieut. {
				1 sous-lieut. dans le génie.
				2 gardes nationaux.
				1 dragon volontaire.
				2 sans indication.
				}
				7 s.-lieut. { Sans indication. }
					31-40 / 28 ½ :
					1 a d'abord servi 8 ans dans les dragons Dauphin.
					1 soldat depuis 1789.
					1 garde national depuis 1789.
					1 volontaire à la formation du 2e bataillon du Tarn.
					17-35 / 25 ½ :
					1 reçu sous-lieutenant dans le génie en 1789.
					2 gardes nationaux.
					1 a d'abord servi 5 ans 5 mois dans Guienne-Infanterie.
					1 servait en 1793, comme sergent-major dans le 1er bataillon de la Gironde.
					1 dragon volontaire en 1789.
					20-31 / 26 ½ :
					2 gardes nationaux.
					1 a d'abord servi dans la dernière garde du tyran.
					1 a été 7 ans grenadier dans Saintonge.
					1 sergent dans les chasseurs des Montagnes, en 1791.
					1 entré en 1790 dans les dragons de Toulouse.
					1 sergent-major le 25 mars 1793 dans une compagnie de garde nationale.
						Parmi les officiers des 1er et 2e escadrons, 2 capitaines, 3 lieutenants et 2 sous-lieutenants sont notés comme ayant des talents et de la moralité.
						1 capitaine et 1 sous-lieutenant sont signalés comme au-dessous de leur place par leur peu de talents.
						3 sous-lieutenants sont encore notés comme ayant peu de talents.	

ANNEXE II

TROUPES A CHEVAL

Chefs de brigade en fructidor an II[1]

---

[1] Carton AF$_{II}$ 211 (Arch. nat.).

Chefs de brigade des troupes à cheval en fructidor an II (septembre 1794)

CORPS	NOMS	AGE en 1794	ÉPOQUE de l'entrée au service	GRADE au 14 juillet 1789	NOTE ENREGISTRÉE par la Commission de l'organisation
		Ans			
	Carabiniers				
1er	Jaucourt (Jaucourt de Latour).	58	Carabinier en 1752.	Capitaine réformé.	Sert depuis 1752. A passé par les grades. Connaît les manœuvres et fait bien manœuvrer. Bon pour remplir les fonctions de son grade.
2e	D'Anglars.	39	Élève de l'École militaire en 1757. Sous-lieutenant en 1774.	Capitaine pourvu d'une compagnie.	Sert depuis 1774 comme officier. Connaît les détails du service, remplirait les fonctions de général.
	Cavalerie				
1er	Maillard (Jean)	62	Cavalier en 1754.	Lieutenant surnuméraire.	Sert depuis 1754. A passé par les grades. Demande sa retraite, n'étant plus assez actif.
2e	Radal (Jean)	54	Cavalier en 1760.	Adjudant vétéran.	Sert depuis 1760. A passé par les grades. Très bon militaire. A donné des preuves de courage. Il remplit sa place avec beaucoup de distinction.
3e	Lefèvre (Jean-Baptiste). . .	60	Cavalier en 1756.	Lieutenant surnuméraire.	»
4e	Martin (Dominique).	61	Cavalier en 1753.	Lieutenant réformé.	Sert depuis 1753. A passé par les grades. Très propre à son emploi.
5e	Misson (Pierre)	46	Cavalier en 1759.	Porte-étendard.	»
6e	Pelletier (Gabriel).	56	Cavalier en 1757.	Maréchal des logis chef.	Sert depuis 1757. A passé par les grades. Ancien militaire, brave, mérite une retraite. Est âgé, 56 ans.
7e	Gondeau (Mathurin).	55	Cavalier en 1756.	Lieutenant surnuméraire.	Sert depuis 1756. A passé par les grades. Officier d'un mérite rare, capable d'être général.
8e	Desprès La Marlière.	49	Dragon en 1764.	Capitaine.	Sert depuis 1764. Le plus ancien colonel de l'armée. Rempli de connaissances militaires, exact à ses devoirs et brave, très en état d'être général.
9e	Nansouty (Ét.-Mar.-Ant.-Ch.).	26	Cadet gentilhomme de l'École militaire avec rang de sous-lieutenant en 1785.	Capitaine de remplacement.	Sert depuis 1785. Très bon officier. Conduit très bien son régiment. Proposé à occuper des grades supérieurs. Ex-noble.
10e	Oswald (Christophe)	57	Soldat en 1752.	Lieutenant surnuméraire.	Militaire brave et très estimable. Usé par l'âge et les fatigues de la guerre. Il commande provisoirement une brigade de cavalerie et est fait pour être général.
11e	Boiteux (Claude) [1]	65	Cavalier en 1750.	Porte-étendard.	Sert depuis décembre 1747. 65 ans. Brave militaire, peut remplir la place qu'il occupe.
12e	Ebert (J.-Frédéric) [2]	30	»	Maréchal des logis en 1792.	Vient d'être promu du grade de sous-lieutenant à celui de chef de brigade par le représentant Duroy.
13e	Aubry (Jean).	56	Cavalier en 1757.	Porte-étendard.	»
14e	D'Azincourt.	»	Cadet gentilhomme en 1778.	Capitaine.	»
15e	Berthod (Étienne).	59	Cavalier en 1756.	Lieutenant.	»
16e	Blancheville (Michel) [3] . . (Provisoire.)	36	Cavalier en 1777.	Adjudant.	Sert depuis 1777. A passé par les grades. Officier d'un mérite rare, en état d'occuper un grade supérieur.
17e	Augier de Belcourt	57	Cavalier en 1761.	Lieutenant.	»
18e	Terreyre (Denis).	38	Cavalier en 1776.	Maréchal des logis chef.	Sert depuis 1776. A passé par les grades. On a de bons témoignages de son exactitude et de son zèle.
19e	Provence (Sébastien)	64	Garde du Corps en 1779.	Lieutenant commandant à Sommières.	Sert depuis décembre 1747. 65 ans. Brave militaire. Peut remplir la place qu'il occupe,
20e	Dargent	61	Cavalier en 1754.	Porte-étendard en 1789.	»
21e	Rifflet.	37	Volontaire national en juillet 1789.	Volontaire national.	»
22e	Devouges (Nicolas)	62	Cavalier en 1750.	Lieutenant.	Sert depuis 1750. A passé par les grades et a été chargé de l'instruction pendant 25 ans. Il est sujet à des accès de goutte.
23e	Tiercez (Claude).	64	Cavalier en 1754.	Porte-étendard.	»
24e	Noblet	36	Dragon en 1785.	Dragon.	»
25e	Courtin (Jean)	42	Cavalier en 1774, libéré comme maréchal des logis en 1788.	Ex-maréchal des logis.	Sert depuis 1774. Connaît les manœuvres.
	Dragons				
1er	Du Blaisel (François-Benoît) .	42	Page du Roi, rang de sous-lieutenant en 1770.	Capitaine.	Sert depuis 1770 comme officier. Remplit ses fonctions avec beaucoup de distinction. Serait propre à être général de brigade de cavalerie. Vue courte. Affecté de la goutte.
2e	Richet (Humbert)	53	Dragon en 1759.	Porte-guidon.	Sert depuis 1759. A passé par les grades. Brave, connaît les manœuvres. Est à sa place.

(1) Bien que l'état du carton AF_II 211 mentionne Charles Boiteux comme chef de brigade, les contrôles du 11e régiment aux Archives administratives et le carton du même régiment aux Archives historiques donnent comme chef de brigade Desbordelières, âgé de 40 ans, carabinier en 1771 et adjudant en 1789.

(2) La nomination du sous-lieutenant Ebert fut annulée par le Comité du salut public et l'emploi de chef de brigade du 12e cavalerie confié par lui à Jean Verreaux, âgé de 54 ans, cavalier en 1761, maréchal des logis chef en 1789.

(3) La nomination de Blancheville ne fut pas maintenue. Le grade de chef de brigade du 16e cavalerie fut conservé à Jean Gaudin, âgé de 47 ans, cavalier en 1766, lieutenant en 1789.

CORPS	NOMS	AGE en 1794	ÉPOQUE de l'entrée au service	GRADE au 14 juillet 1789	NOTE ENREGISTRÉE par la Commission de l'organisation
		Ans			
	Dragons (*Suite*)				
3e	Capitain	47	Soldat en 1766.	Lieutenant de la maréchaussée avec rang de capitaine de cavalerie.	»
4e	Turfa (Pierre).	47	Cavalier en 1766.	Lieutenant.	Sert depuis 1766. A passé par les grades et a été chargé de l'instruction des manœuvres tant à pied qu'à cheval. Fait par ses connaissances pour remplir un emploi supérieur, surtout dans la cavalerie.
5e	Le Clercq de Verdet. . . .	49	Dragon en 1767.	Lieutenant.	»
6e	Fauconnet (Jean-Louis) . . .	44	Gendarme en 1766.	Lieutenant.	Sert depuis 1766. Excellent chef de cavalerie, brave, actif et très intelligent.
7e	Burgairolles (Jean-Joseph). .	54	Cavalier en 1757.	Lieutenant.	»
8e	Milet (Jacques)	31	Cavalier en 1782.	Maréchal des logis chef.	Sert depuis 1782. A passé par les grades. Très en état de remplir sa place. Il serait même susceptible d'avancement.
9e	Thirion	55	Dragon en 1758.	Lieutenant.	»
10e	Pierson.	59	Dragon en 1754.	Lieutenant.	
11e	Levasseur de Neuilly	56	Dragon en 1760.	Capitaine.	(La date de ses services n'est pas indiquée.) Fait bien son métier, a été chargé pendant 16 ans de l'instruction à cheval. Bon pour être général de brigade. Ex-noble : le conseil d'administration atteste son civisme.
12e	Pagès (Joseph)	40	Dragon en 1781.	Maréchal des logis.	Sert depuis 1781. A passé par les grades. Excellent militaire, fait pour l'emploi qu'il occupe.
13e	Chanoine de Roemont	44	Volontaire en 1768.	Capitaine.	
14e	Radot.	50	Cavalier en 1760.	Quartier-maître avec rang de lieutenant.	Sert depuis 1760. A passé par les grades. Excellent officier de cavalerie. Paraît en état d'être général de brigade ou commandant de place.
15e	Boulland	54	Dragon en 1759.	Maréchal des logis chef.	»
16e	Le Blanc (Michel)	58	Dragon en 1759.	Porte-guidon.	»
17e	Saint-Dizier (Joseph) . . .	39	Dragon en 1762.	Porte-guidon.	Sert depuis 1772. A passé par les grades. Plein de zèle, de bravoure et de modestie. Connaît les manœuvres et très bien le détail d'un corps. Bon pour être employé dans un état-major et devenir bon officier général.
18e	Brochier	59	Dragon en 1755.	Lieutenant surnuméraire.	»
19e	Boisard.	48	Soldat en 1771.	Sergent.	»
20e	Gondran (Jean-Étienne) . .	44	Pilotin de 1759 à 1764. Dragon en 1764.	Capitaine dans la Garde nationale, le 1er sept. 1789.	
	Chasseurs				
1er	Sahuc	39	Cavalier en 1772.	Porte-étendard.	Sert depuis 1772. Remplit sa place avec intelligence. Il connaît les mathématiques et l'administration militaire. Susceptible d'avancement.
2e	Croutelle (Jean-Baptiste). .	45	Dragon en 1768.	Adjudant.	Sert depuis 1764. A passé par les grades. Connaît bien les manœuvres. Ferme et a tout ce qu'il faut pour la place qu'il occupe.
3e	Salomon de Moulineuf. . . .	50	Garde du corps en 1765.	Lieutenant.	»
4e	Scalfort (Nicolas)	42	Dragon en 1768.	Adjudant.	Sert depuis 1768. Bon militaire, ferme et instruit. Nommé chef de brigade en fructidor.
5e	Poichet *dit* Prudent	56	Cavalier en 1755.	Porte-guidon.	Sert depuis 1755. A passé par les grades. Connaît parfaitement les manœuvres. Un des meilleurs chefs de l'armée. Vue très faible et affecté de rhumatismes. Il a refusé le grade de général à cause de ses infirmités.
6e	Laffon (Joseph)	35	Dragon en 1777.	Adjudant avec rang de sous-lieutenant.	Sert depuis 1777. Instruit dans l'art militaire, remplit sa place avec intelligence, susceptible d'avancement.
7e	Bedée (Jacques).	54	»	(Était chef d'escadrons au corps en 1793.)	»
8e	De La Cour.	56	Sous-lieutenant dans la Légion de Flandre en 1771.	Lieutenant.	Sert depuis 1754. A passé par les grades. Connaît les manœuvres et les fait bien exécuter. Bon chef de brigade, intrépide. Peut être utilement employé dans les troupes légères.
9e	De Brantigny.	38	Rang de sous-lieutenant en 1774.	Lieutenant.	Sert depuis 1774 comme officier. Remplit sa place avec distinction. Susceptible d'avancement.
10e	Le Clerc d'Ostein	52	Cavalier en 1762.	Capitaine.	»
11e	Treillard (Anne-François) . .	31	Cadet gentilhomme dans un régiment de dragons en 1780.	Lieutenant.	Sert depuis 1780 comme officier. Connaît la manœuvre et a même des connaissances particulières. Très en état d'être général de cavalerie.
12e	Sicard	57	Cavalier en 1757.	Porte-étendard.	Sert depuis 1757. A passé par les grades. Paraît propre à un grade supérieur, mais son âge l'empêcherait de l'accepter (57 ans).
13e	Target (Jean-François). . . .	80	»	»	»
13e *bis*	Bouquet	32	Soldat en 1781.	Caporal.	»
14e	De Rovère	46	Mousquetaire de la Garde du Roi en 1772.	Commission de capitaine.	»
15e	Bouzon.	42	Cavalier en 1772.	Lieutenant.	»
16e	Bertèche	30	Sous-lieutenant aux Volontaires étrangers de la marine en 1781.	Gendarme de la Compagnie écossaise en 1787, réformé avec la gendarmerie en 1788.	»
17e 18e	Licenciés.				
19e	Biot (Nicolas)	54	Cavalier en 1762.	Porte-étendard.	Sert depuis 1762. A passé par les grades. Remplit sa place avec distinction, susceptible d'avancement.
20e	Lacoste.	47	Mousquetaire en 1766.	Capitaine.	»
21e	Dupré (François)	39	Hussard en 1776.	Adjudant.	»
22e	Mamet (Jean).	36	Chasseur en 1779.	Maréchal des logis.	»

CORPS	NOMS	AGE en 1794	ÉPOQUE de l'entrée au service	GRADE au 14 juillet 1789	NOTE ENREGISTRÉE par la Commission de l'organisation
		Ans			
	Chasseurs (*Suite*)				
23e	Gury	55	»	»	»
24e	Schevesteigre	48	Dragon en 1755.	Porte-guidon.	»
25e	Keuffer.	30	Hussard en 1786.	Brigadier le 23 nov. 1789.	»
	Hussards				
1er	Glad (Philippe)	45	Soldat en 1764.	Quartier-maître trésorier.	»
2e	Barbier.	40	Sous-lieutenant en 1773.	»	Sert depuis 1773 comme officier. Excellent militaire, bon manœuvrier. Très propre à être général de brigade attaché à la cavalerie.
3e	Le Brun La Houssaye	26	Sous-lieutenant d'infanterie en 1791.	»	»
4e	Floss (Michel).	29	Cadet en 1782.	Sous-lieutenant.	»
5e	Scholtenius (Engelbert) . . .	54	Soldat allemand en 1761, congédié, et soldat français en 1772.	Lieutenant.	Sert depuis 1761. A passé par les grades. Connaît les manœuvres, brave et à sa place. Le régiment le croit propre à remplir les emplois supérieurs qui lui seront confiés.
6e	Boyer	37	Un des vainqueurs de la Bastille.	»	Sert depuis la Révolution. Connaît les manœuvres. Très brave, est à sa place.
7e	Marisy (Frédéric)	29	Hussard en 1779.	Lieutenant.	»
7e *bis*	Payen.	38	Sous-lieutenant dans la Légion de Nassau en 1778.	Garde national.	Sert depuis 1778 comme officier. Connaît les manœuvres des troupes légères. Bon chef de brigade, plein de bonne volonté, peut devenir général.
8e	Rollot.	33	Canonnier au Corps royal de la marine en 1777.	Retiré comme sergent-major en avril 1789.	»
9e	Thierry (Gaspard).	28	Soldat au Régiment de Provence en 1781.	Garde national.	Brave, intelligent et ferme. Propre à un emploi supérieur.
10e	Lemesle	29	Gendarme en 1788.	Capitaine dans la Légion belge en 1792.	»
11e	Avice.	35	Dragon en 1779.	Capitaine de hussards étrangers.	»
12e	Commence seulement à se former.				

TABLE DES MATIÈRES

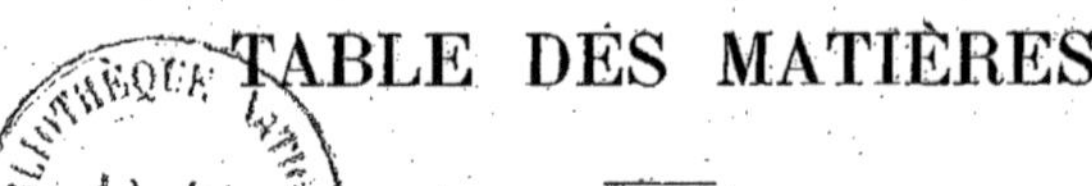

PREMIÈRE PARTIE

L'organisation de la cavalerie du 1er messidor an II au 5 brumaire an IV

(19 juin 1794—27 octobre 1795)

		Pages
Chapitre I.	— Les nouvelles lois sur l'avancement	1
— II.	— Le corps d'officiers des troupes à cheval en fructidor an II (septembre 1794)	12
— III.	— L'épuration des cadres.	22
— IV.	— La réunion des corps et le placement des dépôts	45
— V.	— Les remontes.	54
— VI.	— Les effectifs en hommes et en chevaux	67
— VII.	— Examen de l'œuvre de la Convention	89

DEUXIÈME PARTIE

L'emploi de la cavalerie en campagne

		Pages
Chapitre I.	— La cavalerie à l'armée de Jourdan après Fleurus (juin à novembre 1794)	108
— II.	— La cavalerie à l'armée du Nord (juin 1794 à février 1795)	128
— III.	— La cavalerie aux armées de la Moselle et du Rhin (mai à septembre 1794)	140
— IV.	— La cavalerie pendant la campagne de 1795 en Allemagne (du 5 septembre au 22 octobre 1795).	150
Conclusion.		187
Annexe I.	— Troupes à cheval. — Renseignements parvenus au Comité de salut public sur les officiers subalternes en exécution de l'arrêté du 1er thermidor an II	193
— II.	— Troupes à cheval. — Chefs de brigade en fructidor an II.	241

PUBLICATIONS DE LA SECTION HISTORIQUE DE L'ÉTAT-MAJOR DE L'ARMÉE

ORGANISATION ET TACTIQUE DES TROIS ARMES

Infanterie — 1er fascicule

L'Infanterie au XVIIIe siècle

LA TACTIQUE, par le commandant d'artillerie COLIN, de la section historique. 1907. Un volume grand in-8 de 288 pages, avec 5 planches comprenant 27 croquis, broché . . . . **6 fr.**

Infanterie — 2e fascicule

L'Infanterie au XVIIIe siècle

L'ORGANISATION, par le capitaine d'infanterie BACQUET, 1907. Un volume grand in-8 de 220 pages, broché . . . . **5 fr.**

Cavalerie — 1er fascicule

La Cavalerie de 1740 à 1789

par le commandant breveté Édouard DESBRIÈRE, chef de la section historique, et le capitaine Maurice SAUTAI, attaché à la section historique. 1906. Un volume grand in-8 de 139 pages, avec un plan, broché . . . . **3 fr.**

Cavalerie — 2e fascicule

La Cavalerie pendant la Révolution

(Du 14 juillet 1789 au 26 juin 1794) — LA CRISE, par les mêmes. 1907. Un volume grand in-8 de 442 pages, avec 7 croquis et 8 planches hors texte, broché . . . . **10 fr.**

Cavalerie — 3e fascicule

La Cavalerie pendant la Révolution

LA FIN DE LA CONVENTION (Du 19 juin 1794 au 27 octobre 1795) par les mêmes. 1908. Un volume grand in-8 de 251 pages, avec 20 cartes et croquis, broché. . . . . **6 fr.**

Artillerie — 1er fascicule

L'Artillerie française au XVIIIe siècle

par le commandant breveté Ernest PICARD et le lieutenant Louis JOUAN, attaché à la section historique. 1906. Un vol. gr. in-8 de 155 pages, br. **3 fr.**